NOUVEAU VOYAGE

DANS

LES ÉTATS-UNIS

DE

L'AMÉRIQUE SEPTENTRIONALE,

FAIT EN 1788.

TOME TROISIÈME.

A PARIS,

Chez BUISSON, Imprimeur & Libraire, rue Haute-Feuille, N°. 20.

AVRIL 1791.

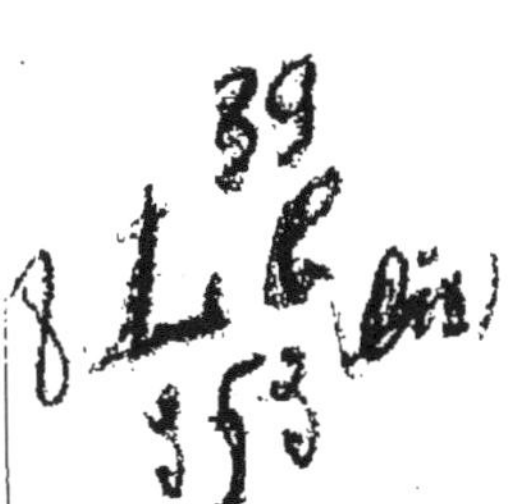

DEBUT DE PAGINATION

TABLE RAISONNÉE DES MATIÈRES

CONTENUES DANS CE VOLUME.

Fin de la Table.

DE

INTRODUCTION,

PAR J. P. BRISSOT (DE WARVILLE),

Mise en tête de la première édition de cet ouvrage, publié en mars 1787.

L'ANGLETERRE avoit à peine signé le douloureux traité qui lui arrachoit à jamais ses colonies de l'Amérique, que ses négocians & ses écrivains politiques s'occupoient des moyens de lui rendre, par le commerce, ce qu'elle venoit de perdre par cette insurrection mémorable.

Le lord Sheffield lui prédisoit, dans un ouvrage rempli de détails importans (1), qu'elle seroit tou-

(1) L'ouvrage intitulé : *Observations on the commerce, &c.* Observations sur le commerce des Etats américains; Londres, 1783. — Ce traité a eu six éditions. Il n'a pas été même traduit en françois, quoiqu'il soit rempli de faits qu'il importe à la France de connoître. On assure que la plupart ont été fournis à l'auteur par M. Déane, & que les tables sur-tout en sont aussi exactes, qu'on puisse les avoir par les relevés des douanes.

Quoique cet ouvrage ait été fort accueilli par les Anglois, il offre cependant beaucoup de défauts. L'auteur n'a pas toujours puisé dans de bonnes sources; il montre envers la France & l'Amérique une partialité qui n'a pu que l'égarer. On n'y trouve d'ailleurs aucune vue philosophique, ni même de politique un peu élevée. On devoit s'attendre, sur cette matière, à un ouvrage supérieur, dans un pays qui a produit l'exact, le profond Smith.

Le lord Sheffield a eu des contradicteurs, même en Angleterre; ils ne se sont pas laissés aveugler, comme lui, par l'enthousiasme du patriotisme.

Je dois remarquer, à cette occasion, les bons effets de la discussion publique. La sixième édition du lord Sheffield, offre une grande quantité d'additions & quelques changemens. Les objections qu'on lui avoit faites, l'avoient forcé à développer ses preuves. On ne trouve point étrange, en Angleterre, qu'un Anglois expose publiquement les abus qui règnent dans ses manufactures

jours l'entrepôt du commerce des Etats-Unis; que les Américains, toujours attirés par l'excellence de ses manufactures, la bonne foi si long-temps éprouvée de ses négocians, & le long crédit qu'eux seuls dans l'Europe pouvoient accorder, ne tarderoient pas à oublier les blessures que leur avoient faites le despotisme ministériel de Londres, & la férocité de ses satellites anglois & allemands, pour former avec elle des liens nouveaux & durables.

Ce politique ne fut pas le seul qui parut dans cette carrière; d'autres l'y suivirent (1), & les débats qu'excitèrent, dans le parlement, les nouveaux réglemens de commerce, proposés pour l'Amérique, prouvent que la matière y étoit connue, discutée & approfondie.

La nation angloise ressembloit alors à un homme qui, sortant d'un long délire, où il auroit brisé ce qu'il avoit de plus précieux, déchiré ce qu'il avoit de plus cher, s'empresse de réparer les ravages de sa cruelle démence.

Pour nous, nous avons triomphé, & l'honneur du triomphe est presque, depuis la paix, le seul bien que nous ayons recueilli. Tranquilles à l'ombre de nos lauriers, nous n'envisageons qu'avec un foible intérêt, les rapports de commerce que

---

& son commerce, & qui pourroient lui donner de l'infériorité dans les marchés de l'Europe. On est persuadé que c'est la seule manière de les réformer. Dans d'autres états, ce service patriotique seroit regardé comme une trahison.

Depuis la première publication de cet ouvrage, il a paru une traduction des observations du lord Sheffield, en *in*-4°., imprimé à Rouen, chez la veuve Besogne.

(1) Tels furent le célèbre Dr. Price, & MM. Chalmers, Champion, Edwards & Anderson, &c.

On a imprimé sur le même sujet, à Philadelphie, un traité sous ce titre : *Bingham's strictures on commerce in reply to lord Sheffield's observations.*

la nature a créés entre nous & les *Etats-Unis*; ces rapports qu'il nous importe tant d'approfondir. Nous ne ſongeons qu'avec indifférence, à détruire les obſtacles que nos formes, nos loix & nos mœurs oppoſent à ce commerce; nous ne les étudions pas même; en un mot, nous ſemblons nous repoſer, lorſque, pour parler le langage de la politique vulgaire, ce peuple, que nous jalouſons comme notre rival, que nous craignons comme notre ennemi, développe les plus grands efforts, pour rendre impoſſibles nos liaiſons avec nos nouveaux amis.

Il réuſſira, n'en doutons pas, ſi notre langueur pour le commerce de l'Amérique n'eſt pas bientôt remplacée par l'activité; ſi les facilités les plus grandes & les plus généreuſes de notre part n'applaniſſent pas ce commerce nouveau, & par conſéquent aiſé à s'effrayer; enfin, ſi notre ignorance ſur l'état de l'Amérique ne ſe diſſipe promptement par l'étude conſtante de ſes reſſources territoriales, commerciales, financières, &c. & des rapports qu'elles peuvent avoir avec les nôtres.

Notre ignorance! Ce mot révoltera ſans doute; car nous avons l'orgueil d'un peuple *vieillard*; nous croyons ſavoir tout, avoir tout épuiſé. — Oui, nous avons tout épuiſé; mais en quoi? Dans des ſciences futiles, dans des arts frivoles, dans les modes, dans le luxe, dans l'art de plaire aux femmes, dans le relâchement des mœurs. Nous faiſons des cours élégans de chymie, des expériences charmantes, des vers délicieux. Etrangers chez nous, peu inſtruits ſur tout ce qui eſt au-dehors de nous, voilà ce que nous ſommes, c'eſt-à-dire, que nous ſavons tout, *hors ce qu'il nous convient de ſavoir* (1).

Ce ſeroit un vaſte champ, que de montrer ce qu'il nous convient de ſavoir; auſſi ne l'entreprendrai-je pas ici : je me borne à un ſeul point. Je dis qu'il nous importe eſſentiellement de connoître à fond l'état de l'Amérique, & que cependant nous ſommes à peine à l'alphabet de cette connoiſſance. Ce que j'avance, un Américain célèbre, & qui n'a pas peu contribué, pas ſes écrits patriotiques, à répandre, à ſoutenir, à exalter parmi ſes compatriotes l'enthouſiaſme de la liberté, M. Payne, l'avoit dit avant moi. *Je remarquerai*, dit-il, dans ſa lettre ſi judicieuſe à l'abbé Raynal, *que je n'ai pas encore vu une deſcription de l'Amérique faite en Europe, ſur la fidélité de laquelle on puiſſe compter.*

Et que diroit ce reſpectable défenſeur de la liberté, s'il exiſtoit quelques temps parmi nous, s'il ſe répandoit dans nos brillantes ſociétés, s'il écou-

---

(1) Cette aſſertion paroîtra peut-être ſévère, & même fauſſe, aux perſonnes qui penſent que nous excellons dans la phyſique & dans les ſciences exactes. Mais, en l'accordant, eſt-ce à cette ſorte de ſcience que l'homme qui réfléchit, devroit ſe livrer d'abord? L'étude de ſon état ſocial & civil ne le touche-t-elle pas de plus près? Ne doit-elle pas l'intéreſſer plus que le nombre des étoiles, ou l'ordre des affinités chymiques? C'eſt cependant la ſcience qui nous occupe le moins. On ſe paſſionne pour des vers; on diſpute ſérieuſement pour de la muſique; c'eſt-à-dire, qu'on fait une grande affaire des hochets, & un hochet de ſes affaires.

Je ne diſconviens pas cependant, qu'il n'y ait de bons eſprits & de bons livres en France, remplis de ſaines idées politiques. Ce qui ſe paſſe aujourd'hui dans l'aſſemblée des notables, prouvent que ces idées ſe répandent, & deviennent bientôt générales, ſi les circonſtances les favoriſoient. Mais en attendant ces circonſtances, la pente de notre nation eſt viſiblement dirigée vers la littérature & les ſciences exactes, & non vers la ſcience de nos rapports civils; & c'eſt ce que j'ai voulu dire ici.

toit les discoureurs de nos clubs ? Il seroit surpris, comme le sont les Américains éclairés, que les affaires amènent parmi nous, des *qui-pro-quo* éternels qu'on fait sur la topographie américaine (1). Il gémiroit des écrits dictés par le préjugé, par l'ignorance, sur les constitutions américaines, des calomnies avancées avec audace contre la bonne foi & les ressources des Américains. Parmi les écrivains qui ont traité de la révolution de l'Amérique (2), il retrouveroit ce qu'il a blâmé dans l'é-

---

(1) Un Américain peignoit un jour, dans une société françoise, les mœurs, les plaisirs simples, la vie agreste des Anglo-Américains. Vous êtes donc de Saint-Domingue, lui dit un homme décoré ? On confond perpétuellement en France les Américains du continent avec ceux des isles, & ceux du nord avec ceux du midi. Pour éviter cette confusion, il faudra nécessairement inventer de nouvelles dénominations. Celle d'*Anglo-Américains* n'auroit plus de justesse, aujourd'hui que les colonies n'appartiennent plus à l'Angleterre ; elle ne convient qu'aux habitans du Canada & de la nouvelle-Ecosse, &c. Ne pourroit-on pas distinguer ainsi ces quatre peuples ? l'*Américain libre*, — l'*Américain du nord*, — l'*Américain méridional*, — l'*Américain insulaire*. On me demandera pourquoi, dans la première dénomination, je ne mettrois pas *septentrional*, au-lieu de *libre ?* C'est que cette dernière épithete caractérise mieux les républicains d'Amérique. C'est par une raison inverse que je fonde les trois autres dénominations sur la latitude ou la position. Les habitans des Etats-Unis seront donc désignés, dans cet ouvrage, sous la dénomination d'Américains libres, jusqu'à ce qu'on ait trouvé une meilleure. — Les anciens ne croyoient point indifférent, pour la vertu, de donner à leurs enfans des noms qui leur en rappellassent sans cesse le souvenir. Le nouvel ordre de choses qu'entraîne la révolution d'Amérique, & l'esprit particulier de ces républiques nécessiteront une nouvelle nomenclature. J'ai vu des écrivains appliquer à leur confédération le mot d'*empire*. Jamais mot ne fut plus mal appliqué.

(2) Les écrits qui, sur cette matière, ont le plus frappé, sont le *Tableau de la révolution, par M. l'abbé Raynal ; les Considérations sur l'ordre de Cincinnatus, par M. le comte de Mirabeau ; les Observations de M. l'abbé Mably, & l'Histoire impartiale de la dernière guerre.*

La réponse de M. Payne à M. l'abbé Raynal, a donné la juste mesure de l'écrit de ce dernier.

Les considérations sur l'ordre de Cincinnatus sont originaire-

loquent auteur de l'*Histoire philosophique*, mille erreurs, causées par le défaut de connoissances locales. Dans le petit nombre de négocians, qui ont quelques liaisons avec l'Amérique, ou qui veulent en former, il ne verroit joindre au motif du gain, ni vues étendues, ni esprit public, ni même instruction.

Ce que j'ai avancé ailleurs sur notre ignorance, à l'égard de la situation des indes orientales (1), peut donc encore nous être appliqué pour l'Amérique libre. Tandis que l'Angleterre offre des milliers d'hommes parfaitement instruits de la topo-

---

ment d'un auteur américain, M. Burke, homme plein de feu & d'énergie. M. le comte de Mirabeau, en les traduisant, leur a donné un nouveau prix, & il a enrichi cet ouvrage de notes importantes, & d'une traduction de l'excellent avis de Price aux Américains.

Il faut rendre justice aux bonnes intentions de M. l'Abbé Mably; mais il s'étoit depuis trop long-temps rouillé dans l'étude des vieux gouvernemens de l'Europe; il s'étoit trop enthousiasmé des républiques de la Grèce, pour pouvoir écrire, sans prévention, sur les républiques américaines, dont la constitution est infiniment supérieure, ou pour mieux dire, entièrement étrangère à celle de la Grèce. J'ai parlé ailleurs de l'ouvrage de ce politique françois (a). — Quant à l'Histoire impartiale, son titre n'est qu'une plaisanterie sans doute; c'est une compilation informe de gazettes, sans choix, sans intérêt, sans philosophie; & je ne sais si l'auteur n'est pas encore plus blâmable pour ce qu'il n'a pas dit, que pour ce qu'il a dit. C'est bien à lui qu'on peut appliquer ce que M. Payne dit de l'abbé Raynal : « Il se trompe si souvent & si grossièrement dans ses détails géographiques & de batailles, qu'on pourroit faire un volume de ses fautes ».

(1) *Tableau de la situation des Anglois dans l'Inde*, &c. n°. premier; ouvrage que des circonstances particulières & des obstacles invincibles, m'ont forcé de suspendre.

Il eût été, j'ose le dire, très-utile, pour entendre sur-tout l'histoire du procès célèbre de M. Hastings, que peut-être dix personnes en France ne connoissent pas à fond : procès qui pourroit fournir les faits les plus importans au gouvernement, au moins s'il conserve encore quelque prétention sur le commerce de l'Inde.

(a) Journal de Licée, &c. ou Tableau des sciences en Angleterre, tom. 2, n°. 5.

graphie, des productions, du commerce, des mœurs, des plus petits détails sur ces deux contrées, la France offriroit à peine cinquante personnes ayant le même degré de connoissances. Tandis que l'Angleterre voit éclore, chaque année, des centaines de brochures, de voyages, de traités, de discussions sur ces deux contrées, à peine avons-nous quelques traductions de ce qui paroît dans cette isle, non pas de plus instructif, mais de plus amusant, de plus romanesque.

D'où vient cette différence ? J'en pourrois assigner bien des causes : je me bornerai à celle-ci. La science théorique du commerce est vraiment perfectionnée en Angleterre ; la science pratique (1) y est vraiment estimée ; & la liberté de la presse permet d'y éclairer les esprits par une discussion raisonnée, qui respecte par-dessus tout la vérité.

En France, je le dis avec douleur, la science du commerce est presqu'ignorée, parce que sa pratique y est avilie par le préjugé, qui empêche la noblesse de s'y adonner. Ce préjugé, qu'on croit mal-à-propos indestructible, parce qu'on fait mal-à-propos de la noblesse un des élémens nécessaires de la constitution monarchique ; ce préjugé, dis-je, seroit seul capable d'empêcher le commerce françois d'avoir de l'activité, de l'énergie, de la dignité, si l'on ne devoit pas espérer que la saine philosophie le détruisant infailliblement, ramenera les hommes à la grande idée de n'estimer les indi-

(1) Les seigneurs les plus distingués par la naissance & les richesses, mettent, pendant plusieurs années, quelques-uns de leurs enfans en une espèce d'apprentissage dans de bonnes maisons de commerce ; & c'est par-là qu'ont débutés la plupart de ceux qui se sont distingués dans le ministère.

vidus que par leurs talens, & non par leur naiſſance; idée, ſans laquelle il ne peut y avoir un grand commerce national, hors de laquelle il n'y a que des ariſtocrates; c'eſt-à-dire, des hommes incapables d'accueillir aucune vue élevée, & des hommes avilis, hors d'état de les produire.

Enfin, un autre préjugé auſſi abſurde, mille fois combattu, & toujours dominant en France, y ſouſtrait à l'œil du public des mémoires précieux, des diſcuſſions intéreſſantes, qui l'inſtruiroient ſur ſes intérêts.

Eh! qui ne ſait que c'eſt à la liberté de la diſcuſſion publique, que l'Angleterre doit la proſpérité ſingulière qui, juſqu'à ces derniers temps, l'a ſuivie par-tout dans le commerce, dans les arts, dans les manufactures, au-dehors comme au-dedans; proſpérité qui va renaître pour elle, malgré les fautes de ſes miniſtres; car eux ſeuls ont, dans tous les temps, mis cette proſpérité en danger, & c'eſt la liberté de diſcuſſion qui toujours l'a ſauvée de leurs coups. Qui doute encore que cette liberté ne produiſît en France des effets auſſi heureux, qu'elle n'écartât les fauſſes lumières, qu'elle ne prévînt les entrepriſes funeſtes de l'intérêt perſonnel, qu'elle n'effrayât l'indulgence meurtrière, ou la coalition criminelle des gens en place avec les ennemis du bien public? Le gouvernement ſemble aujourd'hui rendre hommage à cette influence de la liberté de la diſcuſſion. Il paroît enfin ſe relâcher de ſa ſévérité ſur les loix de la preſſe; il a laiſſé rompre quelques-unes des entraves qui gênent la diſcuſſion, ſur-tout dans les matières politiques. Mais que nous ſommes loin encore de reſſentir les heureux effets de cette liberté d'écrire, plutôt accordée à l'opinion publique, qu'encouragée par un véritable amour de la vérité!

Qu'ont produit en effet toutes les tentatives faites en ce genre par le courage du patriotisme? Qu'a produit ce procès célèbre, trop tôt oublié, qui termina l'existence contre nature, tant de fois récrépie, & si long-temps onéreuse, de la vieille compagnie des Indes? Quelques années se sont à peine écoulées depuis sa destruction, qu'une autre a pris sa place; & les fautes, les faux calculs qui, dix fois, aux dépens de la nation, avoient entraîné la ruine de la première, qui devoient à jamais nous garantir de la renaissance d'aucune autre compagnie; ces fautes, ces calculs faux, n'ont servi qu'à fournir des prétextes spécieux aux fabricateurs de la nouvelle, pour s'enrichir plus sûrement, au détriment le la France. Ils ont eu le secret de, tout-à-la-fois, secouer tous les liens, toutes les charges de l'ancienne, & d'obtenir des privilèges, des concessions qu'elle n'avoit qu'en vertu de ces liens & de ces charges: & tel a été l'art avec lequel on a surpris le gouvernement, que les auteurs de cette entreprise ont paru accepter, avec répugnance, les privilèges dont on les accabloit, tandis qu'ils étoient l'objet de leur cupidité. Il sembloit que la nation fût trop heureuse de trouver une compagnie qui voulût bien se charger du monopole du commerce de l'Inde. Et dans quel temps lui livroit-on, contre toutes les convenances, je dirai même contre toute justice, ce commerce important? Alors que la liberté le faisoit fleurir; alors que, par ses propres forces, il augmentoit sensiblement; qu'il accroissoit les revenus de l'Etat; alors enfin, que ses succès surpassoient ceux de la vieille compagnie, même dans ses temps les plus brillans. Or, l'existence de cette nouvelle compagnie eût-elle été aussi promptement résolue (1), si la liberté de la presse eût régné sans obstacle, & si ce projet, qui n'a été connu que par son exécution, eût été préalablement livré à la discussion publique ?

Qu'ont produit encore les écrits pleins de vérités lumineuses, de vues étendues, de considérations patriotiques, sur la caisse d'escompte, sur la banque de Saint-Charles, & sur tant d'autres établissemens créés évidemment pour alimenter l'agiotage le plus criminel, le plus effréné ; agiotage qui, égalant au moment où j'écris, en manœuvres, en désordres, en délire, tout ce qui marqua les jours funestes du système de Law, nous présage les mêmes conséquences, nous en montre déjà de très-effrayantes, dans le renchérissement excessif de l'intérêt de l'argent, & dans l'accumulation ruineuse qui s'en fait dans la capitale (2).

Par quelle fatalité les discours énergiques de la vérité sont-ils donc vains & impuissans ? Il faut le dire ; le gouvernement lui-même nous y invite en ce moment ; il faut dévoiler les abus qui rendent les lumières & les écrits infructueux en France.

C'est que, dans les matières politiques, la liberté si resserrée de penser & d'écrire ne date que d'hier.

---

(1) L'assemblée nationale a rendu justice à ses principes, en anéantissant le privilège de cette compagnie. Il est fâcheux qu'elle en ait dévié, en restreignant à certains ports l'importation des productions de l'Inde. *Note nouvelle.*

(2) Les événemens n'ont-ils pas justifié ces prédictions ? En même-temps que la caisse d'escompte étoit le foyer le plus actif de l'agiotage, n'étoit-elle pas aussi une source féconde où le despotisme ministériel puisoit sans cesse, pour enchaîner & dépouiller les peuples, qui payoient le jeu de cette coalition de brigands ? — *Note nouvelle.*

C'eſt que nous n'en jouiſſons que par une tolérance, dont à chaque inſtant on appréhende la fin.

C'eſt que la preſſe privilégiée eſt environnée de dégoûts nombreux & révoltans; c'eſt que l'homme honnête qui dédaigne les libelles, mais qui chérit la franchiſe, eſt repouſſé de ces preſſes par toutes ces humiliantes formalités, qui aſſerviſſent le fruit de ſes méditations, de ſes recherches, à une cenſure néceſſairement ignorante.

C'eſt que le cenſeur, n'étant inſtitué que pour arrêter l'eſſor d'une liberté généreuſe, croit flatter l'autorité, en allant même au-delà de ſon but, ſupprime des vérités, que ſouvent on eût accueillies, de peur d'en laiſſer échapper de trop hardies, qu'on lui reprocheroit, multiplie les objections, fait naître des terreurs, groſſit les dangers, décourage ainſi l'homme de bien qui voudroit inſtruire ſes concitoyens; tandis que cette cenſure ſanctionne des productions ſcandaleuſes, où l'on ſacrifie la raiſon à des calembours, & les mœurs ſévères aux vices aimables (1).

C'eſt qu'il eſt bien peu d'écrivains aſſez vertueux, aſſez fortement organiſés, placés dans des circonſtances aſſez heureuſes, pour combattre & ſurmonter ces obſtacles.

C'eſt que le nombre de ces écrivains étant pe-

---

(1) On peut mettre au rang de ces productions, qui déshonorent la cenſure, la comédie de *Figaro*, farce ſcandaleuſe, où, ſous l'apparence de défendre les mœurs, on les livre au ridicule; où, ſous l'apparence de défendre de grandes vérités, on les avilit, par l'interlocuteur mépriſable qui les préſente; où l'on ſemble avoir eu pour but de parodier les grands écrivains du ſiécle, en prêtant leur langage à un valet de roué, & d'encourager l'oppreſſion, en ameutant le peuple à rire de ſa dégradation, à s'applaudir de ce rire inſenſé; en prêtant enfin, par une impoſture coupable, à toute la nation, ce caractère d'inſouciance & de légéreté qui ne convient qu'à la capitale.

tit, leur influence eſt petite ; c'eſt que l'abus étant foiblement attaqué & fortement défendu, il réſiſte à tous les coups.

C'eſt que, par la néceſſité de faire imprimer les ouvrages à des preſſes étrangères, la publication en devient difficile ; c'eſt qu'ils ne s'échappent qu'en petit nombre des mains des colporteurs avides, qui *monopoliſent* la vente, pour vendre plus cher, qui affichent le myſtère & une fauſſe rareté, pour vendre cher plus long-temps.

C'eſt que ces livres manquent, au moment où ils exciteroient une heureuſe fermentation, où ils la dirigeroient, en répandant les vrais principes.

C'eſt qu'ils ne tombent que ſucceſſivement dans les mains des hommes éclairés, toujours peu nombreux, à l'affût des vérités nouvelles.

C'eſt que les journaliſtes qui devroient leur rendre un hommage public, ſont forcés, par la crainte, de garder le ſilence.

C'eſt que la maſſe générale, abandonnée au torrent de la littérature frivole, perd l'habitude de la méditation, &, avec elle, le goût des vérités profondes.

C'eſt qu'enfin, par ce concours fatal de circonſtances, la vérité n'eſt jamais ſemée dans un temps favorable, ni d'une manière convenable ; que ſouvent elle eſt étouffée en naiſſant ; que, ſi quelquefois elle ſurvit aux manœuvres, elle ne perce que lentement & difficilement ; & que par conſéquent, elle ne produit que des effets circonſcrits dans un cercle trop étroit, pour que l'inſtruction devienne populaire & nationale.

Or, que le gouvernement éloigne tous ces obſtacles, qu'il ait le courage, ou plutôt la ſaine politique de rendre à la presse sa liberté, & les bons ouvrages, les ouvrages véritablement utiles auront un plus grand succès, & le bien se fera. En veut-il un exemple? Je le prendrai dans un fait connu, récent; c'est le progrès des négocians monopoleurs contre les colons des isles à sucre. Ces derniers n'eussent-ils pas été, comme à l'ordinaire, écrasés, si le combat se fût livré dans l'obscurité? Ils ont pu parler, écrire, imprimer; la voix publique s'est élevée pour eux, la vérité a triomphé, & le ministre qui, pour s'éclairer, avoit permis la discussion publique, a prononcé pour l'humanité, en prononçant pour eux.

Osons espérer que cet exemple sera suivi, que le gouvernement sentira de plus en plus les avantages immenses qui résultent de la liberté de la presse. Il en est un sur-tout qui doit l'inviter à l'accélérer, parce qu'il touche de plus près à l'intérêt présent: cette liberté est un puissant moyen d'établir, de fortifier, de maintenir le crédit public; ce crédit devenu plus que jamais nécessaire aux grandes nations, depuis que les emprunts leur sont devenus nécessaires. Tant que les attentats de l'intérêt personnel sont redoutables par l'obscurité qui les couvre, le crédit public n'est jamais affermi, ne s'élève jamais à sa véritable hauteur; il n'est plus calculé sur la force intrinsèque des ressources, mais sur la probabilité, mais sur la crainte du désordre qui peut, ou les détourner de leur véritable emploi, ou les rendre stériles. La liberté de la presse en impose trop à l'intérêt personnel, pour ne pas entraver sa marche; & dès-lors le crédit public se maintient, s'il est établi, se forme, s'il est encore à naître, se fortifie, si des erreurs l'ont affoibli.

C'eſt plein de ces idées, & de l'amour de mon pays, que, ſurmontant les obſtables mis à la liberté d'imprimer, j'ai entrepris de répandre quelques lumières ſur nos rapports de commerce avec les Etats-Unis. Cet objet eſt de la plus grande importance. Il s'agit de développer les avantages immenſes que la France peut recueillir de la révolution qu'elle a ſi puiſſamment favoriſée, & d'indiquer les moyens de les étendre & de les conſolider.

Il me ſemble qu'on n'a point ſenti toute l'importance de cette révolution pour la France, qu'elle n'occupe pas aſſez les bons eſprits. Qu'il me ſoit donc permis de m'arrêter à la conſidérer ici.

Je ne m'étendrai pas ſur les avantages particuliers que les Etats-Unis doivent retirer de la révolution qui leur aſſure la liberté (1). Je ne parlerai point de cette régénération de l'homme phyſique & moral, qui doit être une conſéquence infaillible de leurs conſtitutions; de cette perfection à laquelle l'Américain libre, abandonné à ſon énergie, n'ayant d'autres bornes que celles de ſes facultés, doit porter un jour & les ſciences & les arts. Il jouit du droit d'une diſcuſſion libre; &, l'on ne ſauroit trop le répéter, ſans cette diſcuſſion, la perfection n'eſt qu'une chimère. A la vérité, preſque tout eſt à faire encore dans les Etats-Unis; mais preſque tout y eſt éclairé. Le bien général eſt le but commun de tous les individus; but chéri de tous, implanté, pour ainſi dire, dans tous les cœurs, par la conſtitution. Avec

---

(1) Le Dr. Price a traité ce point avec beaucoup de force & d'amour pour l'humanité, dans ſes excellentes obſervations.

ce but, ces lumières & cette liberté, on doit opérer les plus grands miracles.

Je ne parlerai point des avantages que l'Amérique entière doit un jour recueillir de cette révolution, de l'impossibilité que l'absurde despotisme règne long-temps dans le voisinage de la liberté..... Je me borne à examiner quels avantages l'Europe, & singuliérement la France, peuvent retirer de cette révolution. Il en est deux sur-tout qui frappent mes regards. Le premier, le plus grand avantage de cette révolution, au moins aux yeux du philosophe, est celui de son influence salutaire sur les connoissances humaines, & sur la réforme des préjugés sociaux. Car cette guerre a occasionné la discussion de plusieurs points importans pour le bonheur public, la discussion du contrat social, de la liberté civile, du fait qui peut rendre un peuple indépendant, des circonstances qui légitiment, sanctionnent son insurrection, & lui font prendre place parmi les puissances de la terre.

Eh! quel bien n'a pas fait le tableau tant de fois tracé de la constitution angloise & de ses effets! Quel bien n'ont pas fait & ne feront pas les codes de Pensylvanie, de Massaşuchett, de New-Yorck, publiés & répandus par-tout! On ne les prendra pas entièrement pour modèle; mais le despotisme, soit nécessité, soit raison, respectera davantage les droits de l'homme, si bien connus, si bien établis. Eclairés par cette révolution, les gouvernemens d'Europe seront forcés de réformer insensiblement leurs abus, de diminuer leurs fardeaux, dans la juste appréhension que leurs sujets, las d'en supporter le poids, ne se réfugient dans l'asyle que les Etats-Unis leur offrent.

Cette révolution, favorable au peuple, qui se prépare dans les cabinets de l'Europe, va sans doute être accélérée par celle que subira de plus en plus son commerce, & que l'on doit à l'affranchissement de l'Amérique. La guerre qui le lui a procuré, a fait connoître l'influence du commerce sur la puissance, la nécessité du crédit public, & conséquemment des vertus publiques (1), sans lesquelles il ne peut subsister long-temps. Car, qui a porté les Anglois à ce degré de puissance, d'où, pendant plusieurs années, malgré les fautes de leurs ministres, de leurs généraux, de leurs négociateurs, ils ont bravé les forces des nations les plus redoutables? C'est leur commerce, leur crédit, qui, au sein d'une dette énorme, les a mis à portée de déployer tous les efforts qu'auroient faits, dans leur crise, les nations les plus riches par leur sol & par leur population.

Voilà les avantages que la France, que le monde, que l'humanité doit à la révolution d'Amérique (2); & quand on les considère, quand on y joint ceux qu'on est forcé de laisser dans le silence, on est loin de regretter les dépenses qu'elle nous a occasionnées.

S'il y avoit quelques regrets à former, ne devroient-ils pas enfin s'évanouir à la vue du nouveau commerce, du commerce immense que cette révolution ouvre aux François? Ce point est le plus important à présent pour nous, celui sur lequel

(1) Et la renaissance des vertus publiques diminue peu-à-peu la violence de la tyrannie.

(2) La France lui a dû la révolution glorieuse qui lui a rendu la liberté. -- *Note nouvelle.*

quel on a le moins de connoissance, & sur lequel conséquemment il est le plus nécessaire de rassembler des lumières; & tel est l'objet de cet ouvrage.

Dans quel temps plus favorable pouvoit-il paroître? Dans un temps où toutes les nations sont en fermentation pour étendre leur commerce, où toutes cherchent des lumières, des principes sûrs; & ce livre rappelle sans cesse *à la nature des choses*, le premier principe du commerce : dans un temps où les peuples même, qu'une ancienne rivalité, qu'un antipathie si faussement, si malheureusement appellée naturelle, tenoit éloignés les uns des autres, tendent à se rapprocher & à éteindre, dans les liaisons du commerce, les feux de la discorde; & ce livre montre que ces rivalités doivent s'effacer par l'immensité de la carrière qu'il leur ouvre à tous : dans un temps où toutes les parties de la politique universelle s'éclairent du flambeau de la philosophie, même dans les gouvernemens qui jusqu'ici ont fait profession de la redouter; & dans ce livre on ne laisse échapper aucune occasion d'attaquer les fausses notions, les abus dans tous les genres.

Non, jamais moment ne fut plus favorable pour publier d'utiles vérités. Non-seulement toutes les nations rendent hommage au commerce, comme à l'esprit vivifiant de la société; mais on emploie, dans l'examen de tous ses rapports, cette logique des faits, dont l'usage caractérise la fin de notre siècle, cet art, vraiment philosophique, de ne considérer les objets que dans leur nature & dans les conséquences nécessaires qu'elle entraine. Jamais les hommes instruits ne furent plus généralement pénétrés du mépris que méritent tous ces systêmes chimériques, uniquement fondés ſur les fantaiſies de l'orgueil, ſur les petites conceptions de la vanité, & ſur la préſomption de la fauſſe ſcience politique, qui trop long-temps a balancé le deſtin des Etats. Jamais on ne vit tant d'hommes réunis par le même vœu d'une paix univerſelle, par la conviction du malheur & de l'inutilité des rivalités haineuſes. On paroît ſentir enfin, que le champ de l'induſtrie eſt infini, qu'il eſt ouvert à tous les Etats, quelles que ſoient leurs poſitions abſolues ou relatives, que tous peuvent y proſpérer, pourvu que, dans chacun, le maintien de la liberté individuelle & la conſervation de la propriété, ſoient le but principal de la légiſlation.

Cet ouvrage concourt encore aux vues patriotiques que manifeſte aujourd'hui le ſouverain de la France. Il médite d'importantes réformes. Il les dirige toutes vers le bonheur du peuple; & pour aſſurer le ſuccès de ſes bonnes intentions, il conſulte, ſur les intérêts de ce peuple qu'il veut rendre heureux, ſes membres les plus reſpectables. Eſt-il donc un moment plus propice, pour offrir aux arbitres actuels de la proſpérité nationale, un travail réfléchi, ſur les moyens d'établir un commerce nouveau avec un peuple neuf, avec un peuple qui réunira un ſol étendu & propre à nourrir une population immenſe, les loix les plus favorables à l'accroiſſement rapide de cette population?

J'avois d'abord entrepris ſeul cet ouvrage, comptant ſur mes propres forces, ſur mes recherches laborieuſes. J'avois raſſemblé tous les faits, tous les livres, tous les témoignages qui pouvoient guider ſûrement mes pas. Mais je m'apperçus bientôt de l'impossibilité d'élever, sur des objets de commerce, une théorie utile & solide, si elle n'étoit dirigée par le tact que peut donner sa pratique seule, quand elle se rencontre chez un homme dont le jugement est depuis long-temps exercé par la réflexion, & qu'un goût décidé pour la vérité & le bien public, a depuis long-temps accoutumé à généraliser ses idées. Je l'ai trouvé, ce coopérateur, dont je sentois le besoin, dans un républicain, auquel l'analogie des idées m'unit, autant que l'attachement le plus tendre. Je puis le nommer, il y consent; j'ai vaincu sa modestie, par la considération de son intérêt, de la loi que lui imposent les circonstances particulières où il se trouve; je l'ai persuadé que le meilleur moyen d'écraser la calomnie, étoit de faire connoître ses principes & ses opinions en matière publique. C'est M. Claviere, genevois, exilé de son pays, sans aucune forme, par l'aristocratie militaire, qui a substitué son régime destructeur & illégal à l'influence raisonnable & légitime d'un peuple que distinguoient son esprit naturel, ses lumières, ses mœurs encore simples. Eh! quel étoit son crime? D'avoir défendu les droits de ce peuple avec une constance & un talent qu'atteste l'implacable haine de ses ennemis! Ce rôle honore trop mon ami, pour ne pas le désigner sous ce caractère, le seul qui partout ait produit le bien public (1).

M. Claviere a donné, depuis son séjour en France

(1) La république de Genève l'a rappellé depuis la révolution de France, ainsi que les autres exilés, & leur a rendu toutes leurs places. Il eût été à souhaiter pour elle, que cet acte de justice eût été dicté par d'autres motifs, que par celui de la terreur qu'a inspirée aux aristocrates de Genève cette révolution. — *Note nouvelle.*

ce, des preuves de ses connoissances dans la partie philosophique & politique du commerce. C'est à ce séjour parmi nous que le public doit quelques ouvrages utiles sur ces matières abstraites ; ouvrages aussi remarquables par la solidité des principes & la vérité des discussions, que par la précision & la clarté des idées; ouvrages dont le succès prouve qu'on ramenera les esprits à ces matières, en y substituant une analyse exacte & lumineuse, au jargon métaphysique & obscur qui les en éloigne (1).

Enfin, l'ouvrage qui paroît aujourd'hui, prouvera tout-à-la-fois l'étendue de ses connoissances, & celle de la philantropie sincère qui l'anime, même pour le bien d'un pays où un homme moins généreux ne verroit peut-être que l'origine & la cause de ses malheurs. Oh! combien je suis heureux de pouvoir défendre mon ami, contre de lâches calomniateurs, en le mettant sous la sauvegarde de ses propres vertus, de ses propres talens! Et n'est-ce pas un devoir sacré pour moi, puisque la calomnie est publique, de publier la part qu'il a prise à un travail, où il est impossible de ne pas reconnoître l'honnête homme, dans l'homme éclairé, l'ami du genre humain, dans le propagateur des plus sages maximes, dans le philosophe penseur, accoutumé à une logique sévère, à sui-

(1) La liste des ouvrages publiés, depuis cette époque, par M. Clavière, est considérable. On ne peut nier qu'on ne lui doive la fameuse mesure des *assignats-monnoie*, à laquelle étoit attachée le salut de la révolution. La discussion de cette matière, sur laquelle on avoit si peu de lumières, a occasionné une foule d'écrits qui se sont succédés sous sa plume avec une étonnante rapidité, & parmi lesquels on distinguera & on lira, toujours avec fruit, la *Réponse au dernier mémoire de M. Necker*. -- *Note nouvelle.*

vre les intérêts du bien public, par-tout où le flambeau de la vérité peut en éclairer quelques aspects? Ce n'est point ici un éloge vague; on en sera convaincu, en lisant les deux chapitres qui concernent les principes du commerce, un grand nombre de notes auxquelles il a eu part, sur-tout l'article du tabac, qui est entièrement de lui, &c. En général, on le reconnoîtra dans ces considérations nouvelles, que le commerçant réfléchi peut seul suggérer au philosophe politique.

Le même motif nous a guidés tous deux dans la composition & dans la publication de cet ouvrage : c'est le desir d'être utiles à la France, à l'Amérique libre, à l'humanité entière. Oui, à l'humanité; car rien de ce qui se passe dans les États-Unis, ne doit plus, ne peut plus lui être étranger : elle l'a vengée par sa révolution; elle doit l'éclairer par sa législation, & devenir une leçon perpétuelle pour tous les gouvernemens, comme une consolation pour les individus.

Il me reste maintenant à parler des sources où nous avons puisé, de l'ordonnance de cet ouvrage, &c. &c.

Aux lumières que nous ont fournies les papiers publics, les actes du congrès, & des diverses législatures, les différens ouvrages publiés dans les Etats-Unis, nous avons joint celles de personnes éclairées, que leur séjour dans l'Amérique libre a mises à portée de l'instruire. On peut donc ajouter foi entière à tous les faits que nous avançons.

En associant nos idées, nous avons cherché à leur donner une teinte uniforme; nous nous sommes sur-tout attachés à les exprimer avec cette clarté si difficile à porter dans les matières de commerce & de finance. La pénurie de notre langue, & la singularité des circonstances nouvelles que nous avions à peindre, nous a quelquefois entraînés à ce qu'on appelle *néologisme.* Il faut créer ce qu'on n'a pas, ce dont on a besoin, sans s'embarrasser des critiques de ces grammairiens peu philosophes, que Cicéron peignoit ainsi de son temps : *Les disputes sur les mots tourmentent ces petits Grecs, plus avides d'ergotter, que de chercher la vérité* (1).

Nous avons évité avec soin l'usage de certains mots très usités dans la politique vulgaire, mots qui donnent & perpétuent des idées fausses & des systêmes trompeurs. Tels sont ces termes : *Puissances, jouer le premier rôle, avoir le rang, balance du commerce, balance politique de l'Europe*, &c. Ces mots, qui réveillent les haines, les jalousies, ne sont propres qu'à nourrir une ambition tracassière, qu'à mettre, si je puis m'exprimer ainsi, *la politique du trouble*, à la place de celle du bonheur. Désaccoutumés de ces mots & de ces idées, les administrateurs mettront plus de prix à la vraie gloire, celle de rendre le peuple heureux.

On trouvera beaucoup de notes dans cet ouvrage; nous avons cru nécessaire de faire paroître sous cette forme toutes les idées qui, jettées dans le texte, auroient pu étouffer l'idée principale. La note délasse l'esprit, en suspendant l'enchaînement des idées principales; elle pique la curiosité, en annonçant un nouveau point de vue; elle force le lecteur

---

(1) *Verbi controversia torquet Græculos homines contentionis cupidiores quàm veritatis.*

à un certain degré d'attention, en l'obligeant, pour tirer quelque fruit de sa lecture, d'attacher lui-même la note au texte.

Nous avons dans ces notes, le plus qu'il nous a été possible, indiqué les idées de réforme qui peuvent être utiles à la France.

Nous avons souvent cité le gouvernement anglois, la nation angloise. Qu'on n'en soit pas surpris, c'est, sans contredit, celle qui a fait le plus de progrès dans la pratique de quelques bons principes de l'économie politique. Eh! à quelle nation dans l'Europe pouvons-nous mieux comparer la françoise? S'il doit exister entr'elles une rivalité, n'est-ce pas dans le bien? Dès-lors ne doit-on pas savoir ce qui se passe de bien en Angleterre? Nous doit-on savoir mauvais gré de le dire? L'exemple de ceux qui, avant nous, ont cité l'Angleterre, nous a encouragés; ils sont parvenus à naturaliser en France des institutions heureuses imitées de sa rivale. D'ailleurs, il s'agit ici d'un commerce que les Anglois ont fondé, dont ils ont, en quelque sorte, formé les habitudes, & qui, devenu commun à toutes les nations, doit se régler d'après les relations qui existeroient entre l'Angleterre & l'Amérique.

Si notre critique paroît quelquefois durement exprimée, qu'on veuille bien réfléchir que les amis du bien public peuvent difficilement, à l'aspect de certains abus, se défendre d'en être émus, brisés, & de laisser percer le sentiment d'indignation qu'ils excitent en eux.

Malgré les précautions nombreuses que nous avons prises, pour être instruits de la vérité, malgré l'attention extrême que nous avons portée dans la composition de cet ouvrage, on y trouvera sans doute des erreurs dans les faits, peut-être même dans les raisonnemens. Qu'on les discute publiquement, ou qu'on nous en instruise particulièrement, nous verrons avec plaisir ces réfutations, nous recevrons avec plaisir ces observations; & si elles sont fondées, nous nous empresserons de nous rétracter. Ce n'est ici qu'un simple essai sur un objet important; il peut devenir un bon ouvrage, à l'aide d'un concours de lumières.

Avant d'entrer dans l'examen des rapports de commerce qui doivent unir la France & les Etats-Unis, il nous a paru indispensable de poser les principes généraux qui doivent diriger le commerce extérieur des nations, parce que cette matière, par sa complication, laisse un accès facile à l'erreur. Bien peu d'esprits, ayant la force ou l'habitude de généraliser, se laissent séduire par des faits isolés ou accidentels, ou par des maximes fausses, soutenues d'un grand nom. Les principes qu'on va lire en renversent quelques-unes. Ceux qui recherchent la vérité doivent donc les méditer, & ne pas regretter le temps qu'ils donneront à ces abstractions sur le commerce. C'est un fil qui les empêchera de s'égarer.

DE LA FRANCE
ET
DES ÉTATS-UNIS,
OU

De l'importance de la révolution de l'Amérique pour le bonheur de la France, des rapports de ce Royaume & des États-Unis, des avantages réciproques qu'ils peuvent retirer de leurs liaisons de commerce, & enfin de la situation actuelle des États-Unis.

CHAPITRE PREMIER.

Du commerce extérieur, des circonstances qui le préparent, des moyens qui peuvent l'assurer à une nation.

Le commerce est un échange de productions, soit entr'elles, soit à l'aide des signes représentatifs de leur valeur.

Le commerce extérieur est celui qui se fait entre deux ou plusieurs nations.

Il suppose des besoins communs chez les uns & chez les autres, & un excédent de productions qui correspond à ces besoins.

Les nations qui ont entr'elles cette correſpondance de beſoins & d'excès de productions, ſont celles que la nature, ou la force des choſes, appelle à commercer enſemble.

Ce rapport de beſoins & de productions, les met à portée de faire entr'elles un commerce *direct* ou *indirect*.

Le commerce direct eſt celui qui ſe fait d'une nation avec une autre nation, ſans l'intermédiaire d'aucune autre nation.

Le commerce eſt indirect, lorſqu'une nation ſe ſert d'une autre nation pour commercer avec une troiſième. C'eſt le cas des États qui n'ont point de port de mer, & qui cependant ont beſoin d'échanger leurs productions avec celles des Indes.

La nation qui, pouvant faire un commerce direct avec une autre, ſe ſert cependant d'intermédiaires, perd le ſalaire & les profits qu'elle eſt obligée de donner à des tiers. Ce déſavantage peut cependant être quelquefois compenſé par des avantages, & même ceux-ci peuvent mériter la préférence. Tel eſt, par exemple, le cas d'une nation qui, manquant d'hommes pour la culture & les manufactures, préfère que les étrangers viennent prendre ſon ſuperflu, & lui apportent en échange le ſuperflu des autres. Son défaut de population lui fait une loi de cette conduite, juſqu'à ce que ce rapport change, parce qu'il vaut toujours mieux, & au moral & au phyſique, pour une nation, être cultivatrice que voiturière.

Les nations ayant toutes, à préſent, des communications entr'elles, il eſt impoſſible qu'elles ne connoiſſent pas les productions les unes des autres. De-là réſulte, dans les unes, le deſir d'acquérir celles qui leur manquent; de-là le commerce direct ou indirect, qui, par conséquent, est un résultat inévitable de la nature des choses.

De-là résulte encore que chaque nation est intéressée à rendre direct son commerce extérieur, aussi-tôt qu'elle le peut, sans nuire à son commerce intérieur.

Une nation qui se refuseroit sans cesse au commerce direct, & qui cependant déployeroit dans son sein une grande activité & une grande industrie, seroit tôt ou tard forcée, par l'excès de sa population & de son travail sur sa propre consommation, de se livrer au commerce extérieur direct, sans quoi cet excès réagiroit sur elle d'une manière fatale, & à son repos & à ses ressources. C'est une des plus fortes considérations qui puisse justifier le commerce extérieur, lors même qu'on supposeroit qu'une nation pût être très-active sans commerce extérieur; ce qui est absolument improbable.

L'importation directe n'étant point chargée des fraix & des bénéfices de la seconde main, procure les choses à *meilleur marché.*

Le meilleur marché, *le plus bas prix*, est le plus sûr moyen du commerce extérieur, la grande raison de préférence, le garant de sa durée.

Ces termes de *bon marché*, de *bas prix*, ne font souvent naître que des idées confuses. Il importe, dans un livre tel que celui-ci, de les expliquer.

On dit vulgairement qu'une chose est chère dès que son prix monte au-délà du prix accoutumé. Elle est estimée à bon marché, lorsque ce prix diminue.

La cherté d'une chose n'exprime donc que la

comparaiſon de ſon prix avec le prix accoutumé. Ce dernier prix eſt déterminé par cinq circonſtances principales : 1°. le coût de la matière première ; 2°. le coût du travail ; 3°. le beſoin qu'en a le conſommateur, 4°. la faculté qu'il a de la payer ; 5°. enfin, par la proportion qui eſt entre la quantité de cette choſe & la quantité du beſoin ou la demande. La plus *influente* de ces circonſtances, eſt l'abondance ou la diſette : expreſſions par leſquelles on déſigne la proportion entre le beſoin & la quantité des productions. Y-a-t-il abondance, c'eſt-à-dire, excédent de la production ſur le beſoin, la production eſt à bon marché.... D'où réſulte que les nations qui ont, par exemple, une grande abondance, ou de matières premières, ou de manufactures, ou une grande population, ſont appellées à faire le commerce extérieur d'une manière durable, parce qu'elles peuvent fournir au plus bas prix.

Une choſe peut être vendue bon marché, & cependant enrichir celui qui la fournit ; comme elle peut être vendue cher, & ruiner celui qui la vend : cela dépend du rapport qu'il y a entre le prix qu'on en peut tirer, & les moyens qu'une nation a pour la produire. Toute nation qui tend au commerce extérieur, dans quelque objet que ce ſoit, doit donc conſidérer deux choſes : le prix auquel elle peut le donner, & le prix de ſes concurrens. Si le ſien ne peut égaler ce dernier, elle doit abandonner cette partie.

Le pays qui peut produire & vendre une choſe au plus bas prix, eſt celui qui réunit tous les avantages favorables à cette production, ſoit pour ſa qualité, ſoit pour la manufacturer, ſoit pour la tranſporter avec le moins de fraix poſſible.

Les avantages qui procurent le bon marché des denrées & des matières premières, ſont, un ſol fertile, aiſé à cultiver, une température qui favoriſe la production, un gouvernement qui ne gêne point le développement de l'induſtrie, qui facilite les tranſports par la conſtruction de chemins & de canaux publics, & enfin une population peu nombreuſe, relativement à l'étendue du pays qui s'offre à cultiver (1).

Les mêmes circonſtances favoriſent encore les manufactures de choſes groſſières, ſimples, ou peu chargées de façons, ſi la matière première eſt une production naturelle au pays, abondante & facile à exploiter, parce que ces manufactures exigent ou peu de bras, ou s'exploitent dans le temps perdu que laiſſent les travaux de la terre. Rien ne peut atteindre le bas prix de cette main-d'œuvre, &, en général, nulle induſtrie ne ſe ſoutient mieux par le bas prix, que celle qui emploie les temps de repos que permet la culture; alors ce bas prix n'eſt ni un ſigne, ni le produit de la miſère de l'ouvrier; il eſt, au contraire, le ſigne & le produit de ſon bien-être.

La Suiſſe, & quelques parties de l'Allemagne, offrent un exemple frappant de ce fait. On y fabrique, au moyen de cet emploi de temps perdu pour la culture, des marchandiſes à plus bas prix

(1) La ſituation des Etats-Unis explique cette dernière propoſition, qui paroîtra, au premier coup-d'œil, un paradoxe. Les denrées y ſont à bon marché, parce que la population y eſt peu nombreuſe, relativement à l'étendue de pays qui s'offre à cultiver. Dans un bon ſol, un homme ſeul peut aiſément, par ſa culture, ſuffire à la conſommation de dix hommes, ou même plus. Ces dix hommes peuvent donc travailler pour la conſommation extérieure.

qu'en aucune contrée de l'Europe, & ces marchandises peuvent, sans perdre leur qualité de bon marché, aller très-loin, même en traversant de grands Etats, où la nature, laissée à son énergie, seroit encore plus favorable à ces mêmes manufactures.

La condition principale & nécessaire pour fabriquer, au meilleur marché, les choses ou très-compliquées, ou recherchées dans leur finesse & leur perfection, ou qui exigent la réunion de plusieurs sortes de main-d'œuvres, & un travail constant & assidu; cette condition, dis-je, est une grande population, dont une partie soit absolument éloignée des travaux de la terre, & concentrée dans l'unique objet des manufactures.

Dans l'ordre naturel, ces sortes de manufactures ne devroient être que le produit d'un excédent de population, dont le travail n'a pu naturellement s'appliquer, soit aux travaux de la terre, soit aux fabriques simples; mais, en général, elles sont le résultat de l'amoncèlement dans les villes des hommes pauvres & misérables.

Ces manufactures sont, quant aux ouvriers, généralement alimentées par des individus qui, n'ayant point de propriété, point d'espoir d'un travail certain & constant dans les campagnes, ou enfin qui, séduits par l'espoir d'un grand gain, ou par les prestiges du luxe, accourent dans les villes, & sont bientôt forcés de vendre leur industrie à un prix toujours d'autant plus bas, qu'ils s'offrent en plus grand nombre.

Puisque le bas prix de la main-d'œuvre n'est dû qu'à ce concours affligeant, qu'au besoin urgent d'hommes sans emploi, ce bas prix n'est donc pas le signe d'une grande prospérité.

Il eſt au contraire le réſultat & le ſigne d'une mauvaiſe organiſation ſociale, qui force l'induſtrie à ſe tranſporter d'un travail néceſſaire, libre & utile, à un travail de fantaiſie, forcé & pernicieux.

Il réſulte de-là que plus cette main-d'œuvre eſt à bon compte dans un pays, plus la miſère y eſt grande & étendue.

Il en réſulte encore que les États neufs & bien organiſés, ne doivent point envier de pareilles manufactures, qui ſont le produit d'un état de choſes auſſi déſordonné. Ils ne doivent le déſirer, que quand le taux de la population & l'excès du produit des travaux utiles, amènent naturellement l'induſtrie à ſe tourner vers ces manufactures.

Ce raiſonnement, contre le bas prix de la main-d'œuvre, ne nous empêche pas de convenir qu'il ne ſoit un avantage réel dans les moyens du commerce extérieur, & que dans l'état actuel, les nations manufacturières & commerçantes ne ſoient forcées de le rechercher, quoiqu'il ne compenſe point le mal intérieur qui le produit.

Ces dernières manufactures ne peuvent que très-difficilement & très-précairement fournir leurs productions pour le commerce extérieur, lorſqu'elles ſont établies & ſoutenues uniquement par des moyens forcés, tels que les prohibitions, les privilèges excluſifs, &c. moyens par leſquels on prétend combattre des obſtacles naturels, ou mitiger des abus qu'on ne veut pas détruire. Les pays exempts de ces obſtacles & de ces moyens forcés, l'emportent enfin, & obtiennent la préférence.

On parvient quelquefois à ſurmonter les obſtacles que mettent à ces manufactures la cherté des vivres, les impôts onéreux, l'éloignement des matières premières, la *paucité* des bras, par des machines ou des procédés induſtrieux, qui égalent le travail d'un ſeul homme à celui de pluſieurs, & le mettent à portée de ſoutenir la concurrence des pays peuplés, où ces machines & ces procédés ſont ignorés.

Mais ces moyens de bon marché ſont précaires, & cèdent tôt ou tard à ces heureuſes poſitions, où le climat, le ſol, le gouvernement ſur-tout, concourent à *favoriſer* (1) toute l'activité & l'induſtrie dont les hommes ſont ſuſceptibles.

Ainſi, en dernière analyſe, la faculté de fournir au plus bas prix appartient inconteſtablement aux pays ainſi favoriſés, & ils peuvent, dans tous les marchés, obtenir la préférence ſur ceux que la nature a moins favoriſés, quelle que ſoit l'induſtrie de ceux-ci, parce que cette induſtrie peut toujours être ajoutée ailleurs aux avantages naturels.

Le commerce extérieur, plus que tout autre, s'effarouche par les entraves, les droits, les viſites, les chicanes, les procès à eſſuyer, l'arbitraire qui les décide, les ſollicitations & les lenteurs qu'ils entraînent.

La puiſſance qui veut favoriſer un tel commerce, doit donc, *avant tout*, détruire tous ces obſtacles. Elle y eſt d'autant plus intéreſſée, que de l'accroiſſement du commerce extérieur réſulte l'accroiſſement du revenu national.

Toutes choſes égales, relativement aux prix des marchan-

---

(1) *Favoriſer*, en économie politique, ſignifie le plus ſouvent, ne pas réglémenter l'induſtrie ; quelque favorables que puiſſent paroître certains réglemens, ils la gênent toujours. En un mot, *favoriſer* l'induſtrie, c'eſt la laiſſer à elle-même.

marchandises, aux facilités avec lesquelles le commerce extérieur direct peut se faire, il s'établit plus promptement & plus facilement entre les nations qui ont entr'elles des rapports de principes politiques, religieux (1), de mœurs, d'habitudes, & sur-tout qui ont le même langage. Ces moyens de liaisons décisifs ne peuvent être combattus par les nations qui ne les ont pas, qu'en offrant des avantages évidens, & dont le résultat soit, *moins de dépense & plus de profit.* Les commerçans mettent en général *le profit* avant tout.

Les nations qui n'ont pas entr'elles ces rapports, doivent, pour compenser ce défaut, accorder de grands encouragemens, avoir la plus grande tolérance pour les opinions religieuses & politiques, & pour les habitudes des étrangers.

Pour s'assurer les avantages du commerce extérieur, il ne faut compter ni sur les traités, ni sur les réglemens, ni sur la force. La force n'a qu'un effet momentané; elle détériore & brise même tout ce qu'elle veut soutenir. Les traités, les réglemens sont inutiles, si l'intérêt des deux nations ne les attire l'une vers l'autre; ils sont impuissans, si cette attraction n'existe pas. Traités, réglemens, force, tout cède *à la force ou à la nature des choses.*

---

(1) Les rapports religieux ont autrefois influé considérablement sur l'homme civil & sur le commerce. Le catholique fuyoit le protestant, le puritain se défioit du quaker; chaque secte se payoit d'une haine réciproque. Aujourd'hui que les lumières sont plus répandues, que le commerce établit des relations entre toutes les sectes, & que l'expérience a prouvé que la probité étoit presque toujours indépendante de la religion, on ne demande plus, pour se lier avec un homme, s'il va au temple ou à confesse; on demande s'il fait honneur à ses engagemens. Cependant, ce rapport doit encore être compté dans les liaisons de commerce.

La force des choses! Voilà la loi politique qui dirige tout dans la politique, comme dans la physique. C'est une force générale dont l'action est manifeste, qui, malgré les guerres, les traités, les manèges des cabinets, règle tous les événemens, entraîne les hommes & les nations dans son cours. C'est cette force des choses qui a renversé l'empire de Rome, lorsqu'il portoit sur une base disproportionnée à sa masse; qui, dans le quatorzième siècle, a arraché aux Anglois la moitié de la France, & dans le dix-huitième, la moitié du Nouveau-Monde; qui a délivré la Hollande du joug des Espagnols, & la Suède de celui des Danois. C'est cette force qui anéantit les projets des conquérans, tels que les Charlemagne, les Gengis, les Nadir. Ils s'agitent, ils courent, ils massacrent pour bâtir de vastes empires. Ces empires meurent avec eux; la force des choses les divise & les dissout. Cette force agit dans le commerce comme dans les révolutions. C'est elle qui, par la découverte du Cap de Bonne-Espérance, enleva le commerce des Indes aux Vénitiens, & le fit passer successivement aux Portugais, aux Hollandois, aux Anglois & aux François. C'est elle seule enfin qui décidera le grand procès de commerce de l'Amérique.

Cette force des choses, dans le commerce, n'est que le résultat des circonstances où se trouvent deux nations; circonstances qui les portent l'une vers l'autre, & les obligent à se lier ensemble, plutôt qu'avec toute autre nation. Ces circonstances *se révoltent* dans leur intérêt mutuel : il faut donc, pour créer un commerce constant entre deux peuples, leur donner à tous deux un intérêt prépondérant à le faire.

CHAPITRE II.

Du commerce extérieur, considéré dans ses moyens d'échange & dans sa balance.

ON se trompe, si l'on croit que le commerce ne peut s'établir entre deux nations, sans or ou sans argent, pour solder leurs comptes. Il sera d'autant plus utile d'entrer, à cet égard, dans quelques détails, que la rareté du numéraire dans les Etats-Unis, & la nécessité de s'y réduire aux simples échanges, sont les deux principales objections que, par ignorance, on ait élevées contre ce commerce (1).

On ne cesse de dire, de répéter que le numéraire leur manque; que la balance du commerce sera contr'eux, & tendra toujours à les dépouiller de leur numéraire; qu'on ne peut faire avec eux

(1) On exagère beaucoup, en France, la rareté du numéraire dans les Etats-Unis. Il doit être rare dans tous les pays nouveaux, où rien ne gêne l'industrie, où tant de choses sont à créer, & où s'offrent de toutes parts des défrichemens à faire. Pour que, dans cet état de création, le numéraire fût abondant, il faudroit, tout-à-la-fois, des mines, disette constante de bras, & gênes pour l'industrie; circonstances bien plus défavorables au commerce avec l'étranger, que la rareté du numéraire dans un pays actif & industrieux. Un fait semble nous prouver que, dans l'Amérique libre, le numéraire s'y trouve dans la proportion la plus desirable avec la population, du moins en prenant l'Europe pour terme de comparaison. Les placemens estimés solides, tels qu'à la banque, & dont les intérêts sont régulièrement payés, & sont recherchés. Cependant les défrichemens doivent donner un bien plus grand bénéfice. Pourquoi donc n'engloutissent-ils pas le numéraire? Pourquoi en reste-t-ils pour placer dans les banques? N'est-ce pas parce que le numéraire n'y est point aussi rare qu'on l'imagine en France, où l'on confond, avec leur état actuel, la détresse des Américains, lorsqu'ils combattoient pour leur liberté?

qu'un commerce d'échange néceſſairement ingrat & borné, dès qu'ils ne peuvent rien ſolder en argent. Il faut donc prouver que ce grand mot de balance, n'eſt encore, de *nation à nation*, qu'un mot inſignifiant, & que, dans ſon acception la plus générale, il ne peut produire que de fauſſes notions. Il faut prouver qu'on peut faire un grand commerce ſans numéraire, & que celui d'échange eſt le plus avantageux.

Lorſqu'une nation paye ou ſolde ce qu'elle tire de l'étranger, avec de l'or, on dit que la balance du commerce eſt contr'elle, & on prétend, par-là, donner une idée déſavantageuſe de ſa poſition. C'eſt un préjugé qu'il eſt aiſé de renverſer, quoiqu'il ſoit accrédité par des hommes célèbres.

D'où vient, en effet, à cette nation, l'or qu'elle donne pour payer ce ſolde? Il eſt, ou le produit de ſes mines, &, dans ce cas, elle paye avec une de ſes productions; ou bien elle le doit à une main-d'œuvre exercée hors de chez elle, &, dans ce cas encore, elle paye avec un produit qui lui appartient. Or, tant qu'une nation paye au-dehors, directement ou indirectement, avec ſes produits, ſa poſition ne ſauroit être déſavantageuſe. Ce mot défavorable de balance, ainſi attaché à un ſolde payé en or, n'offre donc aucune idée nette & vraie de l'état favorable ou défavorable d'une nation.

Il n'eſt qu'un cas où l'on pourroit prononcer que la balance eſt contre une nation; c'eſt celui où, ayant épuiſé ſon or & ſes productions, elle reſteroit encore débitrice envers une autre nation. Mais cet état ne dureroit pas long-temps, ſans que la nation abandonnât un ſol aſſez malheureux pour ne ſuffire, ni à ſa conſommation, ni à ſes échanges néceſſaires ; & c'eſt ce qui n'arrive point : l'importation ne tarde pas à ſe proportionner à l'exportation ; l'équilibre s'établit, & cette prétendue balance défavorable ne dure jamais aſſez, pour qu'on doive ſeulement la ſuppoſer.

D'ailleurs, l'or eſt auſſi une marchandiſe, & il peut convenir à une nation, ſelon la nature de ſes relations avec une autre, de la payer en or, ſans que, pour cette raiſon, elle ait contre elle une balance défavorable.

On ne s'exprime pas avec plus de juſteſſe ni de vérité, quand on dit qu'une nation a la balance du commerce en ſa faveur, lorſqu'elle reçoit en or un ſolde ſur le montant de ſes exportations. Cette balance, en continuant pendant un certain temps, amonceleroit l'or dans cette nation, & la rendroit à la fin très-miſérable. Or, c'eſt ce qu'on ne voit pas, & ce qui cependant auroit dû arriver, ſi ce ſyſtême avoit le moindre fondement.

La circulation du numéraire tient à trop de cauſes, pour qu'on puiſſe déduire de ſon affluence le ſigne certain d'une balance favorable de commerce. Mille combinaiſons, mille événemens indifférens à cette balance, appellent l'or de l'étranger, ou l'y envoient. Dans ce mouvement général, continuel & varié du commerce, les tables d'importation ou d'exportation, d'après leſquelles on détermine le ſolde, formant le ſigne de la faveur ou de la défaveur de la balance, ſont trop incertaines, trop défectueuſes, pour qu'on puiſſe fixer d'après elles, & cette balance, & la quantité de numéraire, & la richeſſe de la nation (1).

(1) Voici un exemple frappant de la défectuoſité de ces calculs, & de l'eſtimation de la balance du commerce & du numéraire ;

Qu'on multiplie, tant qu'on voudra, les tables pour comparer l'exportation & l'importation des matières premières, & des articles manufacturés;

& il prouvera que les calculateurs politiques négligent ou ignorent souvent des événemens étrangers, qui renversent leurs calculs.

M. Necker a voulu rechercher (chap. IX, tom. 5, *traité de l'administration des finances*,) quelle étoit la somme du numéraire apportée & conservée en Europe, depuis 1762, jusqu'en 1777. Il l'évalue à 1850 millions, d'après les regiltres de Cadix & de Lisbonne, en y comprenant même ce qui est entré par contrebande, & il porte environ à 300 millions ce qui en est sorti pendant la même époque,

En fixant à cette somme le numéraire entré en Europe, on ne voit point que M. Necker tienne compte de l'or & de l'argent que la conquête du Bengale par les Anglois, & de leurs autres établissemens dans les Indes orientales, ont dû nécessairement faire refluer en Europe. Or, suivant le calcul du comité secret, nommé par le parlement d'Angleterre, pour examiner l'état des Indes angloises, les sommes tirées du Bengale par les Anglois, depuis 1757 jusqu'en 1771, montent à 751,500,000 liv. (*a*) Que sera-ce si l'on ajoute à cette somme énorme celles tirées de la possession du Carnate & d'Aoude, dont les Nababs n'ont la propriété qu'en apparence; des revenus des Circars septentrionaux; du vol fait à l'empereur Mogol, depuis 1771 jusqu'à présent, de son tribut de 26 millions; de l'accroissement perpétuel des territoires & des revenus; de la vente faite, en 1773, des Robillas au Nabab d'Aoude, vente qui a produit aux Anglois plus de 50,000 millions (*b*)? Enfin, que sera-ce si l'on y ajoute les sommes prodigieuses exportées de l'Inde, par les particuliers qui s'y sont enrichis? La fortune du lord Clive étoit inestimable. On porte à 30 ou 40 millions celle de M. Hastings, dont on fait aujourd'hui le procès. Un autre gouverneur a suivant des rapports assez bien fondés, payé récemment plus de deux millions pour faire taire ses accusateurs. Il est certain qu'une partie de ces richesses immenses a été employée à payer les dépenses faites par les Anglois pour garder leur conquête dans l'Inde; qu'une autre partie, plus considérable encore, a été renvoyée en Europe, sous la forme de marchandises; mais on ne peut contester que le reste ne soit passé dans notre continent, en or ou en argent. Quel en est le montant? Il est impossible de le fixer. Mais quel qu'il soit, il rend douteux le calcul de M. Necker. — Qu'on juge, par un seul fait, de l'inépuisa-

(*a*) Les détails de ce calcul se trouvent dans le *tableau de l'Inde*, tom. 1, pag. 249. Il s'y est glissé une erreur considérable; on a mis le total en livres sterling, au-lieu de livres tournois.

(*b*) Voyez le *voyage de M. Makintosh aux Indes orientales*, p. 340.

qu'on y apporte le plus grand soin, la fidélité la plus scrupuleuse, on n'en rendra pas les résultats plus certains, plus décisifs; car tant qu'il existera,

---

ble richesse des Indes orientales, & par conséquent de la grandeur de la source où les Européens ont puisé, & par une autre conséquence, du numéraire qui a dû refluer dans l'Europe. Nadir-Schah, qui conquit Delly en 1740, emporta de l'Indostan environ 40 millions de liv. sterling, c'est-à-dire près d'un milliard de nos livres (*a*). Cet argent s'est répandu dans la Perse; & comme cet état malheureux, déchiré par le despotisme & par des guerres continuelles (*b*), ne produit presque rien, ne manufacture rien, comme, par conséquent, il tire ses besoins de l'étranger, & principalement de l'Europe, il en résulte que les deux tiers des sommes volées dans l'Inde, par le brigand Nadir, ont dû passer en Europe. Ces événemens, dont les calculateurs politiques ne tiennent aucun compte, ont eu certainement la plus grande influence sur la fluctuation & la circulation du numéraire sur toute la terre. Ce qui fait croire qu'il ne vient point de métaux de l'Inde, c'est l'opinion où l'on est que l'exportation en est désavantageuse. Mais les brigands qui, depuis trente ans, pillent cette contrée, ont-ils calculé ce désavantage? Les brigands cherchent à mettre leurs vols en sûreté, & ne spéculent point en marchands; les marchandises, trop volumineuses, trahiroient trop souvent leur secret.

Quant à la fixation du numéraire qui sort de l'Europe pour aller aux Indes, il y a dans les calculs de M. Necker, les mêmes omissions. Il ne parle point des événemens qui ont forcé les Anglois de faire passer des sommes considérables dans l'Inde; par exemple, les deux guerres contre les Marattes ont coûté des sommes prodigieuses; celle contre Haïder-Aly, en 1769, n'a pas été moins dispendieuse. Un seul incendie, arrivé à Calcutta, a coûté près de 24 millions, qu'il a fallu remplacer. Cependant ces sommes sont bien loin de balancer celles exportées des Indes. Le major Scott, ce partisan zélé de M. Hastings, & qui a été longtemps dans l'Inde, disoit au parlement d'Angleterre, le 15 mars 1787, que la compagnie des Indes avoit tiré, depuis 1773, de la seule Nababie d'Oude, 8 millions & demi de livres sterling, en espèces, passés en Angleterre; que 32 particuliers étoient revenus en Angleterre depuis cette époque, chacun avec un numéraire (l'un dans l'autre) de 25,000 liv. sterling; ce qui fait, pour toute l'espèce exportée, 9,600,000 liv. sterling, depuis 1773.

M. Volney, & tous les voyageurs, conviennent que le commerce de l'Egypte & de l'Arabie se fait avec des sequins de Ve-

(*a*) Voyez *ibid.* tom. premier, pag. 341.

(*b*) Voyez le *voyage de M. Capper*, à la suite du *voyage de M. Makintosh*, tom. 2, pag. 454.

dans les états, des loix prohibitives qui créent & entretiennent la contrebande, pourra-t-on jamais savoir & constater (1) ce qui entre & ce qui sort ? Et s'il est un pays où ces loix n'existent pas (2), y tient-on des registres exacts d'entrée & de sortie ? Quand on les y tiendroit, n'est-ce pas une gêne à laquelle l'intérêt que mettent les commerçans au secret, les force souvent à se soustraire ?

Voit-on, d'ailleurs, que dans ces balances générales, terminées par un solde qu'on suppose payé en or, on tienne compte des opérations des banquiers, des gouvernemens, des voyageurs qui vont & viennent (3) ? Fausse science, encore une fois,

---

nise & des dahlers d'Allemagne, qui vont payer à la Mecque les marchandises de l'Inde & de la Chine. Eh ! que deviennent ces sequins & ces dahlers ? Ils reviennent probablement en Europe.

L'auteur, bien instruit, qui a composé l'histoire du parti Rockingham, estime à 10 millions de livres sterling l'argent venu en Angleterre du Bengale.

(1) C'est une forte objection que les adversaires du lord Sheffield ont fait à son volume de tables, & il y a foiblement répondu. Rien encore de plus imposant que les tables d'importation & d'exportation, & de la balance de commerce, publiées par le chevalier Whitworth ; & voyez avec quelle facilité M. Mirabeau réduit à 20 millions de livres tournois les 90 millions tournois auxquels le chevalier Whitworth porte la balance annuelle du commerce anglois. Et fiez-vous ensuite aux calculs de douane. Voyez pag. 371 & suiv. des *considérations sur l'ordre de Cincinnatus.* — Edition de Londres.

(2) Il est beaucoup d'états, parmi les nouvelles républiques de l'Amérique, qui tiennent bien des registres pour les vaisseaux qui entrent, parce que l'importation paye des droits ; mais on n'en tient pas pour l'exportation.

(3) Il est très-vraisemblable qu'il y a une foule de causes particulières qui délivrent insensiblement de leur numéraire les nations qui ont constamment la balance du commerce en leur faveur. S'il n'en étoit pas ainsi, il en résulteroit, ou qu'on seroit forcé, parmi ces nations, d'enfouir l'or dans la terre, ou qu'il y tomberoit dans l'avilissement. Or, ni l'un ni l'autre de ces cas n'arrive. Donc l'or reflue nécessairement de ces nations au-dehors.

M. Casaux a prouvé ce fait à l'égard de l'Angleterre, dans ses *considérations sur le méchanisme des sociétés.* Il y fait voir

que celle qui repose sur de pareils résultats! Mais cette appréciation numérique est-elle bien nécessaire? Lorsque l'aisance & les commodités de la vie se répandent, n'est-il pas évident que les revenus de la nation augmentent, & que si la balance du commerce extérieur n'est pas en sa faveur, le déficit est fort au-dessous de la richesse, que l'industrie & le travail intérieur tirent annuellement de son propre sol?

Veut-on donc juger de sa puissance, veut-on connoître si l'augmentation de ses richesses augmente aussi sa force, sa consistance, ses rapports avantageux avec les autres nations; il faut alors consulter les tables de sa population. Si elle s'accroît sensiblement; si l'aisance & les jouissances de la vie s'étendent sur un nombre d'individus toujours plus grand; si les causes de l'indigence tendent à diminuer parmi le peuple, ou qu'elles se bornent à l'impuissance du travail, occasionnée par les maladies, il est évident que les revenus de cette

---

que si les calculs du chevalier Whitworth, dont nous venons de parler, étoient vrais, l'Angleterre devroit aujourd'hui posséder environ quatre milliards en or ou en argent, pour la seule balance du commerce, depuis 1700 jusqu'en 1775. — Cependant il est certain qu'elle est loin de cette prodigieuse masse de numéraire. Elle n'a pas même le numéraire nécessaire à sa population & à son commerce. Elle y supplée par la circulation immense de son papier de crédit.

Le rapport de quelques-unes des idées sur la balance du commerce, contenues dans cet ouvrage, avec celles de M. Casaux, nous oblige à déclarer ici que son ouvrage, imprimé à Londres en 1785, distribué en petit nombre en France en 1786, ne nous est parvenu qu'à l'époque où le nôtre étoit fini & à moitié imprimé. Une circonstance particulière nous fournit l'occasion de le citer, & nous la saisissons avec plaisir, pour rendre justice aux travaux de cet écrivain politique, auquel il ne manqueroit que plus de clarté & de méthode, pour être un jour connu & estimé, comme il mérite de l'être. Nous sommes loin cependant d'adopter quelques-unes de ses opinions, qui nous paroissent erronées, telles que celles sur les emprunts, les remboursemens, &c.

nation excèdent ses dépenses, & que la balance du commerce est en sa faveur ; car si la valeur de ses exportations étoit inférieure à celle de ses importations, il en résulteroit bientôt contr'elle une dette considérable, & l'appauvrissement. Or, tout appauvrissement frappe immédiatement sur la population. Ce n'est donc qu'à des tables raisonnées & sûres de la population, qu'un administrateur, d'un esprit juste, profond, & généralisateur, s'attachera. C'est par leur comparaison seule qu'il jugera des avantages & de l'accroissement du commerce extérieur & de la richesse nationale (1).

Il se gardera bien de décorer de ce nom l'amoncèlement de l'or & de l'argent; il se gardera même d'en faire le seul signe de la richesse, & de vouloir estimer l'étendue de cette richesse, par la quantité de ces métaux. Toutes ces idées sont mesquines, dangereuses & fausses. Mesquines, parce qu'elles bornent à ce signe la représentation & les moyens d'échange des productions, & gênent par conséquent l'extension du commerce; dangereuses, parce qu'elles accoutument l'homme à regarder l'or comme une vraie richesse, à négliger la chose pour le signe, & le rendent étranger à sa patrie; fausses, parce que cet étalage de chiffres n'annonce jamais qu'une quantité de numéraire qui fuit sans cesse; qnantité qui, portée à un certain degré, ne signifie plus rien.

---

(1) A la rigueur, la population n'est pas la mesure de l'accroissement du commerce extérieur ; mais celui-ci ne peut s'aggrandir, s'augmenter que par l'augmentation de l'industrie, & par conséquent du commerce intérieur. Or, si les tables de population indiquent des accroissemens successifs, elles attesteront l'accroissement du commerce en général, & l'intérieur ne peut pas prospérer, sans que le commerce extérieur s'établisse.

Ces vérités demandent quelques développemens, à cause de leur nouveauté. Il faut donc les donner. Le titre le plus certain qu'auroient l'or & l'argent à être considérés comme une vraie richesse, c'est de pouvoir être facilement soustraits aux violations de la propriété, aux attentats de la tyrannie ou de l'ignorance des gouvernemens. L'or étant un signe universel, celui qui le possède peut émigrer par-tout, & se transporter par-tout avec lui. — La matière de l'or est donc tout chez les nations, assez malheureuses pour connoître des exceptions arbitraires aux maximes générales, qui fondent & affermissent le crédit public. Mais combien chèrement elles paient leur ignorance sur les avantages de ce crédit! Combien les gouvernemens eux-mêmes paient chèrement leurs erreurs ou leurs attentats! Tout est forcé dans leurs mesures : la nature se montre en vain libérale; occupée sans cesse à réparer des maux toujours renaissans, on ne lui laisse pas le temps de rien faire pour le bonheur. Quand on a dit que l'argent n'avoit point de patrie, on a dit bien énergiquement aux gouvernemens, qu'il falloit tout faire pour se passer d'un numéraire abondant. On ne s'en passera que lorsqu'on connoîtra les avantages inappréciables du respect pour le crédit public. Une nation est d'autant plus riche, plus éclairée, mieux gouvernée, que les individus conservent moins & aiment moins le numéraire. S'y attacher, le conserver, est un signe certain ou de crise allarmante, ou de défaut de lumières, ou de fidélité dans l'administration; d'où résulte une vérité que nous avons déjà développée; c'est que l'écrivain qui prône l'or comme le signe de la richesse, & le recommande à ses concitoyens, se trompe, si d'ailleurs il n'a pas une mauvaise idée de leur position. Dans ce dernier cas, il vaudroit mieux, au-lieu de prêcher cette doctrine pernicieuse, encourager le gouvernement à rendre inébranlable le crédit national.

C'est une remarque qui n'a point encore été faite. — Un milliard, deux milliards d'or, ne nous laissent que des idées vagues. L'imagination ne peut pas leur fixer nettement un emploi qui serve de mesure à leur puissance & à leur effet. On voit ce qu'on feroit avec vingt ou cent millions d'hommes. On ne voit pas ce que feroient des milliards d'écus, & cependant on les entasse sur le papier, pour donner une idée de puissance.

Faisons voir maintenant que si l'on a tort de regarder l'or & l'argent comme des signes exclusifs de la vraie richesse, il n'est pas moins absurde de s'attacher aux calculs impolitiques sur le numéraire, comme à une base certaine. Il en est des recherches sur la quantité de numéraire, comme de celles sur la balance du commerce. Il faudroit, pour établir les unes & les autres avec quelque certitude, rassembler des connoissances, des détails, dont les élémens échappent ou varient sans cesse; & pour le prouver, entrons ici dans quelques détails.

En général, la masse de l'or & de l'argent se divise en trois parts principales. La première, sous la forme du numéraire, sert aux échanges journaliers & indispensables. Il faut que chaque individu, dès qu'il est chargé de son entretien & de celui de sa famille, ait au moins quelques pièces d'argent pour vivre chaque jour, & payer les impôts. A ce numéraire, il faut encore ajouter celui qu'on met en réserve pour les cas inattendus. Cette pratique est plus ou moins observée par tout pays, selon qu'on y est plus ou moins dans la sécurité ou dans la crainte, relativement aux événemens désastreux. On voit qu'il est impossible d'évaluer cette première part. Ce qu'on apperçoit clairement, c'est qu'elle doit être en raison de la population, & s'accroître avec elle, & que la dépopulation doit promptement se manifester, si beaucoup d'individus restent totalement privés d'un contingent en monnoie suffisant pour se procurer ce dont ils ne peuvent se passer; monnoie qu'ils ne font ni ne reçoivent eux-mêmes, si d'ailleurs ils n'ont aucun moyen commode de suppléer à la monnoie. On opperçoit encore que cette part du numéraire doit rester dans le pays, à cause de sa division, de son application continuelle en petites sommes aux besoins journaliers, & de la stagnation absolue de ce qui est mis en réserve.

La seconde part de l'or & de l'argent est destinée, sous la même forme, aux grandes opérations du commerce. Il est également impossible d'en fixer la quantité, à cause du nombre infini de combinaisons qui la changent sans cesse, & font sans cesse voyager ces métaux d'un pays à l'autre. Les fraix journaliers & les douanes en retiennent une partie; mais cet objet rentre dans la première part.

La troisième part renferme l'or & l'argent non monnoyés, sous quelque forme que ce soit. Elle est, comme la seconde, soumise à une multitude de variations continuelles, qui ne laissent aucun moyen satisfaisant d'en déterminer la quantité.

Prétendre découvrir la quantité du numéraite,

par les soldes des balances incertaines du commerce, & par l'addition des espèces frappées aux hôtels des monnoies depuis une refonte, n'est pas une voie plus sûre, puisqu'également il faut tenir compte de l'action continuelle du commerce sur ces métaux, sous quelque forme qu'ils soient, de toutes les combinaisons qu'il enfante, & qui naissent sans cesse les unes des autres. En voulant évaluer ainsi le numéraire, on oublie qu'il est un agent universel qui, par cela même, doit nécessairement changer perpétuellement de place, depuis que le commerce a mis tous les hommes en rapport, par les besoins qu'ils se sont faits de leurs productions réciproques. On oublie que diverses circonstances font revenir l'or monnoyé à l'état de lingot, *& vice versâ*, que par conséquent la même pièce peut passer plusieurs fois sous le balancier, dans le cours d'un certain nombre d'années (1).

On s'élève à des procédés plus utiles & plus sûrs dans l'administration des finances, quand on écarte cet appareil de fausses richesses, & que l'on ne considère l'or & l'argent que sous le point de vue de leur propriété principale. Ils ne servent à nos besoins que comme moyens d'échange ; ce sont des billets au porteur, qui, ayant par-tout le même usage, sont négociables par-tout. Ils sont, par cela

---

(1) C'est une réflexion que M. Necker paroît n'avoir pas faite, quand il a fixé à une somme si considérable la quantité du numéraire existant en France. On verra, lorsque l'opération de la refonte des vieux louis sera achevée, ce qu'on doit penser de ses calculs. Mais on est loin encore des 957 millions, auxquels il évalue cette quantité d'or monnoyé. Il est plus que probable qu'on n'arrivera pas même aux deux tiers. Au moment où l'on écrit cette note, c'est-à-dire quatorze mois après l'arrêt qui ordonne la refonte de l'or monnoyé, elle ne va pas à plus de 550 millions, & tout indique qu'elle touche à sa fin.

même, ambulans ; ils vont, viennent, s'amoncèlent, se répandent, comme les flots d'une mer sans cesse agitée par des vents successifs & soufflant dans toutes les directions. Entreprendre de les fixer dans un pays, c'est vouloir changer leur nature ; c'est leur ôter la propriété qui leur donne le plus de prix ; & cependant cette entreprise est la conséquence du système dans lequel on regarde les métaux comme la vraie richesse. On craint de la voir disparoître, on en gêne la circulation, & l'esprit perd de vue l'usage des moyens plus simples, plus fixes, & qu'on peut créer par-tout, pour augmenter la véritable richesse, sans laquelle ces métaux seroient sans usage, & par conséquent sans valeur.

Au contraire, que, dédaignant l'opinion vulgaire, on ne voie dans l'or & l'argent que des moyens d'échanges, que des agens propres à les faciliter, l'esprit, délivré de la crainte d'en manquer, *comme richesse*, conçoit l'idée de s'en passer, *comme agent*, au moins autour de soi (1). Et quel vaste champ

---

(1) Il est bien étonnant que, parmi les voyageurs qui ont parcouru les Etats-Unis, aucun ne soit entré dans quelques détails sur leur manière d'échanger plusieurs des nécessités & des commodités de la vie. Au-lieu d'argent sortant & revenant sans cesse dans les mêmes mains, on s'y fournit réciproquement ses besoins dans les campagnes, par des échanges directs. Le tailleur, le cordonnier viennent faire les ouvrages de leur profession chez le cultivateur qui en a besoin, & qui le plus souvent en fournit la matière, & paye l'ouvrage en denrées. Ces sortes d'échanges s'étendent à beaucoup d'objets ; on écrit de part & d'autre, ce que l'on donne & reçoit, & à la fin de l'année, avec une très-petite quantité de numéraire, on solde une grande variété d'échanges, qui ne se feroient en Europe qu'avec beaucoup d'argent.

On voit par-là, qu'en apprenant aux gens de la campagne à écrire & à compter, on leur donne un moyen facile de se passer de beaucoup d'argent ; que par conséquent, le souverain qui établit des écoles, pour enseigner ces sciences de première nécessité & d'un usage journalier, crée un grand moyen de circulation, sans

s'ouvre alors à l'industrie ? Alors on les réserve au meilleur emploi qu'en puissent faire les nations qui les tirent de l'étranger ; on les renvoie au-dehors, pour chercher des matériaux à l'industrie, des commodités nouvelles, & sur-tout des hommes ; car, de toutes les richesses, c'est la plus sûre, comme la plus féconde.

Dès qu'on a réduit l'or à sa juste valeur, qu'on en connoît le véritable emploi, on sent tout le prix de la confiance & l'usage avantageux qu'on peut en faire. Alors on voit que le papier-monnoie (1) peut avoir la même propriété que l'or, & que, pour réussir à la lui donner, il ne faut que s'astreindre à un respect inviolable pour les principes qui maintiennent la confiance. Car sur quelle base reposent le prix & l'universalité de l'usage des monnoies, si ce n'est sur la certitude, qu'à cause de leur valeur de convention, elles seront reçues partout en paiement des choses dont on a besoin ? Et pourquoi refuseroient-on de recevoir en paiement un papier qui offriroit la même valeur conventionnelle, la même certitude, la même solidité ? Je dis plus, on peut donner au papier une base plus durable que celle de l'or & de l'argent ; rien ne nous garantit que la valeur de ces métaux ne soit pas tout-à-coup diminuée par la découverte de quelques mines nouvelles & abondantes ; nous ne

---

numéraire, & que cette dépense, qui semble effrayer & arrêter tant de gouvernemens, est au fond, une des spéculations les plus lucratives que le fisc puisse faire.

(1) Nous disons, papie-rmonnoie, sans attacher à ce mot l'idée d'un papier contraint ; car l'obligation de le recevoir en altère la valeur, à moins que le papier ait, par sa nature, une valeur réelle, & indestructible, telle que celle des *assignats-monnoie*,

ne pouvons calculer la quantité que la terre en recèle, & on ne cesse de la fouiller (1).

Ainsi, dans les pays où les métaux précieux manquent, mais où la terre peut être cultivée avec succès, on doit s'empresser de multiplier les banques & les caisses d'escompte, dont les opérations portent principalement sur des titres de propriétés foncières, sur des productions mises en dépôt; en un mot, sur les mêmes objets que l'or & l'argent ne font que représenter.

Il n'est pas vrai qu'il faille beaucoup d'or ou d'argent pour fonder les banques, ou créer des billets qui puissent être jettés dans la circulation. La preuve du contraire est fournie par les faits qui ne cessent de frapper nos yeux: cette multitude de lettres-de-change qui circulent & se croisent en tout sens, n'ont pas toutes, à beaucoup près, un dépôt d'or ou d'argent pour cause & pour caution. Il s'en faut bien aussi que toutes soient payées à leur échéance avec ces métaux; le commerce produit en abondance de ces papiers, qui, échéant le même jour, s'acquittent les uns par les autres, sans l'intermédiaire des espèces, sur-tout dans les villes où il y a des banques ou caisses publiques établies pour faciliter ces sortes de paiemens. C'est ce qu'on appelle des viremens; & les caisses d'escompte ont principalement pour but de les faciliter, en faisant servir au paiement de l'échu, ce qui ne l'est pas encore. Enfin, ces caisses d'escompte & ces

(1) Pourquoi ne feroit-on pas dans d'autres pays la découverte que le hasard procura dans le dernier siècle, à deux bergers norvégiens, des riches mines de Konsberg, où l'on trouve des masses même très-considérables d'argent? Le roi de Danemarck en a une dans son cabinet, qui pèse 560 livres.

banques sont elles-mêmes des causes & des preuves frappantes de la facilité de suppléer, par la confiance, à l'or & à l'argent. Fondées d'abord sur des dépôts en espèces, elles parviennent à faire circuler leurs billets pour des sommes bien supérieures à celles de ces dépôts : & quelle est la caution du paiement de ces billets excédant les dépôts, si ce n'est d'autres billets ou lettres-de-change non échus, que ces caisses reçoivent en échange de leurs propres billets payables à vue, & auxquels la confiance du public donne la même propriété qu'à l'or ou l'argent monnoyé ?

Dans les pays où ces métaux sont déjà en circulation, mais où ils ne sont qu'une production étrangère, on doit donc s'occuper des moyens si faciles & si sûrs d'y rendre les échanges toujours moins dépendans de l'abondance ou de la rareté du numéraire. — On doit y naturaliser le papier-monnoie, parce que son effet infaillible est de doubler, de tripler le numéraire, & même de le remplacer entièrement dans les pays où, comme dans l'Angleterre, la confiance n'a reçu aucune atteinte.

Ces observations pourroient être plus étendues, s'il s'agissoit d'un traité sur l'utilité des banques & des caisses d'escomptes. Mais ce n'est point ici notre objet. Nous n'avons envisagé le commerce extérieur dans ses moyens d'échange, comme les métaux & le papier-monnoie, & dans sa balance, que pour faire une application de ces principes aux rapports & au commerce de la France & des Etats-Unis, que pour éclairer sur-tout les François qui méprisent ce commerce, parce qu'ils n'y voyent point de numéraire ; que pour rassurer les *Américains libres*, qui paroissent trop redouter les prétendus inconvéniens de sa rareté, & ne pas sentir assez, non plus que les François, combien un simple commerce d'échange, où la marchandise seroit payée par de la marchandise & des denrées de première nécessité, ou des matières premières; combien, disons-nous, ce commerce est plus avantageux que celui où on s'attache au numéraire, & par conséquent combien il faut mettre peu de prix à son abondance, & s'inquiéter peu de sa rareté.

Les profits du commerce sont toujours évalués par le temps qu'il a fallu pour les acquérir. Des bénéfices peu considérables en eux-mêmes, mais souvent répétés, surpassent souvent, à la fin de l'année, ceux qui exigent cette durée, & qu'on regarde cependant comme considérables. Or, l'intervention du numéraire dans le commerce, est un retard, un temps perdu, soit pour la production, soit pour le profit. Si j'échange mon drap contre de la laine, je suis bien plutôt prêt à faire de nouveau drap que si, ayant reçu de l'or ou de l'argent, il faille que je le porte au marché pour avoir de la laine. Celui qui peut donner de la laine contre du drap, est aussi bien plus disposé à traiter avec moi, notre marché est bien plutôt conclu, que s'il falloit qu'il me donnât de l'argent, & que pour cela il attendît d'en avoir acquis contre la laine.

En un mot, le numéraire est dans le commerce ce que sont les serviteurs dans une maison; il y a toujours plus à gagner qu'à perdre lorsqu'on peut se passer de serviteur, & faire soi-même ce qu'il ne feroit pas mieux. Ainsi le commerce où l'on échange les marchandises, sans le secours du numéraire, est le plus avantageux; ainsi le défaut de numéraire ne sauroit être un obstacle important entre deux nations qui ont chacune des productions qui leur conviennent réciproquement, & plus qu'elles ne consomment. Nous croyons donc avoir prouvé :

1°. Que la balance de commerce n'est qu'un mot insignifiant; que le solde payé en or n'est point la preuve d'un commerce désavantageux à celui qui paie ce solde, ni avantageux à celui qui le reçoit (1).

2°. Que les tables de cette balance du commerce ne méritent aucune foi, & que l'unique manière d'estimer l'accroissement du commerce, est par l'accroissement de la population (2).

---

(1) Voici ce que pense sur cette balance du commerce un auteur estimable & bien versé dans cette partie, auteur que nous aurons occasion de citer par la suite.

„ C'est grand'pitié que ces balances de commerce qu'on fait dans différens Etats; quand je vois tirer des résultats de ces ridicules pancartes, qu'on dresse dans les bureaux avec tant de travail & de netteté, *mi fanno dal riso crepare*.

„ A ne considérer que la France & l'Angleterre, les deux puissances les plus fabricantes, les plus commerçantes du monde, combien d'omissions, de négligences, de doubles emplois, d'erreurs, de corruptions, d'expéditions nocturnes, de droits esquivés, de contrebande enfin. Certainement on n'enregistre en Angleterre ni la quantité prodigieuse de laine qui en sort, ni les soieries, ni les dorures, les gazes, les blondes, les batistes, ni les eaux-de-vie qui passent en fraude, ni tant d'autres choses. On n'enregistre pas non plus en France l'immense quantité de draperies, de bonneteries, de clincailleries, que les Anglois y envoient en échange. (Voyage en Italie, de M. Roland de la Platière, tom. I, pag 352.)

(2) Il ne faut pas se lasser d'insister sur la fausseté de ces prétendues balances, parce qu'on en tire souvent des conséquences dangereuses pour le peuple. Les financiers qui *travaillent* un royaume, disent au prince, ou à ses ministres, en lui présentant ces tableaux infidèles : Tout prospère, le commerce fleurit; on peut donc mettre des impôts, faire des emprunts, &c. Et on se laisse séduire par ce sophisme! Que les princes s'accoutument à n'estimer la prospérité publique que d'après la population & l'aisance générale de cette population; qu'ils s'en rendent, sans éclat, les témoins oculaires; qu'ils se défient d'une ostentation passagère, qui couvre souvent une profonde misère, & ils ne seront pas si souvent trompés. Un roi de Sardaigne visitoit une partie de la Savoye, dont on lui avoit

3°. Qu'il eſt impoſſible de fixer la quantité de numéraire exiſtant dans un pays, & que tous les calculs donnés à cet égard, portent ſur des baſes incertaines & défectueuſes, parce qu'il eſt impoſſible de raſſembler tous leurs élémens.

4°. Que les métaux ne ſont point la vraie richeſſe.

5°. Que conſidérés comme agens d'échange, il ſeroit bien avantageux de leur ſubſtituer, dans le commerce intérieur, le papier-monnoie, & de les renvoyer à l'uſage auquel on ne peut employer ce papier, c'eſt-à-dire, au commerce extérieur.

6°. Que le commerce d'échange eſt plus avantageux.

Il réſulte enfin de ces démonſtrations, que le commerce peut s'ouvrir entre deux nations, ſans le ſecours du numéraire; qu'une nation en aura cependant d'autant plus à échanger contre des productions étrangères, qu'elle aura chez elle un plus grand nombre de ces établiſſemens de confiance, qui remplacent le numéraire avec avantage.

Or, en trois mots, bon ſol, bon crédit, gouvernement jaloux de le maintenir : voilà les grands moyens du développement d'une nation, d'un numéraire abondant, d'un grand commerce extérieur.

Nous n'avons point conſidéré ce commerce dans ſon influence ſur les mœurs des peuples. Cette diſcuſſion ſeroit inutile ici, parce que, quelle que ſoit cette influence, le commerce extérieur eſt un effet

---

peint la nobleſſe très-miſérable. Cette nobleſſe vint cependant lui faire la cour, en beaux habits de cérémonie. Le roi en témoigna ſa ſurpriſe à l'un de ces gentilshommes, qui lui dit : *Sire, nous faiſons pour votre majeſté tout ce que nous devons : mais nous devons tout ce que nous faiſons.*

forcé de la ſituation reſpective de la France & des Etats-Unis, comme nous allons le prouver. Nous examinerons cette matière en politiques, d'après l'état actuel des choſes, & non en philoſophes, qui font abſtraction de ce qui exiſte. C'eſt une diſtinction que les lecteurs ſont priés de ne point oublier.

CHAPITRE III.

Application des principes généraux, ci-devant poſés, au Commerce réciproque de la France & des Etats-Unis.

Que la France a tous les moyens qui procurent un grand commerce, & qui doivent le lui aſſurer dans les Etats-Unis ; que ſes productions leur conviennent, & que les circonſtances intérieures où elle ſe trouve, la forcent de ſe livrer à ce commerce.

On ne conteſtera pas ces vérités, quand on voudra conſidérer la fertilité du ſol de la France, ces productions variées & particulières, la température de ſon climat, qui favoriſe celles qui ſont les plus néceſſaires & les plus ſimples.

Ces avantages lui aſſurent conſtamment une main-d'œuvre à plus bas prix que celle des nations qui, douées de la même activité, ne ſont pas dans des circonſtances auſſi favorables.

Ses manufactures ſont nombreuſes, & ſa population eſt conſidérable, en comparaiſon de celle de la plupart des autres nations. Elles ſont loin cependant encore du point où on peut les porter; car, en étudiant la France, on y découvre bientôt la place d'une population plus étendue, & des moyens inépuisables pour une multitude de manufacturiers, qui n'attendent, pour se montrer, que la volonté du gouvernement.

Eh! quelle autre nation a plus d'activité, plus d'industrie? Quelle autre réunit, à un si grand degré, tous les avantages de la civilisation, & la matière & les moyens d'un commerce intérieur & extérieur, le plus varié, le plus étendu, le plus indépendant de toute concurrence? Quelle autre eût pu résister à ce long enchaînement de malheurs & de fautes, qui l'ont si souvent accablée; résistance par laquelle on doit calculer la force de sa constitution, plutôt que par sa prospérité apparente?

Non, la France n'est pas ce qu'elle pourroit, ce qu'elle doit être. Elle le sera, n'en doutons pas, si elle ouvre les yeux sur ses vrais intérêts, si, délivrant son commerce intérieur de ses entraves, elle ne néglige pas le commerce extérieur, & en particulier celui que les Etats-Unis desirent d'ouvrir avec elle. Les productions de son sol & de son industrie leur conviennent. Elle peut, en échange, recevoir de l'Amérique libre des matières premières, dont elle a besoin. Ces deux contrées peuvent donc faire entr'elles un commerce d'échange direct, & d'autant plus avantageux, que les matières qui doivent le composer, leur coûteroient plus cher ailleurs. On sera convaincu de ces vérités, lorsqu'on aura parcouru le double tableau des besoins & des productions respectifs des Etats-Unis & de la France, ou de leur importation & exportation.

Des patriotes éclairés ne pensent pas qu'il puisse être avantageux pour la France, dans son état actuel, de se livrer au commerce des Etats-Unis. Ils disent que ses manufactures étant inférieures à celles des Anglois, par exemple, elle aura le dessous dans les marchés américains. Ils ajoutent qu'au-lieu d'encourager ce commerce, le gouvernement agiroit peut-être plus sagement, en s'occupant des abus intérieurs qui arrêtent les progrès de la culture & de l'industrie.

Nous sommes loin de nier la nécessité de nous occuper de la réforme de ces abus, & de porter nos efforts vers la culture & le perfectionnement des manufactures; mais il est aisé de démontrer que le commerce extérieur amenera infailliblement & très-promptement cette réforme, & que, dans son état actuel, la France a le plus grand besoin de ce commerce extérieur.

En effet, une nation active, industrieuse, & placée sur un sol fertile, doit avoir, pour animer son industrie, des débouchés toujours ouverts. Sa culture, ses manufactures tomberoient dans la langueur, si elle voyoit des limites à la consommation. Il faut même que ses débouchés soient surabondans, afin que les uns puissent remplacer les autres, lorsque des circonstances inattendues viennent changer momentanément le cours ordinaire des choses.

Quelle cause a jetté l'Irlande, pendant un si long espace de temps, dans la langueur & le marasme, quoique ce soit un des pays les plus favorisés par la nature, & les mieux situés pour le commerce extérieur, si ce n'est la privation de ce même commerce? On craignoit d'avoir une exubérance incommode de productions; on en négligeoit la culture, & cette négligence multiplioit les friches. Cette isle auroit enfin offert le spectacle de la misère la plus déplorable, d'une dépopulation complète, si, par la restitution de la liberté de commerce, on n'eût pas mis fin à ce découragement meurtrier qui étouffoit l'industrie, en lui faisant craindre le défaut de débouchés.

Que nos patriotes cessent donc de regarder le commerce étranger comme contraire aux réformes qui doivent aviver notre commerce intérieur : favoriser le premier, n'est pas proscrire le second, puisque l'un ne peut réussir sans l'autre. C'est, au contraire, répandre, dans ce dernier, des germes d'activité, en recultant les bornes de la consommation.

Eh! la France n'en a-t-elle pas un besoin évident? n'a-t-elle pas une surabondance de plusieurs productions de première nécessité, qui restent dans ses magasins, faute de débouchés? Tels sont, entr'autres, ses vins & ses eaux-de-vie (1). Les Etats-Unis lui offrent une immense consommation, pourquoi refuseroit-elle d'y suppléer?

Lors même que les vins & les eaux-de-vie ne surabonderoient pas, il seroit funeste de n'en pas soutenir le prix par des consommations étrangères. Le plus grand fléau de l'industrie, & sur-tout des manufactures, c'est le bas prix des boissons séduisantes par leur force. Voilà pourquoi les manufacturiers prudens fuient, avec tant de soin, les

(1) Telle est la situation de l'Aunis & de la Saintonge. — On y craint, à la lettre, les récoltes abondantes; &, dans ce moment, ces provinces sont surchargées de vins, qu'elles ne savent où exporter; le peuple y est misérable au sein de l'abondance. (Voyez la note ci-après, chap. V, section première.)

pays de vignobles. Il est superflu d'en détailler les raisons ; mais le politique le plus jaloux de la libre extension des jouissances individuelles, ne réclamera jamais en faveur d'un état de choses qui laisse, à bas prix, les jouissances où l'homme perd sa raison, son énergie, ses facultés, & par conséquent sa dignité. La France doit donc desirer le commerce des Etats-Unis, ne fût-ce que pour cette partie importante de ses productions, dont l'abondance nuiroit à ses manufactures, dont l'usage ne peut nuire aux étrangers, parce qu'elles leur parviennent, chargées de fraix d'exportation qui les renchérissent (1).

Elle doit le desirer encore pour ses manufactures, pour l'emploi de sa population, qui manque de travail. La main-d'œuvre y est, en conséquence, à un trop bas prix pour prévenir l'indigence, la mendicité, les vols (2). En s'ouvrant de nouveaux débouchés, on augmente le travail & les productions. Ainsi, par exemple, on laissera subsister les vignes, que le défaut de consommation forceroit bientôt d'arracher : en créant des débouchés, des milliers de bras qui languissent seront employés, des milliers d'individus naîtront.

---

(1) Il est une autre raison qui doit faire moins craindre, pour les Américains libres, l'usage de nos vins & de nos eaux-de-vie : elle est dans leurs mœurs & dans leur position. Presque tous ont des propriétés, des familles, des mœurs ; & l'ivrognerie n'est guère que le vice de l'homme qui n'a rien ; le malheureux cherche à oublier ce qu'il est.

(2) On cherche tous les jours les moyens de diminuer les crimes, de les prévenir ; donnez à ceux qui n'en ont point, une propriété ou de l'emploi ; voilà le vrai secret. — Il faut convenir cependant que la propriété est bien préférable à l'emploi dans les atteliers. Sous ce point de vue, le commerce avec les Etats-Unis, nous ouvrant un grand débouché, sera donc un moyen de diminuer la mendicité & les vices en France.

Il faudra plus de bled, plus de drap, &c. Delà donc augmentation de consommation intérieure & de population.

Quand on examine la question, si le commerce extérieur est avantageux & nécessaire à une nation, il faut bien distinguer un état qui naît à peine, & dont la population est loin d'être proportionnée au sol où il y a place & propriété de terres pour tous, d'un état ancien, riche en productions, riche en hommes, ou, pour parler avec plus de précision, d'un état où l'inégale distribution des propriétés arrache les hommes à la terre, les emprisonne dans des villes, & prostitue leurs facultés aux fantaisies des riches.

Certainement le premier ne doit pas & ne peut pas augmenter son commerce étranger, avant que d'avoir beaucoup défriché, beaucoup peuplé, avant d'avoir un excédent, & en productions & en hommes. C'est bien à cet état qu'on peut dire : différez de vous livrer, autant que vos circonstances l'exigeront, au commerce étranger ; ne le faites point, laissez-le faire, & livrez-vous en entier au commerce intérieur. Celui-ci ne dépense point, ne tue point d'hommes, tandis que l'extérieur est un gouffre d'hommes. Avec un petit capital, vous ferez beaucoup dans l'intérieur, lorsque l'extérieur absorbe de gros capitaux. Il occasionne d'ailleurs des guerres, & vous avez besoin de la paix. Il corrompt, & vous avez des mœurs.

Un état, dans de pareilles circonstances, auroit raison de suivre ces conseils; en observant toujours que la privation du commerce extérieur convienne à sa situation, & ne soit point commandée par la force; car, encore une fois, la force est illicite, nuisible, manque son but, même quand elle ordonne le bien.

Mais ce langage ne conviendroit point à l'autre état, avancé dans sa (1) civilisation, couvert d'une population sans propriétés, couvert de manufactures, état dont le numéraire est abondant, dont l'industrie & les richesses territoriales attendent les demandes, dont la culture languit faute de débouchés. A cet état, il faut un commerce étranger pour le vivifier.

Or, telle est la situation de la France; ce n'est ni le sol, ni l'industrie, ni l'activité, ni le desir du gain qui manquent aux François; d'autres causes rallentissent son commerce extérieur, & ce rallentissement est un mal terrible; car si le négociant n'a pas de débouchés certains & constans, il n'achète pas, il ne commande pas; le fabricant ne travaille pas, & emploie alors moins de bras, demande moins de productions à la terre. La langueur descend donc alors des fabriques sur la terre, & dessèche la population.

L'inverse aura lieu dans la supposition d'un commerce extérieur très-vaste, & il amènera même le perfectionnement de nos manufactures; car la nécessité de faire mieux, pour obtenir la préférence, forcera les fabricans de saisir le goût des Américains libres, de s'y conformer, de varier les produits de leur industrie, & la concurrence établie les tiendra perpétuellement en haleine, les forcera de ne point se relâcher, pour ne pas être écrasés par leurs rivaux.

C'est ici le lieu de faire quelques réflexions sur

(1) On entend par ces mots, un Etat qui a introduit dans son sein les articles de luxe depuis long-temps.

l'infériorité, que généralement on trouve à nos manufactures, en les comparant avec les manufactures angloises. Ce fait a fourni au lord Sheffield son principal argument, pour soutenir que l'Amérique préférera toujours ces dernières. Il nous semble nécessaire d'éclaircir ce point, sur lequel on n'a pas des idées assez nettes.

Il faut distinguer (comme on le dira ci-après) les manufactures de luxe, de commodités & de nécessité. Le lord Sheffield & tous les étrangers conviennent que la France l'emporte pour les manufactures de la première classe (1). Il convient même que la France fabrique des draps plus fins que ceux de l'Angleterre. Mais quant aux manufactures qui sont de commodité, ou qui ont la consommation du peuple pour objet principal, il faut, malgré le patriotisme, convenir, de notre côté, que nous sommes, dans plusieurs articles, inférieurs aux Anglois. La suite le fera voir. Il seroit ridicule & même dangereux de flatter ici la nation. Son illusion l'entretiendroit dans la médiocrité. Il est d'un patriotisme plus éclairé de lui faire voir qu'elle peut en sortir, & comment elle en sortira.

Veut-on savoir la cause de cette double différence entre les manufactures françoises & angloises? La voici :

Il y a en Angleterre un plus grand nombre d'hom-

(1) Nos fabriques d'étoffes de soie ont proportionnellement beaucoup plus de débit dans l'étranger que nos laineries. C'est qu'indépendamment du goût, ou, si l'on veut, de la mode, dont nous sommes en possession, & qui nous ouvre une grande consommation, la matière première est, en grande partie, une de nos productions; avantage qui nous met à portée de surmonter plusieurs inconvéniens généraux, dont les effets sont plus sensibles sur nos autres objets d'exportation. Telles sont les laineries, dont la production est dans un moindre rapport avec la fabrique.

mes aisés parmi le peuple qu'en France, & qui par conséquent sont en état de rechercher & de payer plus chérement les objets qui leur conviennent. C'est un fait connu, que le peuple anglois, quoique chargé d'impôts, se nourrit bien, & qu'il est bien vêtu (1); car les haillons de la misère ne se trouvent point avec la *poule au pot*. Le fabricant anglois des objets de nécessité & d'utilité, ayant plus de demandes, étant mieux payé, peut donc perfectionner son ouvrage.

Maintenant veut-on savoir d'où vient cette aisance générale, répandue en Angleterre? Indépendamment du sol, de la position, & des avantages de la liberté qui y règne, cette aisance résulte de la considération accordée, par l'opinion publique, à l'industrie; elle résulte de la protection assurée, par la loi, à tous les individus, contre *tous* les agens du gouvernement; elle résulte de ce que la morgue, la hauteur & l'insolence auxquelles ceux-ci sont naturellement portés, parce que c'est dans les hommes peu instruits, l'effet

(1) La bonté dans les choses manufacturées est si généralement requise en Angleterre, pour l'usage intérieur, qu'on y distingue les marchandises destinées au commerce extérieur, de celles qui ont pour objet la consommation intérieure. Il y a de grands magasins où l'on ne vend que pour l'exportation; d'autres n'ont d'objet que la consommation intérieure. Ceux qui se pressent de juger, en concluent que la fabrication de celles destinées au commerce étranger, est chétive; ils se trompent. La différence est dans le choix de la matière. *L'Anglois veut qu'on n'épargne rien pour ce qu'il consomme*; mais s'il y a différence dans la matière, la main-d'œuvre est la même; car il en coûteroit plus en général aux manufacturiers pour avoir deux sortes de main-d'œuvre, une bonne & une mauvaise, que pour n'en avoir qu'une bonne; & une manufacture montée sur une mauvaise main-d'œuvre, seroit bientôt décriée. Un soulier destiné au commerce étranger, est aussi bien fait qu'un autre; mais il dure moins, parce que le cuir n'est pas choisi dans la meilleure sorte; ainsi du reste.

du pouvoir, sont continuellement réprimées, & ne peuvent avilir le citoyen qui doit obéir. Il obéit à la loi, & non à celui qui la fait exécuter (1). Elle résulte enfin de ce qu'on n'y rougit pas d'être marchand, artisan, laboureur de père en fils, &c. &c.

En France, il y a des particuliers excessivement riches, mais le peuple y est mal-aisé. Les premiers sont en état de mettre un prix très-haut aux choses de luxe & de goût; cause du perfectionnement des manufactures en ce genre. On trouvera, comme on l'a dit ci-dessus, de plus beaux draps en France qu'en Angleterre; mais on en trouvera en petite quantité, parce que la somme des demandes pour la première qualité n'est pas fort étendue.

D'un autre côté, les facultés du peuple étant très-bornées, il en résulte qu'il paie mal; & conséquemment qu'on fabrique mal pour lui tout ce qui est de nécessité ou de commodité.

Nous n'entrerons point ici dans l'examen des causes qui occasionnent un tel état de choses, & des moyens qui pourroient le changer. Nous remettons la discussion de ces moyens à un autre chapitre; mais, de ces faits, on doit tirer les conclusions suivantes : la perfection des fabriques tient

---

(1) En veut-on un exemple? Le tutoiement de mépris est ignoré en Angleterre. *Sir* (monsieur) est la désignation générale de tous les individus. Un homme accusé des plus grands crimes & de l'apparence la plus misérable, est appellé *sir*, quand il est interrogé par ses juges; & comme il devient un objet de pitié, lorsqu'il est convaincu, on ne change pas pour lui les appellations décentes dont on use généralement. Croit-on que ce respect pour l'homme nuise à la prospérité publique? Elle élève le citoyen, lui donne de l'énergie, le porte vers l'aisance. Le mépris qu'ailleurs on affecte pour le peuple, le mène à la misère, & l'y retient.

à la demande, & la demande à sa faculté de payer. Or, puisque le peuple françois n'a pas cette faculté, cherchez-la dans l'étranger; attirez les demandes étrangères pour les manufactures françoises, & vous les verrez se perfectionner très-rapidement.

Voilà l'effet que produira le commerce des Etats-Unis en France. Ces Etats renferment un peuple accoutumé à être bien vêtu, à n'employer que des choses bien manufacturées; un peuple à portée, par ses productions, de bien payer le bon travail. Chargés de fournir à la consommation des Américains, les fabricans françois s'empresseront de faire bien, de faire mieux que leurs concurrens; & ils le peuvent aisément, *lorsque le gouvernement le voudra*. Encore une fois, la nature leur en a donné tous les moyens; ils seront supérieurs, presqu'en tout, quand on ne s'obstinera plus à la contrarier.

Dans cette marche, ce sera donc le commerce avec les Etats-Unis qui entrainera l'amélioration de la culture & de l'industrie françoise. Il faut donc le saisir & s'y livrer.

CHAPITRE IV.

Que les Etats-Unis sont forcés, par leurs besoins & les circonstances où ils se trouvent, de se livrer au commerce étranger.

QUELQUES écrivains, parmi lesquels on compte le célèbre docteur Price & M. l'abbé Mably, ont exhorté

exhorté les Américains libres, ſinon à fermer tout-à-fait leurs ports au commerce extérieur, au moins à lui donner des bornes très-reſſerrées. Ils ont prétendu que la ruine du républicaniſme dans les Etats-Unis, ne viendroit que par le commerce étranger, parce qu'en important une foule de marchandiſes de luxe & le goût des frivolités, il corromproit les mœurs des Américains libres; & ſans les mœurs, il ne peut y avoir de république.

» Eh? que peuvent exporter d'Europe les Etats-» Unis, s'écrie le docteur Price, ſinon l'infec-» tion? Je l'avoue, continue-t-il, je tremble, en » penſant à la fureur du commerce étranger, qui » va vraiſemblablement tourner toutes les têtes » américaines. Toutes les nations tendent des filets » autour des Etats-Unis, les careſſent pour avoir » la préférence; mais leur intérêt leur conſeille » d'être en garde contre ces ſéductions (1) ».

Nous ſommes bien éloignés de contredire, *dans ſes conſéquences*, l'opinion de ces politiques. Nous croyons d'ailleurs, avec le docteur Price, que les Etats-Unis pourront un jour produire tout ce qu'exigent les beſoins de néceſſité & de commodité; mais nous croyons auſſi que ces deux écrivains ont trop enviſagé les Américains libres, comme un peuple indigène, & qu'ils n'ont point aſſez tenu compte des circonſtances où ils ſe trou-

(1) *Price's Obſerv.* pag. 76. Voyez ce que dit M. l'abbé Mably, depuis la page 146 de ſes obſervations, juſqu'à 163. Voyez auſſi ce que Mirabeau a ajouté aux obſervations du Dr. Price, dans ſes réflexions imprimées à la ſuite de la traduction de l'ouvrage de cet Anglois, pag. 319, de l'édition de Londres, 1785. Mais il a enviſagé cette matière de commerce étranger en philoſophe ſévère, & en faiſant abſtraction de la poſition actuelle des Américains.

vent. Nous croyons enfin que *ces circonſtances & leurs beſoins actuels les forcent d'avoir recours au commerce étranger*. C'eſt une vérité de fait que nous nous propoſons de démontrer ici.

Nous prouverons que les Américains libres ont des beſoins de néceſſité, de commodité, &, dans quelques états, des beſoins de luxe, & que leur nature, leurs habitudes, & d'autres circonſtances les empêcheront toujours d'y renoncer.

Nous prouverons que, n'ayant point de manufactures, ils ne peuvent ſatisfaire eux-mêmes ces beſoins, & qu'ils ne pourront avoir de long-temps des manufactures.

Nous prouverons que, quand ils pourroient en avoir, ils devront toujours préférer, à des manufactures nationales, celles de l'étranger; qu'ils devront même plutôt attirer les Européens daus leurs ports, que fréquenter eux-mêmes les Etats européens.

Enfin, nous prouverons que, de même qu'il eſt impoſſible d'exclure le commerce extérieur, quand on a des beſoins que lui ſeul peut ſatisfaire, il eſt pareillement impoſſible de lui fixer des bornes.

Quand on conſidère attentivement la nature de l'homme, on voit qu'elle le porte ſans ceſſe vers les moyens de rendre ſa vie agréable. S'il a une propriété, il cherche à l'embellir; ſi le ſol qu'il cultive eſt fécond, s'il demande peu d'avances, le deſir d'étendre ſes jouiſſances le ſtimule à tourmenter ſa terre, pour en tirer des productions variées. Une idée exécutée en fait naître une ſeconde; un beſoin ſatisfait, il s'en crée un ſecond, pour avoir le plaiſir de le ſatisfaire : telle eſt la nature de l'homme. Son activité, qui le promène perpétuellement de deſirs en jouiſſances, de changemens en changemens, eſt la ſource de ce qu'on appelle manufactures. Une manufacture n'eſt qu'un moyen de donner à une production de la terre une forme qui lui ajoute un nouveau degré d'agrément ou d'utilité. Le goût & les beſoins des manufactures ſont donc dans la nature de l'homme même; en ſorte que, quand on pourroit ſuppoſer l'Europe entière dans le néant, il ne tarderoit pas à naître des manufactures dans l'Amérique libre, parce que chaque individu cherche à rendre ſa vie agréable, par les moyens les plus prompts & les plus efficaces.

Nous oppoſera-t-on le caractère & la vie des ſauvages, que l'on croit ne point avoir de manufactures? Mais on ſe trompe ſur ce fait; car ces hommes, que nous poſons ſur le premier degré de l'échelle de la civiliſation, travaillent & manufacturent eux-mêmes les produits de la terre. Ainſi, de leur maïs, avant ſa maturité, ils expriment un ſuc gélatineux, dont ils font des gâteaux agréables. Ainſi, avant l'arrivée des Européens, ils ſavoient faire des liqueurs fermentées, des uſtenſiles, des outils, des armes, des ornemens, des meubles, &c. Ils ſe bornoient là, leur état de chaſſeur les éloignant de la vie ſédentaire, & ne leur laiſſant pas le temps d'étendre leurs idées.

La vie paſtorale des Arabes les a conduits deux ou trois degrés plus loin dans l'art de manufacturer, parce que la vie paſtorale laiſſe plus de loiſirs, & donne des produits plus uniformes & plus conſtans. Vous voyez ces paſteurs, dont toute la richeſſe ne conſiſte que dans leurs troupeaux, qui ne vivent que de leur lait, ne s'habillent que de leur laine, vous les voyez rechercher avec passion le café, le sorbet & le sucre. Le desir de multiplier leurs jouissances en est la cause.

Convenons donc que, par sa nature, l'homme est porté vers les jouissances, & conséquemment vers les manufactures.

On peut distinguer les manufactures, comme les besoins de l'homme civilisé, en trois classes : savoir, 1°. de nécessité, 2°. de commodité, 3°. de luxe ou de fantaisie.

Tout ce qui sert à la nourriture & aux besoins essentiels de l'homme, constitue la première classe.

C'est avec les besoins de commodité sur-tout que les manufactures naissent. Sans doute des peaux de mouton suffisoient pour défendre d'abord l'homme des rigueurs du froid; une cabane ou une wigham le mettoit bien à l'abri des intempéries de l'athmosphère; mais l'homme n'est pas plutôt préservé d'un mal, qu'il cherche à se délivrer d'un autre. La peau joint mal, l'usage la durcit; la cabane est souvent renversée, on y est à l'étroit, on y est enfumé. De-là les besoins de commodité; besoins qui se transforment en jouissances, dont bientôt l'habitude fait une nécessité.

Quand l'homme n'a plus rien à désirer pour la commodité, il songe à l'ornement. Alors naissent les besoins de luxe; ils sont entièrement dans l'imagination. Ainsi, porter des habits brillans, ou boire son café dans la porcelaine de la Chine, plutôt que dans un vase de faïance, est un besoin de luxe ou de fantaisie.

La nature de ces trois sortes de besoins étant déterminée, il faut voir quels sont ceux des Américains libres : ils ont les deux premiers. Les habitudes contractées dans leur enfance, par les Européens qui y ont émigré, & le commerce des indigènes avec les Anglois, les ont tous accoutumés au genre de vie & aux goûts de ces derniers; & l'on sait que l'industrie angloise s'est sur-tout portée vers les arts nécessaires & utiles.

Les Américains libres, au moins ceux qui habitent les grandes villes maritimes, ont même emprunté des Anglois quelques goûts de luxe ou de fantaisie. Ils recherchent par exemple les gazes, les blondes, les soieries, &c. Nous le disons cependant avec plaisir, si ce goût des modes a infecté Londres depuis quelques années, ses ravages ne se sont pas étendus avec la même rapidité, ils n'ont pas acquis la même intensité dans le États-Unis qu'en Europe. Leur position, leur religion austère, leurs mœurs, leurs anciennes habitudes, leur vie rurale ou marine, éloignent généralement les Américains libres des parures recherchées, de l'ostentation & des voluptés. Quoique peut-être ils soient à cet égard tombés de quelques degrés, cependant le mal n'est pas encore sensible, au moins dans les états du nord (1) Nos observations doivent donc principalement porter sur les besoins des deux premières classes.

Or, il est impossible que les Américains libres y renoncent jamais. Ils y seront attachés, ramenés perpétuellement par leur nature, par leurs habitu-

(1) Il y a certainement du luxe en Virginie; & quand on parle de luxe à l'égard de l'Amérique libre, il faut avoir bien soin de distinguer les états du Midi, de ceux du Nord; les villes, des campagnes; les villes intérieures, des villes maritimes. Avec ces distinctions, on explique bien des contrariétés qui se rencontrent dans les récits des voyageurs superficiels.

des, par la manière dont s'augmente leur population.

Par leur nature, ils sont hommes, & nous avons prouvé que l'homme étoit doué d'une activité qui le portoit à multiplier & à varier perpétuellement ses jouissances.

Par les habitudes, ils ont, comme on l'a dit, contracté celle de tous ces besoins; & l'on sait qu'un goût devient indéracinable, quand l'habitude l'a fortifié. Et comment exiger, à moins de vouloir le rendre malheureux, que l'homme se prive du vin & des liqueurs, auxquels il est accoutumé, & dans lesquels il met une partie de ses jouissances? On nous citera des hermites, ou des malades, ou des philosophes qui ont eu cet empire sur eux-mêmes; mais n'attendons point un pareil prodige d'une nation entière. On n'a point encore vu, & on ne verra point une association de trois millions d'hommes devenus philosophes, s'astreindre au régime de Pythagore (1) ou à la diète de Cornaro.

On nous citera encore le sacrifice rigoureux que les Américains libres firent, dans le commencement de la guerre, de leur goût pour le thé. L'enthousiasme de la liberté & l'influence de l'exemple, ont pu, pendant quelque temps, vaincre leurs habitudes (2), comme l'enthousiasme religieux a com-

(1) Ce n'est pas qu'on ne doive croire qu'un des grands moyens de régénérer les vieux peuples du continent, & de soutenir le républicanisme dans les Etats-Unis, seroit de donner aux enfans l'éducation telle que Pythagore la pratiquoit à Crotone. (Voyez la *vie de Pythagore.*)

(2) On assure que l'abstinence du thé n'a pas été fidélement observée par-tout; & cela paroît très-vraisemblable, quand on réfléchit qu'il y avoit un parti qui affectoit de la violer. Nous avons connu diverses personnes que cette privation avoit rendue long-temps malades, quoiqu'elles eussent essayé de se faire illusion,

battu quelquefois avec ſuccès les paſſions d'un hermite. Mais la raiſon de la dépendance, dans laquelle les Américains libres vont ſe mettre à l'égard des Européens, & la crainte d'une corruption éloignée, ſont des motifs trop foibles pour les porter à cet héroïſme. Il ne leur eſt pas d'ailleurs aſſez démontré qu'ils ne peuvent boire du vin de Madère ſans ſe corrompre un jour, & ſans ſe préparer de grandes calamités. Hors la criſe qui rend le ſacrifice néceſſaire & facile, il n'eſt point de cauſe aſſez puiſſante & prochaine pour produire un ſemblable effet.

Enfin, la manière dont la population ſe renouvelle & s'augmente dans l'Amérique libre, ne permet pas de croire que ſes habitans puiſſent jamais renoncer aux beſoins des productions européennes. Il émigre tous les ans, de toutes les parties de l'Europe, une quantité prodigieuſe d'individus, qui portent avec eux les beſoins & les goûts que l'éducation & l'habitude leur ont donnés. S'ils les trouvent en Amérique, ils continuent de s'y livrer. Inconnus, ils les naturaliſent, & c'eſt la première choſe dont ils s'occupent; car ils ne voient pas tant les nouveaux plaiſirs dont ils vont jouir, que ceux dont ils ſont privés, tant eſt grande la puiſſance de nos premières habitudes! Le ſouvenir, quoique ſouvent mêlé de l'idée cruelle de la ſervitude, n'en abandonne l'homme qu'au tombeau.

D'après ce penchant naturel à tous les hommes, qu'on calcule l'immenſe variété de beſoins & de goûts qui, de l'Europe, vont être tranſplantés dans

---

en ſubſtituant à l'infuſion de la feuille de thé, celle de ſimples agréables.

les États-Unis ; & qu'on juge s'il est possible d'y mettre des bornes, ou d'en opérer l'anéantissement.

Pour y réussir, il ne faudroit pas seulement fermer tous les ports des États-Unis au commerce étranger, il faudroit encore circonscrire la propre industrie des Américains libres, & arrêter la course de leurs besoins. Il faudroit imiter la loi de Lacédémone, qui, pour mieux bannir le luxe des meubles recherchés, ordonnoit que rien ne seroit travaillé qu'avec la lourde hache. Il faudroit, en un mot, par un miracle, ôter aux Américains libres le souvenir de tout ce qu'ils ont été, de tout ce qu'ils ont vu, senti, goûté, & que le même enchantement dépouillât de leurs idées les émigrans européens. Or, comme il seroit absurde d'espérer un pareil prodige, il faut donc se soumettre *à la force des choses*, qui entraîne invinciblement les Américains libres au commerce extérieur. C'est à regret que nous écrivons cette vérité de fait, en l'envisageant en philosophes ; mais elle nous paroît démontrée en politique. Personne ne désireroit plus que nous de voir les États-Unis s'isoler de tout l'univers, d'y retrouver l'austérité du régime des Spartiates, sans son principe meurtrier d'esprit militaire. Ce seroit le chef-d'œuvre de la politique : malheureusement ce chef-dœuvre ne peut être qu'un rêve. Tout se réduit ici à ces deux mots : ils ont des besoins, & l'Europe a les manufactures.

Les Etats-Unis en ont bien quelques-unes ; mais la plupart sont du nombre de celles qui s'allient avec les travaux de la terre, qui emploient le loisir que laisse la culture, & dans lesquelles les Européens ne peuvent entrer en concurrence avec eux.

Ils en ont d'autres encore, mais qui sont bornées aux arts les plus néceſſaires, à ceux qui ont rapport à la culture, à la pêche & à la conſtruction des vaiſſeaux. Mais ces manufactures mêmes ſont peu nombreuſes & inſuffiſantes pour les beſoins des Etats-Unis. Ils ſont donc forcés d'avoir recours à l'Europe. Ce n'eſt pas qu'ils n'aient ou ne puiſſent avoir preſque toutes les matières premières employées dans nos manufactures; ils ont le chanvre, le lin & le coton.

Les quatre Etats du midi recueillent une grande quantité de coton. Leurs pauvres même en ſont entièrement vêtus, hiver & été. L'hiver, ils portent des chemiſes de coton, & des habits par-deſſus, de la même matière, & de laine mêlée. L'été, leurs chemiſes ſont de toile, & leurs habits de coton. L'habillement des femmes eſt entièrement de coton, fabriqué par elles-mêmes. Il faut en excepter cependant les femmes de la claſſe la plus riche, quoique celles-là même en faſſent fabriquer chez elles beaucoup, & leurs toiles égalent en beauté celles des Indes. Ces quatre Etats du midi fourniſſent une grande quantité de coton aux Etats du nord, auxquels l'âpreté du climat ne permet pas de cultiver le précieux arbuſte qui le produit.

Il n'y a preſque pas de partie des Etats-Unis où il n'y ait de très-beaux moulins à farine, & pour fendre le bois en planches. Les Etats du nord en ont d'autres pour platiner le fer. C'eſt ſur-tout dans la conſtruction des moulins que les Américains libres ſe diſtinguent, ſoit en variant leur emploi, ſoit dans la manière de les bâtir & de les diſtribuer (1).

(1) Voyez à cet égard, la lettre du *Cultivateur américain*, & ſur-tout le troiſième volume de la nouvelle édition, au chapitre *ſur le progrès des choſes* dans l'Amérique libre.

Mais les Américains euſſent-ils en abondance toutes les matières premières, il faudroit leur conſeiller de ne point élever de manufactures, ou, pour parler avec plus de juſteſſe, *il ne s'en élevera point ; la nature des choſes l'ordonne ainſi.* Diſcutons cette queſtion, elle eſt très-importante.

Il y a bien des raiſons pour leſquelles, dans un pays neuf, les hommes ſe livrent plutôt à l'agriculture qu'aux manufactures. Là où deux individus peuvent vivre aiſément enſemble, il ſe fait un mariage, a dit Monteſquieu. Or, le travail de la campagne offre plus de moyens à deux individus, de vivre enſemble, d'augmenter, de ſoutenir leur famille, que le travail des manufactures ; car dans celles-ci, la dépendance de l'ouvrier, ſon état précaire & variable, ſon ſalaire modique, & le prix incertain des denrées des villes où ſont établies preſque toutes les manufactures, le mettent hors d'état de ſonger à avoir une compagne, &, s'il en a une, la perſpective de la miſère qui doit la ſuivre après ſa mort, lui fait une loi de la rendre ſtérile, pour n'être point barbare envers les malheureux auxquels il donneroit le jour.

Les garçons manufacturiers, & en général les hommes dépendans, dont la ſubſiſtance eſt précaire, & qui ont des enfans, les aiment certainement moins que l'habitant des campagnes qui a une petite propriété. La paternité eſt à charge, & conſéquemment ſouvent odieuſe aux premiers ; leurs enfans ne connoiſſent point les douces careſſes de l'amour paternel. Quelle génération peut-il en réſulter !

Dans une contrée neuve, où les propriétés ne ſont pas chères, où la terre n'exige pas de grandes avances, de grands fraix de culture, où elle rend avec fécondité le nombre des petits ménages, des heureux, doit au contraire s'accroître avec rapidité.

Quelle différence, d'ailleurs, de cette vie pure & simple de la campagne, où l'homme est sans cesse en présence de la nature, où son organisation ranime sans cesse sa vigueur, par un air salubre & par des travaux vivifians, où enfin il vit au milieu des siens, des siens qu'il rend heureux; quelle différence de cette vie, à celle des fabricans condamnés à végéter dans de tristes prisons, à y respirer l'infection, à y étrecir leur ame, & abréger leurs jours! Ce contraste seul doit décider les Américains libres à renoncer à l'état pénible du manufacturier.

L'idée de la propriété est un des plus forts liens qui attachent l'homme à la vie, à son pays, à la vertu, on peut dire même, à la santé. Il y a loin, très-loin de la satisfaction d'un garçon manufacturier qui se trouve, au bout de sa semaine, propriétaire d'un louis, à celle d'un petit propriétaire de campagne qui a rarement cette somme, mais qui voit croître journellement dans son propre champ tout ce qui lui est nécessaire. Il l'aime, il en soigne la culture; & par une suite de cette disposition douce, il s'attache même aux animaux qui l'aident dans cette culture.

En travaillant, le laboureur voit la possibilité de multiplier toujours ses enfans & ses produits dans une même proportion, & il a le doux espoir de laisser aux premiers, après sa mort, un coin sur la terre qui, avec l'amour de l'ordre & du travail, peut toujours les sauver de l'indigence.

Le laboureur eſt bon, parce qu'il n'eſt en rapport qu'avec la terre, qui lui donne avec libéralité & déſintéreſſement, tandis que l'intérêt du maître qui paie l'ouvrier fabricant, jette toujours l'amertume de la conteſtation ſur le paiement que celui-ci reçoit.

Le laboureur eſt bon, parce qu'il ne vit qu'avec ſes égaux; car l'inégalité eſt la ſource de la méchanceté; le ſupérieur eſt méchant pour ſoutenir ſon oppreſſion; l'eſclave eſt méchant pour la détruire & s'en venger.

Le laboureur eſt bon, généreux enfin, parce qu'il faudroit abandonner toute culture, s'il n'y avoit pas entre les cultivateurs, réciprocité de ſervices & de confiance.

Peut-être ne ſeroit-il pas difficile de prouver que la ſanté & la bonté ont diminué ſur la terre en raiſon de l'augmentation des manufactures, des villes, des grandes propriétés & de l'abandon de la vie rurale, & que les vices & les crimes ont augmenté dans la même proportion.

Ce n'eſt pas l'opinion du ſenſible & intéreſſant auteur des *Études de la nature*. » Lorſque j'étois » à Moſcou, dit-il, (tom. 3) un vieillard Genevois qui étoit dans cette ville dès le temps de » Pierre premier, me dit que depuis qu'on avoit » ouvert au peuple différens moyens de ſubſiſter » par l'établiſſement des fabriques & du commerce, » les ſéditions, les aſſaſſinats, les vols, les incendies y étoient bien plus rares qu'autrefois ".

Mais il n'en auroit point exiſté, & il y auroit eu même des vertus privées & publiques, ſi, au-lieu de ſe preſſer de faire des Ruſſes, des ouvriers-manufacturiers, on eût commencé par en faire des propriétaires terriens. Les cultivateurs ſont d'honnêtes gens, dit M. de Saint-Pierre lui-même; & les atteliers, comme nous venons de l'obſerver, n'offrent point cette néceſſité de ſervices réciproques, qui donne l'habitude de la bonté; ils offrent l'intérêt luttant contre l'intérêt, la cupidité riche & oiſive cherchant à filouter l'indigent actif. Si les atteliers ne rendent pas les hommes frippons, ils les diſpoſent à le devenir; ils les rendent égoïſtes, inſenſibles, durs, mauvais pères, &c.

Le fait cité par cet auteur ne prouve donc pas que, pour prévenir les crimes, il faille élever des manufactures, mais bien qu'il vaut mieux avoir des manufactures peuplées d'ouvriers dégradés, que les forêts de bandits; c'eſt un moindre mal, mais c'eſt un mal.

D'ailleurs, il y aura, pendant long-temps, dans les Etats-Unis, plus à gagner avec la terre, qui rend avec abondance, qu'avec les fabriques, & l'homme court où il eſpère un gain plus grand & plus prompt.

La population devant être, pendant pluſieurs ſiècles, diſproportionnée avec l'étendue des Etats-Unis, la terre y ſera long-temps encore à bon marché, & conſéquemment ſes habitans y ſeront long-temps cultivateurs.

Ceux que l'ambition, ou la cupidité, ou l'ignorance porteroient à vouloir établir des manufactures, en ſeront dès-lors infailliblement détournés par la cherté de la main-d'œuvre. Cette cherté eſt déjà très-grande, & peut le devenir encore plus, parce que la cauſe qui l'occaſionne ne peut que s'étendre.

Quelle eſt cette cauſe? On l'a déjà fait preſsentir. On bâtit des villes de tous les côtés, on défriche par-tout, on fait des établissemens par-tout. Le comté de Kentuckey, par exemple, qui, en 1771, avoit à peine cent habitans, en compte aujourd'hui près de trente mille (1), & ces hommes ont émigré des côtes ou du pays habité. Voilà des bras enlevés au commerce, à l'agriculture de ce dernier pays; cause, par conséquent, de la hausse de la main-d'œuvre.

On a conclu en Europe de cette cherté du travail, que le peuple Américain étoit malheureux; on en auroit dû conclure le contraire. Par-tout où l'ouvrier fait la loi, par-tout où il est payé chérement, le peuple est nécessairement heureux; car c'est le peuple qui compose les diverses classes d'ouvriers.

Par-tout, au contraire, où la main-d'œuvre est à bas prix, le peuple est nécessairement malheureux; car ce bon marché prouve qu'il y a plus d'ouvriers que de travail à faire, plus de besoin d'emploi, que d'emploi. Or, voilà ce que le riche desire, pour faire la loi aux ouvriers, pour acheter leur sueur & leur industrie, au plus bas prix possible (2).

---

(1) En 1788, on y comptoit plus de 80 mille ames. *Note nouvelle.*

(2) Observez, pour vous convaincre de cette vérité, l'Angleterre & la France. La main-d'œuvre est très-chère à Londres, à bon marché à Paris. L'ouvrier, à Londres, est bien nourri, bien vêtu, bien payé. A Paris, il est mal nourri, mal vêtu, mal payé. —

Il n'est pas rare, disoit un jour un Américain libre, de rencontrer, dans les Etats-Unis, le charretier conduisant ses chevaux & sa charrue, mangeant une bonne aile de dindon, & de bon pain blanc. J'ai vu, ajoutoit-il, un vaisseau arriver d'Europe à New-Yorck, chargé d'Ecossois. — Le lendemain il n'y en avoit pas un seul qui ne fût loué & occupé.

C'eſt l'inverſe, encore une fois, dans l'Amérique libre; l'ouvrier fait la loi : tant mieux : on ne la lui fait que trop par-tout ailleurs.

Cette cherté de main-d'œuvre eſt nuiſible aux manufactures, & tant mieux encore. Ces établiſſemens ſont des tombeaux qui engloutiſſent les générations, ſans jamais en rendre (1). L'agriculture, au contraire, étend perpétuellement la population.

En prévenant, ou au moins en retardant la naiſſance des manufactures dans leur enceinte, les Etats-Unis retarderont la décadence des mœurs & de l'eſprit public; car ſi les manufactures attirent l'or dans les Etats, elles y attirent en même-temps un poiſon qui les mine. Elles raſſemblent une foule d'individus, dont le phyſique & le moral ſe dépravent à la fois; elles accoutument, elles façonnent l'homme à la ſervitude; elles donnent, dans les républiques, la prépondérance aux mœurs, aux goûts, à l'eſprit, aux volontés *ariſtocratiques;* en un mot, en accumulant les richeſſes dans un petit nombre de mains, elles font pencher les républiques vers l'ariſtocratie.

Les Américains libres agiront donc ſagement en laiſſant à l'Europe le ſoin de manufacturer pour eux, puiſque celle-ci eſt irréſiſtiblement entraînée vers les manufactures; & comme leur population & leur conſommation doivent augmenter ra-

(1) Il y a pluſieurs manufactures à Amiens; & l'on remarque que les hôpitaux ſont plus remplis de leurs ouvriers que de maçons ou autres artiſans ſemblables, &c.

C'eſt que la vie manufacturière fait plus de malades, rend les maladies plus dangereuſes; c'eſt que le garçon manufacturier eſt plutôt débauché; c'eſt qu'il va plutôt à l'hôpital, parce qu'il n'a preſque jamais, ni femme, ni enfans qui le retiennent chez lui.

pidement, il ne feroit pas impoffible qu'un jour l'Europe fe vouât pricipalement à ce travail, & l'Amérique libre devînt le magafin de ces grains & de ces matières premières dont l'Europe auroit befoin. Dans ce cas, l'Europe n'offriroit que des villes & atteliers; l'Amérique libre que des campagnes bien cultivées. Je laiffe à juger quelle contrée auroit le fort le plus heureux.

Sous ce même point de vue, les Américains libres agiront encore fagement, s'ils fe laiffent approvifionner par les Européens des objets manufacturés, & s'ils fréquentent peu les ports & les villes de l'ancien continent. En effet, l'Européen, tranfporté dans l'Amérique libre, eft environ dans le rapport d'un à cent, & quelquefois à mille. Son exemple n'a donc qu'une très-petite influence; le luxe qu'il étale, en paffant, excite moins la confidération ou le refpect, que le mépris ou le ridicule. S'il laiffe un fouvenir de lui, il eft bientôt effacé par l'efprit général; d'ailleurs, il eft quelques Européens qui, frappés & édifiés des mœurs & des ufages de l'Amérique libre, ont le bon fens de les refpecter & de s'y conformer.

L'inverfe a lieu, lorfqu'un Américain libre aborde en Europe. Prefque feul, avec fes mœurs fimples, au milieu d'un tourbillon d'hommes qui n'attachent leur eftime qu'à l'éclat extérieur, qui, mûs & entraînés par le ton général, facrifient tout à la fureur de briller par les habits, les équipages, le fafte, cet Américain libre, dis-je, doit être d'abord brifé, tourmenté, parce qu'il fe trouve jetté dans un cercle d'habitudes contraires aux fiennes. Enfuite il doit fe familiarifer peu-à-peu avec elles; & s'il n'en prend pas tout-à-fait le goût, au moins fon ſon attachement pour la vie ſimple & les mœurs, en eſt néceſſairement affoibli. Rapportant cette diſpoſition d'eſprit dans ſa patrie, il la fait inſenſiblement paſſer dans l'ame de ceux qui l'entourent, de ceux ſur leſquels il a quelque influence, dans l'ame de ſes enfans, de ſes amis. *Il tiédit* ainſi, par ſon exemple, leur goût pour la ſimplicité, & le ſiècle ſuivant voit les vertus publiques s'éteindre dans l'indifférence.

Il ſera donc moins dangereux, pour l'eſprit public des Américains libres, d'admettre les Européens dans les Etats-Unis, que de voyager eux-mêmes en Europe; & de-là réſulte qu'il ſeroit très-impolitique d'encourager les premiers à être eux-mêmes les voituriers de leur commerce extérieur.

Nous inſiſtons ſur cette réflexion, parce qu'il nous a ſemblé appercevoir, dans quelques Etats, des diſpoſitions à accorder des primes pour la navigation lointaine. Ils devroient réfléchir qu'ils ont peu de bras, & qu'il faut en ôter le moins poſſible à la culture. Ils ſont dans cette ſituation dont nous avons parlé dans nos principes de commerce extérieur, ſituation où une nation gagne à faire voiturer, pour elle, d'autres nations qui ont moins de ſol ou d'emploi. Enfin, ils devroient réfléchir, nous le répétons, que les mœurs républicaines ſe conſervent mieux au ſein de l'agriculture, que ſur la mer & dans des voyages éloignés, leſquels mettent l'homme libre en communication avec d'autres mœurs, d'autres gouvernemens.

On ſe demande par-tout dans les Etats-Unis : Comment mettre des bornes au commerce étranger? comment arrêter le luxe? Reſtez chez vous, cultivez, cultivez, leur dirons-nous. Voilà le ſecret avec lequel vous retarderez les progrès du luxe ; ſecret bien préférable à ces loix ſomptuaires, à ces réglemens prohibitifs, qu'on médite de porter dans quelques Etats.

Il n'eſt point de puiſſance aſſez forte pour mettre, par des réglemens, des bornes inſurmontables au commerce extérieur, pour le forcer, par exemple, à ſe circonſcrire dans les marchandiſes de commodité, & à ne pas importer celles de luxe. *La nature, ou la force des choſes*, a ſeule cette puiſſance. Cette force eſt, comme on l'a ci-devant expliqué, la réunion des circonſtances naturelles où ſe trouve une nation ; ces circonſtances ſeules poſent les limites du commerce. Une nation qui ne peut payer les choſes de luxe avec ſes productions, n'en achète pas. Le ſauvage, avec ſes fourrures, ne peut ſe procurer que de l'eau-de-vie, de la poudre à canon, des couvertures de laine, & il n'achète ni ſoieries, ni galons.

Si donc les productions des Etats-Unis ne peuvent payer qu'à peine les importations de néceſſité & de commodité de l'Europe, on n'importera point chez eux de marchandiſes de luxe. Si on leur en porte, c'eſt qu'ils pourront les payer. Il n'eſt point de marchand qui aime à ſe ruiner.

Si, au contraire, les Etats-Unis ont des productions convenables à l'ancien continent, en aſſez grande abondance, pour ſe procurer, par leur échange, non-ſeulement les marchandiſes de néceſſité première & de commodité, mais même celles de luxe, rien ne pourra empêcher que ces dernières ſoient tôt ou tard importées par la voie du commerce extérieur.

A la vérité, pour augmenter les demandes en ce

genre, il faudra que l'opinion publique, qui précédemment vouoit au mépris le goût de la mode & des fantaisies, s'altère dans tous les esprits, que les opinions particulières de certaines sectes lui cèdent également. Mais, malgré la puissante influence de l'opinion sur les marchandises de luxe, le sort de cette espèce de commerce sera plus particulièrement déterminé par l'état des Américains libres. Riches, ils les adopteront. Cette prédiction paroîtra certaine, si l'on veut se rappeller ce que nous avons dit de la nature du cœur humain, & de son penchant vers l'amélioration de son sort & la multiplication de ses jouissances.

Le seul goût de la vie rurale, si les Américains libres y persévèrent, retardera les progrès du luxe. Ce dernier naît, dans les villes, de la satiété, du désœuvrement, de l'ennui. L'occupation préserve les campagnes de ces maladies morales.

Il est une dernière considération qui doit engager les Américains libres à se livrer à la culture, & à renoncer aux manufactures & au voiturage extérieur; c'est qu'en voulant tout entreprendre à la fois, la rareté du numéraire, nécessaire tout au moins pour la partie mécanique de ces opérations, se fera davantage sentir; tandis qu'en se livrant uniquement à la culture, ils obtiendront de leur sol des produits suffisans pour payer les manufactures de l'Europe, & suppléer à la rareté du numéraire (1). Ils paroissent inquiets de cette ra-

(1) Les Américains libres ont peu de numéraire, & cette disette vient de deux causes; d'abord de la nature de commerce qu'ils faisoient ci-devant avec l'Angleterre, & ensuite, des ravages de la guerre pendant sept ans. Comme ce commerce étoit uniquement d'échange, & que dans certains états, tel que la

reté. Ce qu'on a dit ci-devant sur le numéraire doit les rassurer. On a démontré qu'une nation pouvoit faire un très-grand commerce sans son secours.

On fera voir, par la suite, que les Etats-Unis produisent beaucoup de matières premières, essentiellement nécessaires à la France, qu'elle peut exporter de chez eux avec plus d'avantage que de tout autre pays. Il résulte de ces deux faits, que ces deux contrées peuvent faire ensemble, sans numéraire, un commerce direct d'échange, & par conséquent avantageux; car l'échange des productions entr'elles est bien plus lucrative que l'échange des productions contre le numéraire; malgré l'opinion adoptée par la masse des hommes, qui attachent à l'or plus de prix qu'aux marchandises, & qui oublient perpétuellement sa valeur représentative, pour lui en substituer une réelle.

Virginie, les importations surpassoient toujours les exportations, ils devoient être débiteurs envers l'Angleterre, & ne devoient point en tirer de numéraire. C'étoit une espèce de servitude commerciale, que les Anglois regardoient comme le garant de la dépendance des colonies envers la métropole. Leur numéraire provenoit du commerce de contrebande avec les isles à sucre & les puissances européennes. La guerre ensuite, en transformant les cultivateurs en soldats, fit rester une partie des terres sans culture. Dès-lors moins d'échanges, & encore moins de numéraire. Ce qui en est resté en Amérique, est provenu d'abord de l'argent qu'y ont apporté & dépensé les armées angloises & françoises, ensuite des emprunts faits par le congrès en Europe. Mais d'ailleurs, d'après ce qu'on a dit ci-devant sur le numéraire, il est facile de concevoir comment une nation, qui tout-à-coup se trouve portée, par une révolution extraordinaire, à de grands développemens, à une augmentation rapide de population, à des avances continuelles, pour défricher, bâtir, faire des chemins, des canaux, payer ses dettes au-dehors & souvent en espèces, & qui enfin n'a point de mines; il est facile, disons-nous, de concevoir comment & pourquoi cette nation doit s'appercevoir de la rareté du numéraire. On y supplée aujourd'hui, dans le Connecticut, en échangeant directement les denrées principales entr'elles, ou contre le travail.

Il ne faut cesser de leur répéter que le numéraire ne seroit rien, absolument rien, sans les productions; que le peuple riche est celui dont les travaux augmentent la population, & qui, par conséquent, abonde en productions; que le secret d'accroître la somme du numéraire, consiste uniquement dans l'art de multiplier les productions nécessaires qu'ils peuvent avoir, ou que l'avenir leur apportera (1).

Résumons les différentes questions discutées dans ce chapitre.

Notre dessein étoit de faire voir que les Etats-Unis étoient forcés, par leurs circonstances & leurs besoins, à se livrer au commerce extérieur.

Pour en convaincre nos lecteurs, nous avons prouvé que les Américains libres avoient des besoins de nécessité, de commodité, & même quelques-uns de luxe; besoins auxquels ils ne pouvoient ni renoncer ni suppléer eux-mêmes.

Nous avons prouvé que, n'ayant point de manufactures, ils étoient forcés de recourir aux manufactures européennes; qu'ils ne pourroient en élever de long-temps, parce qu'ils avoient peu de bras, & que la culture devoit absorber tous leurs soins.

Nous avons prouvé que, sous les rapports physiques, politiques & moraux, ils devoient persévérer à se livrer exclusivement à l'agriculture, &

(1) Pour savoir quel numéraire les Etats-Unis pourront avoir un jour, il faudroit déterminer s'ils exporteront plus qu'ils n'importeront, & à combien se montera la différence, il faudroit encore déterminer quels seront les besoins de l'ancien continent, & quelle consommation il fera des productions du nouveau. Or, ces élémens sont impossibles à fixer, & d'ailleurs c'est une question fort oiseuse.

renoncer même au transport de leurs productions en Europe.

Nous avons prouvé que c'étoit le seul moyen de conserver leurs mœurs républicaines, & de retarder les progrès du luxe.

Enfin, nous avons prouvé qu'en se livrant à la culture, qu'en négligeant les manufactures, ils s'appercevront moins de la rareté du numéraire, & qu'ils trouveront le moyen d'y suppléer, & de faire un commerce extérieur d'échange très-avantageux.

Ces différens points étant solidement établis, il faut faire voir à présent, que, de toutes les nations de l'Europe, la françoise est celle avec laquelle il convient plus aux Etats-Unis de se lier par le commerce; qu'ils ont des besoins & des productions qui se correspondent. Nous allons développer cette vérité, en présentant le double tableau des importations & exportations réciproques à faire entre la France & les Etats-Unis.

CHAPITRE V.

Tableau des importations à faire de France dans les Etats-Unis; ou tableau des besoins des Etats-Unis & des productions de la France qui leur correspondent.

Le lecteur attentif a déjà pu juger que si les Américains libres ne s'égarent pas dans la carrière qui leur est ouverte, l'Europe aura long-temps à leur fournir des marchandises manufacturées. Nous avons fait voir que la culture des terres, les défrichemens, & tout ce qui a rapport au commerce intérieur, comme les canaux & les chemins, offroient à leur énergie le plus heureux & le plus utile emploi, sur-tout pendant que les impôts ne gênent point encore leurs mouvemens, & qu'une constitution libre honore également tous les individus.

Il faut maintenant parcourir la liste de leurs besoins, indiquer ce que la France peut prétendre à leur fournir en concurrence, si ce n'est même avec plus d'avantages qu'aucune autre nation. Nous suivrons, dans cette énumération, les ouvrages anglois qui ont traité de cette matière, & en particulier celui du lord Sheffield. Il n'a rien omis, parce que sa nation prétend à tout. Nous ne descendrons pas dans des détails aussi minutieux que lui; mais nous ferons voir que, dans presque tous les articles importans, les François, s'ils savent profiter de leurs avantages naturels, doivent obtenir la préférence.

SECTION PREMIÈRE.

Vins.

La boisson du vin devient un vrai besoin pour le peuple qui l'a une fois connue. Heureux ou malheureux, riches ou pauvres, tous en font usage. Le vin fait les délices de l'heureux ou du riche. Il aide l'infortuné à supporter son chagrin; le pauvre y croit trouver l'équivalent de la nourriture qu'il n'a pas.

L'aisance a, depuis quelque temps, été trop répandue dans les Etats-Unis, pour qu'ils n'aient pas introduit chez eux l'usage du vin. L'avenir, en augmentant leurs moyens, ne fera qu'accroître ce besoin.

Les vins les plus généralement consommés dans les Etats-Unis, étoient, comme en Angleterre, le Porto, le Madère, le Fayal, le Ténériffe, le Xerès. Les vins de France, chargés, comme en Angleterre, de taxes énormes, ne s'y introduisoient que par contrebande.

La liberté fait aujourd'hui disparoître ces entraves britanniques. Le vin françois s'importe librement dans les Etats-Unis, & n'y paie que peu de droits.

Tel est l'état des choses, & il nous conduit à l'examen de trois questions.

Convient-il à l'Amérique libre de cultiver la vigne & de faire du vin?

Ne doit-elle pas, en renonçant à cette culture, donner la préférence aux vins françois?

Et quels moyens doivent prendre les François pour obtenir & conserver cette préférence?

Il seroit absurde de nier que les Etats-Unis puissent produire du vin, uniquement parce que les essais faits jusqu'à présent ont été infructueux. Ces états ont une vaste étendue, & des contrées aussi méridionales que l'Europe; il est impossible qu'il ne s'y trouve pas, dans beaucoup d'endroits, un sol propre à la vigne. On peut donc, sans trop hasarder, rejetter le peu de succès des tentatives sur l'impéritie ou le défaut de persévérance du cultivateur, ou sur le mauvais choix des plants.

Quoi qu'il en soit, si les Américains libres veulent écouter les conseils des bons observateurs, & profiter des erreurs des autres nations, ils écarteront, avec le plus grand soin, la culture de la vigne. Elle a fait, dans tous les pays où elle existe, une foule de malheureux, pour quelques hommes riches.

Les avances longues & considérables qu'exigent la vigne, la préparation, la conservation & la vente de son produit, ont mis tous les bons vignobles dans les mains de personnes riches, qui, ne la cultivant pas eux-mêmes, paient très-mal le vrai cultivateur. Par-tout le salaire du malheureux vigneron est *inéquitablement* fixé; car l'on n'y fait point entrer le prix du temps où il ne travaille pas, & presque tous les pays vignobles n'offrent aucun emploi qui puisse occuper ce temps perdu. On ne lui tient d'ailleurs aucun compte des variations dans le prix des denrées de première nécessité, occasionnées par mille causes, & même par l'abondance ou la disette du vin.

Croiroit-on que l'abondance du vin est ce qui peut arriver de plus funeste, soit au propriétaire, soit au vigneron même? En effet, la dépense, pour récolter, augmente, & le prix de la chose diminue. Il y a plus de travail à faire, il faut employer plus de bras, les payer plus chèrement (1); il faut plus de vases, plus de fraix de transport, un plus grand emplacement, & il y a moins de vente, par conséquent, moins de rente (2).

---

(1) La journée d'une vendangeuse varie suivant la disette ou l'abondance du vin, de 6 sols jusqu'à 40 sols. — Le prix des tonneaux suit les mêmes variations, dans un prix différent, depuis 3 liv. jusqu'à 15 liv. — Il est des années où le prix de l'enveloppe est plus haut que celui du vin qu'elle contient.

(2) Le propriétaire qui fixe sa dépense sur ses revenus, est, chaque année, trompé par celui de la vigne. Dans l'une, il retire 20 pour 100; la seconde année, sa vigne sera grêlée; la

La disette de vins ou la stérilité de la vigne est moins funeste que l'abondance, au moins pour le propriétaire. Mais elle est cruellement sentie, & par les vignerons, & par ces troupes errantes de journaliers, que l'ingratitude de leur sol, ou un mauvais gouvernement, forcent d'aller au-dehors chercher de l'emploi.

Les variations nombreuses qui influent sur le produit de la vigne, en font donc une propriété très-incommode & peu avantageuse (1). Il faut attendre la rentrée des fonds, quand on a récolté beaucoup; il faut payer de fortes avances, quand on a eu peu. Le propriétaire doit donc avoir d'autres ressources, soit pour attendre, soit pour payer. Le vigneron assez malheureux pour avoir une propriété (2), & n'avoir aucune de ces ressources, se ruine tôt ou tard. Il est obligé de vendre à vil prix (3), ou de consommer lui-même son vin; &

---

troisième, il essuyera une banqueroute, ou son vin tournera; la quatrième, il n'aura qu'une récolte médiocre, qui ne compensera point les pertes précédentes. En dix ans de temps, un propriétaire auroit peine à trouver une année moyenne qui fût passablement bonne. Cependant, comme on aime à s'exagérer sa richesse & ses moyens, chaque propriétaire calcule toujours son revenu sur le plus haut produit que lui ait donné sa vigne. La plupart dépensent en conséquence, & se ruinent.

(1) C'est un proverbe commun en France, qu'il n'y a point de plus mauvais bien que la vigne.

(2) Le sort du vigneron est différent, suivant les pays. Dans les uns, il n'est que journalier, & là il est complettement misérable. Dans d'autres, comme en Suisse, il a moitié des produits; mais une taxe injuste & tyrannique, faite par les propriétaires mêmes, réduit cette moitié au quart.

(3) Telle est, à-peu-près, la situation de presque tous les vignerons propriétaires de l'Aunis. Ils sont à la merci des riches fermiers de ce pays. Quand l'hiver vient, le vigneron n'a ni bled ni argent. Il va trouver le fermier, lui en demande; celui-ci lui dit : Je vous en donnerai; faites-moi votre billet. Le boisseau de bled vaut 6 liv. Obligez-vous de me rendre, à telle époque,

de-là résultent son abrutissement, sa paresse, son découragement, son humeur triste & querelleuse, & sur-tout le délabrement de sa santé. Trop de vin dans l'abondance, point de pain dans la disette; voilà les deux alternatives qui partagent sa vie.

Aussi les contrées couvertes des vignes sont-elles généralement moins peuplées, & offrent-elles le tableau d'une population dégénérée, foible & misérable. La plupart manquent même de bras pour cultiver la vigne, dans la saison où les travaux pressent. Il sont faits par ces bandes de journaliers étrangers, dont on a déjà parlé, & qui viennent vendre quelques journées à l'impuissant vigneron.

On ne peut mieux comparer l'exploitation de la vigne qu'à ces manufactures qui, fondant leur succès sur le vil prix de la main-d'œuvre, n'enrichissent que les entrepreneurs de la manufacture & les marchands.

La funeste influence de la vigne s'étend, dans les pays vignobles, sur ceux qui ne la cultivent pas; car le bon marché du vin porte à en faire excès; il en fait par conséquent un poison pour toutes les classes de la société, sur-tout pour celles qui y trouvent l'oubli de leur misère.

Aussi, comme on l'a déjà remarqué, l'industrie fuit-elle avec soin ces vignobles dangereux. On n'y voit aucune de ces grandes manufactures dont l'or-

---

la quantité de bled qui se vendra pour 6 liv. — Il a toujours soin de fixer l'époque où le bled est à bas prix. L'obligation se fait; le moment du paiement arrive : le vigneron, qui a du bled, donne plus qu'il n'a reçu. S'il n'en a pas, il est encore plus embarrassé; le fermier le presse. — Vous avez du vin; vendez-le-moi. — Mais quel prix? Le fermier en offre un très-bas. On refuse; il menace : le pauvre vigneron est obligé de se ruiner; & cette scène se répète presque tous les ans.

dre, l'affiduité au travail, & l'intelligence font le fuccès.

De toutes ces obfervations, il réfulte que les Américains libres doivent profcrire la culture de la vigne.

Elle rendroit infailliblement malheureufe la claffe de la fociété qui s'y adonneroit, & il ne faut point de miférables dans les républiques, parce que les befoins les forcent à troubler l'ordre civil, ou, ce qui eft pis, parce qu'ils font aux ordres des riches, qui les foudoient, & qui peuvent s'en fervir pour la deftruction de la république (1).

Confidérée par rapport aux propriétaires, la vigne doit encore être profcrite par les Etats-Unis, parce qu'on doit éviter avec foin, dans les républiques, ces cultures coûteufes, qui, mettant les propriétés dans un petit nombre de mains, occafionnent de grandes variations de fortune. L'économie, la fimplicité, les vertus privées ne s'accordent point avec ces fortunes variables. Elles ne fe trouvent qu'au fein de la médiocrité, d'une aifance fondée fur un travail dont le produit eft conftant (2). Tel eft celui de l'agriculture en général, qui embraffe diverfes productions, lefquelles, en cas d'accident, fe remplacent l'une par l'autre (3).

---

(1) On remarque déjà, dans quelques papiers américains, le vil langage des marchands, qui offrent humblement leurs marchandifes.

(2) Les indous font prefque tous cultivateurs ou tifferands; & c'eft la raifon pour laquelle les mœurs privées fe font mieux confervées chez ce peuple que par-tout ailleurs, malgré les excès du defpotifme.

(3) Quelle récompenfe ne mériteroit pas l'homme ingénieux qui feroit préfent à l'humanité d'un moyen de conferver, plufieurs années, la pomme de terre, fur-tout fi le procédé étoit fimple

Enfin, si l'on veut que le vin soit salutaire à l'homme, qu'il ne le jette point dans l'abrutissement, il faut en user avec modération, & sa cherté seule peut forcer à cette modération. Les républiques américaines, grandement intéressées à écarter les excès des individus, & à prévenir leur dégradation morale, doivent donc tenir perpétuellement loin d'eux une production dont la cherté empêchera l'abus, dont la culture ameneroit le bon marché, & par conséquent mille excès dangereux au moral & au politique.

On nous objectera que les hommes employés à la culture de la terre, ont besoin de vin pour les soutenir dans leurs travaux. C'est un préjugé. Dans les pays où il est peu en usage, on trouve des hommes vigoureux & infatigables pour le travail. A la vérité, le vin contient un esprit actif, qui peut suppléer au défaut de nourritures substantielles; & voilà pourquoi les paysans, qui ne vivent que d'un pain grossier, ont recours au vin ou à l'eau-de-vie, plus à portée de leurs moyens. Donnez-leur de la viande & des pommes de terre, & ils se passeront aisément de vin.

Le tableau que nous venons de tracer des malheurs & des abus occasionnés par la culture de la vigne, n'engagera pas sans doute les François à arracher les leurs; mais il doit au moins les exciter à augmenter au-dehors la consommation des vins, pour en élever le prix, & par conséquent diminuer une partie des maux qui en résultent pour eux. Ce sera un double bien : profit de plus au-dehors, mal diminué au-dedans.

& peu coûteux ? Plus de crainte, dès-lors, de disette; plus d'embarras sur la législation des grains, & peut-être plus de misère

Que les vins françois doivent obtenir la préférence dans les Etats-Unis, c'est ce que personne ne contestera. Ils sont les plus agréables, les plus variés, les plus sains, si l'on en use avec tempérance; les moins malfaisans, si l'on en use avec excès. Ils doivent être la base des importations françoises dans l'Amérique libre; aucune nation ne peut, à cet égard, élever de concurrence avec la France. Le lord Sheffield lui-même rend cet hommage aux vins françois. Mais afin de leur assurer à jamais cet avantage, il faut perfectionner l'art de les fabriquer, de les conserver, de les transporter.

Nous citerons pour exemple les vins de Provence, qui, pour leur force, leur aptitude à supporter les plus longues traversées, & par leur analogie avec les vins de Portugal, auroient le plus grand succès dans les Etats-Unis, s'ils étoient préparés convenablement. Eh bien, ces vins ont eu jusqu'ici la plus mauvaise réputation, soit dans le nord, soit dans nos colonies de l'Inde & de l'Amérique; & cela parce que l'armateur les achetoit sans choix, & que d'autre part le particulier n'ayant aucune idée de la culture ni de l'exploitation des vins, mêloit le raisin blanc avec le rouge, ne distinguoit point les plants, le sol, les expositions, faisoit cuver son vin par routine, sans faire attention aux différences des années & des qualités; mettoit dans ses cuves, pour réhausser, à ce qu'il prétendoit, le goût de son vin, toutes sortes d'ingrédiens détestables, tels que du sel, de la chaux, du plâtre, de la fiente de pigeon; l'enfermoit dans de mauvaises futailles de châtaigner, y laissoit toujours la lie d'une année, & ne le sous-tiroit jamais;

de manière qu'il étoit toujours plus disposé à tourner & à s'aigrir, que tout autre vin, & qu'il devenoit aussi peu propre à un transport aussi lointain (1).

Ce tableau peut convenir à bien des vignobles. L'ignorance, les vieux préjugés, l'abattement du peuple, les impôts qui chargent l'exportation, tout concourt à retarder les progrès de l'art de faire avec économie de bons vins. *Que le gouvernement y consente*; & ces obstacles disparoîtront, & la lumière qui se répand sur les arts, remplacera les préjugés par des procédés utiles, & les débouchés nouveaux ranimeront l'industrie. Qu'il écoute les tristes leçons du passé, les leçons que lui donnent perpétuellement les circonstances (2); elles lui apprendront que, pour prospé-

(1) On assure que la plupart de ces abus subsistent encore. Cependant il faut espérer qu'ils disparoîtront insensiblement, graces aux soins & à la persévérance de MM. Bergasse, qui ont, en ce genre, un établissement considérable en Provence, & qui travaillent à y améliorer la culture du vin, & à en étendre le commerce par-tout. Cette province leur aura un jour de grandes obligations, & le gouvernement, sans doute, secondera leurs vues. Ils ont fait venir quelques Allemands qui s'occupent, avec succès, de l'amélioration de ces vins. C'est à eux qu'on doit l'introduction de ces vastes foudres usités dans l'Allemagne; moyen sûr de conserver, à peu de frais, la force du vin. Nous devons dire ici que ces vins réussiroient dans les Indes-orientales; qu'ils seroient un moyen de rendre ce commerce avantageux, si le monopole ne venoit pas de le ravir encore à l'industrie & à la liberté? Mais pourquoi ces erreurs se renouvellent-elles? C'est que les mémoires se font à Paris, où l'ignorance du vrai commerce donne beau jeu aux intriguans, qui surprennent les privilèges.

(2) En Angleterre, le gouvernement accorde des *draw-backs* pour tous les objets d'importation qui sont réexportés, c'est-à-dire qu'il rend en entier, ou presque en entier, les droits perçus à leur entrée. Il seroit aisé, sur ce point, de faire mieux encore que l'Angleterre.

La France auroit dû l'imiter à l'égard d'un autre article. En accordant un privilège exclusif à la compagnie des Indes angloi-

rer, le commerce étranger doit être libre, exempt de droits; qu'en l'assujétissant à l'impôt le plus léger, on favorise le commerce de ses rivaux.

Ce moyen est bien plus efficace que tout autre, pour vivifier le commerce. L'espoir d'une vente avantageuse est, comme on l'a déjà observé, l'appât le plus séduisant pour le cultivateur. Les primes proposées pour encourager l'exportation des vins, ne peuvent être nécessaires que pour faciliter un commerce nouveau, dont les commencemens sont difficiles & onéreux; parce que, faute de connoissances, on est obligé de tâtonner, de faire des essais infructueux, & souvent dispendieux. Les primes en dédommagent. Mais quand la route est faite & connue, il faut les supprimer; ce sont des lisières qui soutiennent l'enfant au berceau, qu'il faut rejetter lorsqu'il est assez fort pour marcher de lui-même. Si un commerce quelconque est trop foible pour s'en passer, c'est un signe certain qu'il est vicieux par sa nature, & *insoutenable*. La prime, dans ce cas, nuit au revenu public, sans empêcher le commerçant de se ruiner.

Les autres encouragemens que l'on propose de temps en temps, pour animer la culture ou le commerce,

---

ses, le gouvernement l'a obligée à exporter en Chine & aux Indes, pour une somme considérable, des étoffes de laine, de l'étain, &c.

On n'obligeoit point la compagnie des Indes à exporter de nos vins, de nos eaux-de-vie, &c. &c, comme nous venons de le dire; elle avoit interrompu l'exportation des vins de Provence, que les armateurs particuliers commençoient à faire, avec succès, aux Indes orientales; ce qui prouve que les compagnies sont aussi funestes au-dedans pour la production, qu'au-dehors pour l'extension & les progrès du commerce extérieur. Il faut espérer que les armateurs particuliers, qui ont maintenant la liberté de commerce, feront revivre ces branches.

merce, font, pour la plupart, inefficaces. Encore une fois, il n'y a qu'un grand moyen, la confommation qui affure une vente conftante. Les prix, les médailles, les louanges donnés au cultivateur ou manufacturier, ne le nourriffent pas, & la vente le nourrit, & la fubfiftance eft le premier but auquel il tend.

Ces encouragemens font des efpèces de reftitutions, que la richeffe exceffive fait à l'indigence qu'elle a dépouillée. Mais à quoi bon? c'eft donner une force momentanée à un homme à qui on a coupé bras & jambes. Il n'eft pourtant pas malheureux que les repentirs de l'adminiftration foient inutiles, & que ces petits moyens viennent échouer contre la nature des chofes. Ces non-fuccès amènent enfin les véritables lumières.

Les Etats-Unis eux-mêmes, ces Etats de fi fraîche date, nous fourniffent déjà le modèle d'une inftitution qui, feule, pourroit ranimer la culture des blés & de la vigne, & faire difparoître l'incommodité momentanée des récoltes abondantes, qui ruinent & le propriétaire & le fermier.

Cette inftitution, facile à naturalifer en France, auroit deux branches; dépôt dans les magafins publics des productions de la terre; certificats ou billets de dépôt, qui formeroient un titre authentique pour le propriétaire dépofant, titre tranfférable, fans formalités, au cours du marché, comme tous les autres effets publics.

C'eft ainfi qu'en Virginie on eft parvenu à fuppléer à la rareté du numéraire (1), & à donner,

(1) Les Virginiens ont encore donné un autre exemple, qui prouve combien il eft facile de fe paffer du numéraire. Plufieurs

à l'inſtant de la récolte, une valeur réelle & utile au tabac, qui, ſans ce moyen, forcé d'attendre pendant long-temps la demande, devenoit trop à charge au propriétaire.

Ce n'eſt point ici le lieu d'approfondir cette idée, ni de détruire des objections qu'on élevera contr'elle. Ce projet pourroit faire la matière d'un mémoire particulier. Nous n'en donnons ici que l'eſquiſſe.

Si l'on vouloit que ce projet réuſſît, il faudroit abſolument en bannir même la poſſibilité d'un abus impuni. Il faudroit peut-être que le gouvernement n'y prît aucune part, n'y eût aucune influence. On ſe récriera contre cette précaution; mais jettons encore une fois les yeux ſur l'Angleterre. S'il eſt un gouvernement ſur la terre dont les mains ſoient liées, dont les pas ſoient ſurveillés, dont les actions ſoient expoſées au grand jour, à la cenſure publique, & par conſéquent dont les attentats ſecrets ſoient moins à craindre pour le peuple, ſans contredit, c'eſt le gouvernement Anglois. Eh bien, voyez ce que le miniſtre étonnant, qui eſt à ſa tête aujourd'hui, a propoſé, avec ſuccès, pour empêcher l'intervention & l'influence du gouvernement, dans le nouveau plan de rachat des effets publics, & de leur amortiſſement. Il veut que les commiſſaires qui en ſeront chargés, *ſoient indépendans, dans tous les temps, du gouvernement*; qu'ils ſoient *des agens du public*, & qu'aucune force ne puiſſe les contraindre à détourner de ſon objet le fonds deſtiné à éteindre la dette publique.

---

comtés, près de l'Ohio, n'en ayant point, l'aſſemblée générale a arrêté qu'ils payeroient leur quote-part des impoſitions en chanvre & en lin, qui ſeroient dépoſés dans les magaſins publics.

Ce miniſtre a bien ſenti qu'on doit à tout prix obtenir la confiance du peuple, pour les établiſſemens qui ne ſubſiſtent que par elle, & que, dans un pareil cas, le ſacrifice du pouvoir n'eſt point coûteux pour un gouvernement qui, de bonne foi, veut ſupprimer les abus.

Les avantages réſultans de ces dépôts publics, ſont viſibles. Ils ſuppléeroient au défaut de faculté de ceux qui ne pourroient ſerrer leurs récoltes. Ils empêcheroient le gaſpillage, les pertes; ils préviendroient la diſette, ils établiroient une uniformité plus conſtante dans les prix comme dans les quantités. La défiance empêcheroit peut-être d'abord l'uſage de ces magaſins, de ces caves, de ces réſervoirs publics. Mais elle ne tarderoit pas à diſparoître, ſi la bonne-foi, l'ordre & l'économie régnoient dans ces établiſſemens. C'eſt un bien que procureroient tôt ou tard les adminiſtrations provinciales, bien qui doit les faire déſirer; bien qui, peut-être, ne réuſſiroit que ſous leurs auſpices.

Quant aux *billets de denrées ou de productions*, on voit combien ils augmenteroient la richeſſe nationale, combien promptement la miſère des payſans diſparoîtroit, ſi ces billets circuloient, comme des valeurs, dans le commerce, & ſi le vigneron pouvoit échanger ſon billet de dépôt contre les productions dont il auroit beſoin. Alors tomberoit le monopole des cultivateurs aiſés, qui ſucent toute ſa ſubſtance, & qui, par des avances intéreſſées, le mettent à leur diſcrétion (1).

---

(1) Ce projet eſt bien plus facile à exécuter, & inſpirera bien plus de confiance ſous la nouvelle conſtitution, que ſous le régime du deſpotiſme. Nous invitons les patriotes des pays vignobles à le méditer. — *Note nouvelle.*

On se plaint, dans les Etats-Unis, d'un abus dans le commerce des vins de France, auquel il est important de remédier promptement, si l'on ne veut pas le ruiner même à son origine. La contrebande, avant la révolution, y apportoit de bon vin de Bordeaux, parce que *c'est le propre de la contrebande de donner meilleur & à meilleur marché.*

Depuis la paix, les vins expédiés de France n'ont plus, à ce qu'on assure, été d'une aussi bonne qualité. Il est possible que l'avidité les ait altérés quelquefois. Mais cet abus passager, qu'il sera facile au négociant de détruire, quand il le voudra, en ne choisissant dans les Etats-Unis que des commissionnaires dont la probité soit intacte; cet abus, dis-je, ne doit point arrêter les exportations de la France. Le vin, s'il est bon, trouvera toujours des consommateurs. Il ne faut, pour réussir dans ce commerce, que de l'intelligence & de la bonne foi; car la nature a fait le reste pour la France.

Les Américains libres préfèrent, en général, le vin qui leur est apporté en bouteilles, parce qu'ils le croient moins sujet à s'aigrir & à s'altérer dans la traversée. Au premier coup-d'œil, il semble avantageux, pour la France, de fournir son vin avec cette enveloppe, parce que c'est un nouveau débouché pour ses verreries. Mais si l'on fait réflexion à la quantité prodigieuse de combustibles qu'exigent les verreries, & au dépérissement sensible des forêts, il paroît imprudent d'encourager un commerce qui ne peut qu'augmenter très-rapidement ce dépérissement. Au moins, avant de l'encourager, faudroit-il avoir des états bien certains du nombre des verreries dans le royaume, de leur consommation en bois & en charbon, de leur produit & de leur exportation, & enfin de nos forêts & de nos mines.

SECTION II.

Eaux-de-vie.

Les progrès rapides que la chymie a faits dans ces derniers temps, ont fait découvrir, dans la plupart des fruits de la terre, les sels & les esprits qui constituent l'essence de l'eau-de-vie. On a mis à profit cette découverte : il en est résulté un rabais considérable dans le prix de cette liqueur, c'est-à-dire un très-grand mal; ce qui prouve, pour le dire en passant, qu'il est des découvertes en physique qu'il ne faudroit pas révéler, sans avoir bien calculé leurs effets moraux & politiques, sans avoir indiqué aux gouvernemens les moyens de prévenir leurs inconvéniens; ce qui prouve encore qu'un chimiste ne devroit pas être uniquement chimiste, qu'il devroit aussi connoître la politique.

Les eaux-de-vie de France sont généralement regardées comme les meilleures, c'est-à-dire, comme les plus délicates & les moins mal-faisantes; aussi obtiennent-elles la préférence sur les tables de gens aisés.

Le peuple en fait une grande consommation; mais elle est balancée au-dedans & dans les pays étrangers par les eaux-de-vie tirées des grains, des fruits, ou du sucre.

Le rum des isles, qui est le produit de cette dernière denrée, n'a quelque préférence sur l'eau-de-vie que par la force de l'habitude; mais le bas prix de cette dernière lui donne bientôt la supériorité

(1). Les Américains libres, & sur-tout les Bostoniens, tirent la mélasse des isles à sucre, la distillent, & indépendamment de ce qu'ils en consomment, ils en vont vendre une grande partie aux habitans de ces mêmes isles, qui ne peuvent la distiller faute de combustibles.

Outre le rum, les Américains libres fabriquent encore des eaux-de-vie de grains, de pomme de terre, de pêche, &c. Ils doivent cet usage aux Irlandois & aux Allemands qui ont passé dans les États-Unis : funeste présent que ces émigrans leur ont fait !

Le bon marché de l'eau-de-vie de grains dans l'Irlande, la met à portée de l'homme le plus pauvre. Les dernières classes de la société en usent à un excès incroyable; & cet excès ne contribue pas peu à leur donner cette humeur querelleuse qui caractérise les Irlandois; à les plonger dans l'abrutissement, à les empêcher de s'élever au degré de prospérité où devroit les porter cette liberté de commerce qu'ils viennent de recouvrer.

Les Américains libres auroient déjà éprouvé une partie de cette dégradation qu'entraine l'excès des liqueurs, si presque tous n'étoient pas propriétaires aisés, & pères de famille; si l'instruction & les mœurs n'étoient pas plus généralement répandues chez eux que chez tout autre peuple; & enfin, si les gains prompts & considérables que peuvent y faire les ouvriers, par le haut prix de la main-d'œuvre, ne

---

(1) Dans la première édition de cet ouvrage, nous avions avancé que le rum des isles coûtoit moins cher que l'eau-de-vie; c'est une erreur. Au surplus, il faut mettre une grande différence entre le rum de la Jamaïque & celui distillé dans les Etats-Unis, qui est d'une qualité bien inférieure.

leur donnoit pas une ambition salutaire, qui les éloigne de l'intempérance (1).

Ceux des Etats-Unis où l'on s'est déjà éloigné des mœurs simples & primitives, où le luxe commence à régner, où l'esclavage subsiste encore, sont tous les jours témoins des ravages causés par l'abus des eaux-de-vie de grain.

Lisez le voyage de Smith dans les Etats-Unis méridionaux, où l'on trouve la description de la vie des Caroliniens. Il paroît, à l'en croire, qu'ils boivent à l'excès les liqueurs les plus fortes, quoique dans un climat très-chaud. Aussi abrègent-ils leurs jours, & paroissent-ils vieux dans la fleur de la jeunesse. C'est encore une des causes de la mortalité des Anglois dans les Indes orientales : ils y ont porté l'usage du vin & des liqueurs fortes, & ils en sont les victimes. Les indigènes n'en consomment point, & vivent long-temps. En citant ce

(1) La tempérance des Américains prouve *que l'homme est bon quand il est bien*. Il n'est vicieux ou criminel que *quand il est mal?* Quel est donc le premier auteur de ses vices & de ses crimes? L'auteur de son mal-être. Voici la généalogie de presque tous les crimes. — Non-propriété ou défaut d'emploi, cause du mal-être du peuple ; — mal-être, cause de l'ivrognerie ; — ivrognerie, cause des querelles, de la paresse, de la misère, des vols ; — vols, cause d'emprisonnement, de peines capitales.

Il ne reste plus à marquer que le premier anneau auquel s'attache le défaut de propriété. On n'a pas besoin de le nommer : il est facile à deviner. Mais, de cette généalogie, il résulte que, dans l'ordre actuel des choses, le peuple étant entraîné aux vices & au crime, est moins coupable qu'on ne l'imagine ; que, conséquemment, il ne devroit pas être puni si sévèrement ; que les gouvernemens doivent enfin supprimer les peines trop cruelles. On ne doit cesser de répéter cette vérité ; on doit l'attacher à toutes les occasions qui se présentent, puisque la liste des exécutions sanglantes ne fait qu'augmenter dans certains pays, & que les têtes étroites, qui ne voient que l'atrocité du crime, & qui ne remontent pas à sa cause, ne cessent de demander du sang pour expiation. Il y auroit peu d'échafauds, si les vrais criminels y montoient seuls.

voyage de Smith, nous devons cependant inviter nos lecteurs européens à se mettre en garde contre la partialité qui règne dans son ouvrage.

Toutes les eaux-de-vie, autres que celles du sucre & du vin, sont funestes, sur-tout lorsqu'elles sont nouvelles. On ne peut en boire sans être incommodé sur-le-champ. Le plus léger excès suffit souvent pour donner la mort.

Une longue habitude est difficile & souvent impossible à déraciner, sur-tout quand elle procure des jouissances. Aussi n'est-il pas à espérer que les Américains libres renoncent jamais à l'usage de ces liqueurs. Le philosophe en gémit : les nations commerçantes, qui mettent à profit les travers du genre humain, cherchent à en tirer avantage. La France l'emportera (1), si elle continue à tenir le prix de ses eaux-de-vie au-dessous de celui du rum des isles. Le gouvernement a déjà senti la nécessité, pour parvenir à ce point, de supprimer les droits sur la sortie de ces liqueurs.

Mais doit-il se prêter avec tant de complaisance à favoriser la distillation & l'exportation des eaux-de-vie? Nous ne le croyons pas : cette opinion nouvelle semble être un paradoxe; elle cessera de le paroître quand on l'aura examinée avec attention.

La distillation des eaux-de-vie entraîne une grande déperdition de combustible : premier mal; mal très-grand dans un pays où le combustible devient de jour en jour plus rare (2).

---

(1) Le lord Sheffield convient lui-même que les eaux-de-vie de France sont préférables à celles de Portugal & d'Espagne, dont on fait cependant quelque consommation dans les Etats-Unis.

(2) Toutes les provinces de France, celles même à qui la nature a refusé des moyens de transporter ses bois au loin, se ressentent de la disette des bois. La Lorraine peut être citée pour

L'exportation de l'eau-de-vie dans l'étranger ne rend presque rien au fisc. Pour l'encourager, il s'est vu forcé d'abandonner son impôt. Cet impôt n'est plus que de cinq sols par muid; tandis que le vin paie au moins cent sols de droit de sortie par muid; & dans le Bordelois, jusqu'à vingt-huit livres (1). Le gouvernement auroit dû faire l'inverse, réduire les droits sur les vins, & augmenter ceux sur l'eau-de-vie.

L'exportation de l'eau-de-vie nuit à la consommation de nos vins; car elle est la base de tous les vins factices dans les pays où l'on ne recueille pas du vin. On l'étend dans une grande quantité d'eau, on la colore avec des baies, qu'on trouve par-tout. Les eaux-de-vie de vin sont indispensables pour cette fabrication; aucune autre ne peut les suppléer, parce qu'elles seules peuvent donner à ces vins artificiels le goût vineux, sans lequel le but seroit manqué.

Quel gain immense dans cette manipulation pour l'étranger, & quelle perte pour la France! Une barrique d'eau-de-vie, qui ne paie presque rien en droits de sortie, dont la voiture coûte fort peu, à

---

exemple. Les forêts y dépérissent, dit-on dans le prospectus d'un prix sur la houille proposé cette année par l'académie de Nancy, la cherté du bois y est prodigieuse..... Il n'est pas difficile d'assigner les causes de ce malheur : il est la suite nécessaire de la multiplicité des forges, verreries, faïanceries, salines, &c. Cette académie demande qu'on cherche des houilles pour remplacer ce bois. Il est un moyen bien plus simple; c'est d'éteindre les forges & les verreries, & de tirer les fers & les verres d'Amérique.

(1) Le gouvernement, depuis cet ouvrage, a ordonné une suspension des droits payés par les vins de Bordeaux & de Languedoc. Elle a été accordée sur la remontrance qu'il y avoit une quantité énorme de ces vins à Bordeaux, qu'on n'osoit exporter, pour n'être pas obligé d'avancer les droits trop considérables : ce fait prouve que l'impôt occasionne l'engorgement.

raiſon de ſon volume reſſerré, peut s'unir à cinq barriques d'eau qui ne coûtent rien, &, à l'aide de quelques matières colorantes & ſucrées, peut entrer en concurrence avec ſix barriques de vin, qui paient des droits conſidérables pour la ſortie, & dont le tranſport eſt très-diſpendieux.

En fabriquant, en exportant de l'eau-de-vie, nous travaillons donc pour l'intérêt des nos rivaux, nous leur donnons à bon marché le moyen de ſe paſſer de nos vins. Quel égarement! Et que diroit-on d'un alchimiſte qui, ayant trouvé la pierre philoſophale, communiqueroit ſon ſecret à ſes rivaux, pour s'en ſervir à ſon préjudice?

Et cependant, cette opération, ſi préjudiciable à la France, le gouvernement la favoriſe. Il encourage les diſtilleries, c'eſt-à-dire, qu'on ſuſcite des ennemis contre l'art d'améliorer les vignes & les vins, & ſur-tout contre l'art de conſerver ces derniers.

Ne craignons pas de le répéter : il ſeroit bien plus ſage, bien plus avantageux de décourager les diſtilleries. En effet, la diſtillation des eaux-de-vie eſt, pour le propriétaire de la vigne, une reſſource extrême qui le ruine (1). Il eſt forcé d'y recou-

(1) Il faut dans l'Orléanois, au moins ſix barriques de vin pour faire une barrique d'eau-de-vie. Le vin de ce pays, lorſqu'il eſt potable, ſe vend, année commune, 30 liv. la barrique. Les ſix produiſent 180 liv.; & réduites en eau-de-vie, à peine produiſent-elles 80 liv. Voilà donc 100 liv. de perte pour le propriétaire. Les eaux-de-vie expédiées à l'étranger, où elles diminuent le débit du vin, ne peuvent ſupporter aucuns droits de ſortie. Les vins peuvent, au contraire, en payer d'aſſez conſidérables. Qu'on réponde à ces calculs. Les Anglois eux-mêmes ne devroient pas admettre les eaux-de-vie de France, puiſqu'en rempliſſant l'Angleterre de vins artificiels, elles nuiſent à leurs droits d'entrée ſur le vin. La prohibition des eaux-de-vie, vue ſous ce double aſpect, ſeroit l'avantage des deux pays.

rir, ou lorſque des années trop abondantes occaſionnent diſette & cherté de futailles, ou lorſque les vins mal fabriqués menacent de ſe gâter. Il vaudroit bien mieux encourager les moyens de ſe paſſer de futailles, ou de conſerver les vins.

Outre le gain que feroit le commerce par cette opération, le fiſc en auroit lui-même un très-grand. Ne recevant rien ſur la ſortie de l'eau-de-vie, il recevroit beaucoup ſur celle des vins; car, ſans nuire à leur conſommation, il pourroit conſerver une partie des droits de ſortie. Malgré ce droit, ils n'en ſeroient pas moins vendus; ils ne redoutent aucune concurrence.

Ces droits pourroient être appliqués à l'encouragement de la culture de la vigne, & aux progrès de l'art de conſerver les vins. Mieux préparés, moins ſurchargés de taxes, étant à meilleur marché, ces vins auroient une plus grande conſommation dans les Etats-Unis; ils y feroient peut-être tomber l'uſage des eaux-de-vie. Plus de conſommation au-dehors, employeroit plus de bras à la culture, rendroit le vigneron moins miſérable.

En deux mots, les eaux-de-vie de France n'auront jamais un grand cours dans les Etats-Unis, & elles nuiſent à la conſommation des vins. Il faut donc en décourager la diſtillation. Les vins, s'ils deviennent à meilleur marché, s'ils ſont mieux préparés, ſe vendront mieux. Il faut donc en perfectionner la fabrique, & en encourager l'exportation.

SECTION III.

HUILES, OLIVES, FRUITS SECS, &c.

Ce genre de comeſtible eſt un beſoin chez tous

les Américains libres aisés, & sur-tout dans les Etats septentrionaux. Les provinces méridionales de la France qui produisent des fruits si délicieux, ne peuvent, à cet égard, redouter aucune concurrence. Aussi ces articles ont-ils bien réussi jusqu'à présent dans les expéditions de Marseille.

D'ailleurs, tout ce que l'Europe pourra fournir en ce genre, trouvera place dans les Etats-Unis. Ces productions accompagnent les vins, & l'on peut y joindre, avec la même facilité & la même certitude de débit, les parfums, les anchois, le verd-de-gris, &c., & cent autres petits objets que les Anglois exportent de Marseille, & dont ils ont fait un besoin aux Américains.

Le lord Sheffield, dans son ouvrage, fait fournir toutes ces denrées aux Etats-Unis, par l'Espagne, le Portugal & l'Italie. Nous aurions aimé qu'il eût eu la bonne-foi de donner le même avantage à la France. Il est si généralement connu qu'elle vend ces productions dans les Etats-Unis, qu'il est également étonnant, ou que cet écrivain l'ait ignoré, ou qu'il l'ait tû. Ce fait, en prouvant sa partialité contre la France, doit mettre en garde les lecteurs contre ses assertions.

SECTION IV.

Draps.

Les peuples régis par une constitution libre, sont nécessairement graves & réfléchis. Ils préfèrent, dans tout ce qui est à leur usage, le bon au brillant, le solide aux choses accréditées uniquement par les caprices de mode. Tant que les Américains libres jouiront de leur excellente constitution, ils préféreront donc, pour se vêtir, le drap à toutes les étoffes plus éclatantes.

D'ailleurs, sa beauté, sa souplesse, sa force & sa durée, le rendent plus généralement propre à cet usage, quel que soit le climat qu'on habite. Le drap garantit des excès du froid comme de ceux de la chaleur; il résiste à la pluie; en un mot, il rassemble toutes les convenances; & s'il est le vêtement universel dans l'état de médiocrité, il offre également à l'homme riche, mais raisonnable, un choix propre à satisfaire ses goûts, pour assortir sa dépense à ses moyens.

La manufacture des draps est au nombre de ces manufactures compliquées, qui occupent toute l'année un grand nombre d'ouvriers à la journée. Dès-lors elle ne convient point aux Américains libres, tant que la classe d'hommes qui fournit ces ouvriers pourra s'employer plus utilement pour elle, *& plus noblement* (1) aux défrichemens & à la culture en général.

On peut sans doute associer aux travaux de la campagne, une fabrication d'étoffes de laine, propre à vêtir le propriétaire campagnard, sa famille & ses domestiques; mais ce genre de manufactures, quoique très-important en lui-même, ne peut

---

(1) Il vaudroit mieux, sans doute, dire : *plus républicainement;* mais ce mot n'existe pas dans notre langue. Eh bien, il faut le créer. Ces mots, *noble*, *noblesse*, *noblement*, ne peuvent donner que des idées fausses, lorsqu'on les applique à ces faits qui concernent une république, parce qu'ils se présentent toujours avec la mauvaise enveloppe que leur donnent le préjugé des monarchies, & qu'ils rappellent l'idée d'hommes ou d'ordres supérieurs à d'autres ordres; ce qui feroit croire qu'une semblable distinction existe dans une république qui n'est fondée que sur l'égalité. Cette réflexion confirme ce qu'on a dit ailleurs de la nécessité de faire un nouveau vocabulaire politique & moral pour les républiques américaines.

s'appliquer qu'à des étoffes groffières & imparfaites. Le loifir, fouvent interrompu, du payfan, ne lui permet rien de compliqué : carder, filer, tiffer & blanchir, eft à-peu-près tout ce qu'il peut faire (1). S'il faut aller au-delà, il trouvera un plus grand avantage à vendre fes matières brutes, ou même avec leurs premières manipulations, fi elles font fimples, & à tirer des manufactures, proprement dites, les objets dont il a befoin.

Ainfi les Etats-Unis ont non-feulement befoin des étrangers pour les draps qu'ils confomment, mais encore, plus la marche de leur développement fera fage, raifonnable & calculée d'après l'état des chofes, & plus ce befoin de draps étrangers fera durable.

Or, pourquoi la France ne prétendroit-elle pas à fournir des draps aux Américains libres ? Les premiers effais mal combinés, & l'efpèce de décri où font ces draps, ne doivent point la décourager.

La France doit fans doute peu de reconnoiffance à ceux de fes fpéculateurs qui, les premiers, & dans le commencement de la révolution, ont répandu fes draps dans les Etats-Unis. Si quelque étincelle d'efprit public les eût échauffés, ils auroient fenti le fervice précieux & honorable qu'ils pouvoient rendre à leur patrie, dans ces premiers

(1) Tant qu'il y a des défrichemens à faire, les loifirs que laiffent les travaux de la terre, font très-courts, parce que toute faifon eft propre aux travaux des défrichemens, excepté lorfque la trop grande quantité de neige les arrête. Les intervalles de loifir s'établiffent régulièrement, lorfque le fyftême de culture eft fixe, & que le terrein eft défriché. Alors on fait des entreprifes conformes à leur durée. Mais en général, les travaux fimples, qui n'exigent point d'attelier, point d'appareil confidérable, font les feuls qui s'accordent avec l'agriculture.

envois, en donnant aux Américains libres une grande idée de l'état de ses manufactures. Ces peuples étoient si disposés, par le secours que la France leur prêtoit, à chérir ses habitans, à estimer leur caractère, à accueillir leurs productions : ils étoient si disposés à abjurer le mépris & l'aversion que les Anglois leur avoient inspirés pour leurs rivaux & leurs ouvrages, & à donner à ces derniers la préférence en tout! Pourquoi la cupidité, par un calcul misérable, a-t-elle refroidi ces bonnes dispositions? On a voulu gagner, beaucoup gagner, faire ce qu'on appelle *un coup*, en profitant de la détresse des Américains, pour les forcer à se charger de rebuts (1). Cette mauvaise foi a acquitté le service rendu; car l'imprudent ou malheureux jeune homme, qu'un usurier égorge, ne lui doit point de reconnoissance. Il en est résulté un bien plus grand mal pour la France, ses draps ont été décriés dans les Etats-Unis.

Mais que les Américains libres se désabusent; qu'ils n'attribuent point à la nation la faute de quelques particuliers; qu'ils ne décrient point ses manufactures de draps, parce qu'on leur a expédié de mauvais draps. Le même accident fût arrivé à des draps anglois, si, dans un cas semblable, il y eût eu des négocians anglois assez avides, assez étran-

(1) Je n'accuse ici personne; mais je puis assurer, d'après des personnes respectables & témoins oculaires, qu'il s'est trouvé de ces draps de rebut, qui, après six mois d'usage, tomboient en lambeaux.

Ce fait avoit tellement frappé les Américains libres, que M. Laurens, après avoir touché deux millions que la France prêtoit aux Etats-Unis, en employa partie à acheter des draps anglois. On s'en plaignit; il répondit que son devoir étoit d'acheter meilleur & à meilleur marché; & sans doute, en cela il remplissoit les intentions généreuses de la France. Voyez les observations du lord Sheffield.

gers au bien public, pour envoyer leurs rebuts dans les Etats-Unis.

Les négocians anglois aiment autant à gagner que d'autres, & ils en ont parmi eux de très-capables de fouler aux pieds, pour l'amour du gain, toute considération patriotique ; mais l'esprit public du grand nombre met en Angleterre, beaucoup plus qu'ailleurs, un frein aux entreprises honteuses de la cupidité. Par une suite de cet esprit, la plupart des commerçans n'abandonnent jamais, dans leurs spéculations, l'intérêt national, l'honneur du commerce anglois, ni la réputation de leurs manufactures. C'est ainsi qu'ils sont devenus, par toute la terre, les principaux fournisseurs de tout objet fabriqué. Quand il s'en trouve qui sacrifient la réputation nationale à de petites vues, à leur intérêt, il s'élève presque toujours de bons patriotes qui les dénoncent au tribunal public ; & alors il ne suffit pas au coupable de répondre, par des mémoires *clandestins*, à des accusations publiques & prouvées ; on a trop de mépris pour cette ressource obscure & lâche, pour que le mauvais citoyen ose l'invoquer. Il ne lui reste que le silence ou le mensonge ; dans l'un & l'autre cas, l'opinion publique le flétrit, & cette opinion atteint & frappe en Angleterre tous les individus, sans respect de rang, de puissance ou de richesses.

Les Américains libres, qui viennent en France étudier les rapports qu'elle doit établir un jour avec les Etats-Unis, savent qu'on connoît, dans ses manufactures de draps, tous les procédés, sans exception, qui donnent de la réputation aux draps anglois ; qu'elle en fabrique, & les superfins sont dans ce cas, de supérieurs à ceux d'Angleterre ; qu'en qu'en général la teinture est mieux entendue, plus perfectionnée en France qu'en Angleterre; en un mot, qu'il dépend uniquement de quelques circonstances aisées à détruire, que l'avantage du bon marché de sa main-d'œuvre assure à la première la préférence sur les draps anglois.

Pourquoi donc ses manufactures de draps luttent-elles, avec tant de désavantage, contre celles de l'Angleterre? Il faut en développer ici la cause; c'est le plus sûr moyen d'encourager le gouvernement à prendre toutes les mesures qui rendront à la France, sans expédiens extraordinaires ou forcés, & par conséquent peu durables, tous les avantages dont la nature l'a gratifiée, & la confiance renaîtra dans les Américains, lorsqu'ils verront le peu d'obstacles qui s'offrent à surmonter.

Le lord Sheffield, en avouant la supériorité des draps fins de France, & de leur bas prix, observe que la plus grande consommation des Américains est en draps communs, pour lesquels cette puissance ne peut entrer en concurrence avec l'Angleterre; & il en tire la conséquence judicieuse, que l'inconvénient de diviser les demandes pour composer les assortimens, & la considération de la petite quantité de draps fins nécessaire à ces assortimens, feront demander ceux-ci en Angleterre, malgré l'avantage qu'il y auroit à les tirer de France.

Mais pourquoi ce dernier royaume ne pourroit-il pas fournir les draps communs aux Etats-Unis, lui dont la main-d'œuvre est à plus bas prix que celle des Anglois? C'est que, dans les draps communs, le bas prix de la matière est plus essentiel que celui de la main-d'œuvre, & que les Anglois ont des laines non-seulement meilleures, mais à beaucoup meilleur marché que celles de France (1). Et pourquoi ? parce qu'ils les récoltent eux-mêmes ; parce qu'à l'exception des laines d'Espagne, indispensables pour les draps superfins, loin d'avoir besoin des laines étrangères, ils peuvent encore en abandonner un excédent considérable aux autres nations, malgré l'emploi prodigieux qu'ils en font dans leurs manufactures (2), tandis que les François sont obligés de tirer de l'étranger plus de la moitié des laines nécessaires à leurs fabriques, quoique bien moins multipliées,

---

(1) La laine angloise vaut de 14 à 16 sols la livre, & la plus fine vaut de 17 à 18 sols ; le prix de la laine de France est double.

(2) En supposant 35,000,000 de moutons en Angleterre, d'après M. la Platière, lesquels rendent, l'un dans l'autre, au moins six livres de laine par an, en n'estimant les 210,000,000 de livres de laine qu'à 15 sols, il résulte une richesse sur les lieux de 157,000,000 par an. — Qu'est-ce ensuite, lorsqu'à cette richesse on ajoute les bénéfices de la fabrique, de la contrebande, &c.

M. Roland de la Platière, auteur des deux volumes de l'Encyclopédie méthodique, intitulés : *Manufactures, arts & métiers*, a calculé, d'après ses observations faites sur les lieux mêmes, qu'on nourrissoit trente-cinq millions de moutons dans les pâturages de l'Angleterre, de l'Ecosse & de l'Irlande. Cet auteur paroît trop bien connoître le vrai moyen d'acquérir des lumières, il a déployé trop d'intelligence dans les services qu'il a voulu rendre à son pays, pour que l'on ne doive pas avoir la plus grande confiance dans ses recherches. Une saine logique, un patriotisme courageux, une raison exercée, caractérisent ses écrits. Il voit les causes du mal, &, ce qui est plus rare, il a le courage de les publier. Son style râche, mais énergique, décèle une ame trop profondément frappée des abus, pour s'occuper des mots. — Voilà les hommes précieux qu'on devroit encourager. Voilà les écrits que devroient lire & méditer nuit & jour, les administrateurs honnêtes & zélés, qui, ne se bornant pas au stérile & impuissant desir de faire le bien, osent entreprendre & suivre avec persévérance un plan pour le réaliser.

On a traité M. de la Pl. — de *tête exaltée*. Ce nom ne doit pas l'offenser ; on le donnoit aussi à Londres au docteur Price, lorsqu'il prédisoit la perte des colonies. Les bonnes têtes ministérielles de ces pays-là se moquoient du prophète, & l'événement a prouvé que la tête exaltée avoit raison.

bien moins considérables que celles d'Angleterre.

Mais cet avantage dont jouit cette isle, est-il possible de l'acquérir en France? Non certainement. La France, dit un auteur, que nous citons avec confiance, » la France, dans toute son étendue, fabrique des étoffes de laine. Elle en consomme beaucoup; elle en exporte autant; elle pourroit en exporter le double, & plus aisément arrêter l'introduction des étrangers (1). Elle ne récolte pas la moitié des laines qu'elle consomme. Elle pourroit en fournir à toutes ses manufactures, & même à celle des autres nations. Elle n'obtient que des qualités altérées par la mauvaise culture; elle pourroit en avoir de toutes les sortes. Quelque médiocres qu'elles soient, elles reviennent à un prix double de celui des laines d'Angleterre; elles pourroient être rédui-

---

(1) Qu'on ne s'y trompe pas, l'auteur de cet article est trop instruit, il connoît trop bien les hommes & les choses, pour avoir une grande confiance dans ces petits moyens de prohibition, qui ne créent que des contrebandiers, sans arrêter l'importation des marchandises prohibées. Il ne prétend la prévenir, qu'en mettant à profit tous les avantages naturels de la patrie. Lorsque, comme la France, on a tout, & qu'on peut tout faire aussi bien & à meilleur marché qu'aucune autre nation, les barrières, les gardes, & les gibets élevés pour arrêter la contrebande, qu'on n'arrête pas, nuisent plus qu'ils ne servent au développement des ressources nationales. Ce sont des secours pour la paresse, pour l'esprit de monopole, & nullement pour l'industrie. Celle-ci s'anime à la présence des objets manufacturés dans l'étranger, lorsqu'elle sent qu'aucun obstacle insurmontable ne s'oppose à ce qu'elle manufacture au même degré de perfection.

La plupart des négocians & manufacturiers, soit par intérêt, soit par ignorance, prêchent encore la doctrine contraire. Leurs avis sont, en général, très-suspects sur cette matière; toujours prêts à demander des privilèges exclusifs, sans cesse à l'affût de ces spéculations utiles au petit nombre, & nuisibles au grand, il en est peu qui soient susceptibles de cet esprit de généralisation, de ces principes généreux, qui feroient tout-à-la-fois la prospérité & la gloire d'un royaume tel que la France.

» tes au même taux. La main-d'œuvre est beau-
» coup plus chère en Angleterre; les terres y sont
» à beaucoup plus haut prix; cependant les An-
» glois font des spéculations continuelles & très-
» lucratives sur la culture & le commerce des lai-
» nes, comme sur la fabrication des étoffes, tan-
» dis que nos fermiers sont découragés dans l'é-
» ducation de leurs troupeaux, & nos manufac-
» turiers dans leurs entreprises ».

Ce tableau n'est point une déclamation : la même main qui l'a tracé, ne laisse rien à desirer sur l'indication des vrais moyens qui peuvent porter la France au point de ne pas redouter, pour les draps, la concurrence des manufactures étrangères. En effet, elle peut perfectionner ses laines, & les rendre très-abondantes. Son sol est propre à produire les différentes qualités nécessaires aux différens genres d'étoffes; & quant à l'art de manufacturer, quant aux procédés qui donnent de la réputation aux étoffes, nous le répétons, rien ne manque à la France, & elle a par-dessus toutes les nations, le bon marché de la main-d'œuvre. Que ceux qui en douteront lisent les articles *drap* (1), *laine*,

---

(1) On doit recommander à tous les administrateurs, & à tout homme zélé pour son pays, la lecture & la méditation de ces articles, dont l'importance ne peut pas être mise en question, & dont les détails prouveront de plus en plus, combien les administrations provinciales contribueroient à la prospérité & à la gloire de la France. On éprouve, tout à la fois, peine & satisfaction, en lisant ces articles; peine, en voyant combien elle est en-arrière pour le développement de ces ressources fondamentales; satisfaction, lorsque, songeant à l'immense dette qui l'accable, à l'obligation où elle est de l'acquitter, si elle veut établir enfin le crédit qui fait tout valoir, on apperçoit les sources de richesse & de revenus qui lui restent à ouvrir.

On ne doit pas finir cette note sans rendre justice, en partie, à cette immense entreprise de l'Encyclopédie. Si tous les volu-

mouton, dans l'Encyclopédie méthodique. Leur confiance sera d'autant plus grande, que leur auteur rapporte ce qu'il étoit chargé de voir; ce qu'il a vu, & que ses descriptions sont faites avec trop de détails, trop de netteté & d'intelligence, pour qu'on le mette au rang des observateurs superficiels.

Il prédit à la France qu'elle sera bientôt privée de la plus grande partie de ces laines étrangères, dont le vuide feroit tomber tout-à-coup un grand nombre de métiers; & certes, ce danger est très-imminent, puisqu'il n'est aucune nation européenne qui ne sente enfin l'avantage & le besoin de les convertir soi-même en draps & autres étoffes.

Cette considération offre un motif nouveau pour donner à la formation du commerce avec les Etats-Unis, les plus grands encouragemens, les plus grandes facilités. Les Américains libres auront, comme on l'a déjà observé, un bien meilleur emploi à faire de leurs temps & de leur industrie, que de s'occuper de manufactures. Cependant la multiplication des bêtes à laine sera chez eux une suite nécessaire de leur défrichement, & de l'existence agricole qui leur convient, préférablement à toute autre vie. Ils auront donc beaucoup de laine à exporter, beaucoup à envoyer manufacturer en Europe. Ces laines deviendront bientôt parfaites, &

---

mes étoient écrits avec l'énergie & les lumières qui brillent dans ceux rédigés par M. de la Platière, on ne lui devroit que des éloges. Mais tout ne se ressemble pas. Quel mortel intrépide aura le courage, pour découvrir la vérité, de parcourir 40 vol. *in-4°*. — Il faut toujours en revenir à cette voie unique qu'indiquent l'expérience & la raison, pour découvrir & répandre les vérités: *Faites des livres élémentaires, & non des dictionnaires.*

parce que les méthodes angloiſes, pour l'éducation des troupeaux, ſont naturaliſées dans les Etats-Unis, & parce qu'ils ont un ſol excellent. Les Etats du nord en recueilloient déjà beaucoup avant la guerre; elles y étoient à auſſi bon marché qu'en Angleterre; elles reviendront en France à bien meilleur marché, lorſqu'elles formeront partie de ſes retours, parce qu'elles ne ſeront pas chargées de frais extraordinaires & des riſques d'une extraction prohibée, ſous les peines les plus rigoureuſes.

Enfin, ſi les laines britanniques ſont néceſſaires aux fabriques françoiſes, comme on ne doit pas en douter, qu'elles s'attendent à en voir l'extraction devenir tous les jours plus difficile; car l'Angleterre fait à la contrebande la guerre la plus propre à la détruire. Cette judicieuſe nation, éveillée par l'énormité de ſa dette, qu'il eſt de ſon premier devoir, comme de ſon plus grand intérêt, d'acquitter, s'occupe fortement du préjudice que la contrebande cauſe au revenu public; & ne pouvant renoncer encore au produit de ces droits, dont l'énormité fait naître la contrebande, elle les tranſporte ſur des objets qui ne laiſſent aucun lieu à la fraude, qui ne grèvent pas la claſſe pauvre de la nation, qui, enfin, permettent une perception facile & peu coûteuſe. Déjà la contrebande du thé eſt détruite, par le changement des droits que payoit cette feuille, en une nouvelle taxe ſur les fenêtres (1), & la bonté de cette opération

(1) On a beaucoup plaiſanté en Angleterre & dans le continent, de cette taxe ſur la lumière. M. Pitt a laiſſé les plaiſans s'égayer, & a continué ſon opération. Ses avantages ſont aujourd'hui démontrés. Il eſt à deſirer que les gouvernemens malades adoptent ces taxes commutatives qui les ſoulageront.

étant actuellement hors de doute, on en fera de semblables pour d'autres taxes. Or, dès qu'il n'y aura plus rien à vendre en France aux contrebandiers anglois, ils ne lui appporteront plus les matières qui ne peuvent sortir d'Angleterre qu'en contrebande & avec de très-grands risques, ou du moins ne sera-ce qu'en les renchérissant extraordinairement, puisqu'ils seront privés de l'avantage des retours.

Ces événemens sont bien plus intéressans pour la rivalité françoise, que l'extension du domaine britannique. Ce n'est pas en faisant battre & tuer de temps en temps quelques milliers d'Anglois & de François, que ceux-ci seront débarrassés d'une concurrence désavantageuse. Les hommes sont bientôt remplacés, sur-tout en Angleterre, où la constitution libre les appelle de toutes parts; & ces guerres n'aboutissent qu'à nourrir d'absurdes antipathies, des projets de vengeance ou d'invasion, qui, même exécutés, rendent les vainqueurs plus malheureux encore.

C'est dans les occupations de la paix, dans les travaux qu'elle favorise, dans les vues qu'elle permet de réaliser, que l'on trouvera, avec le bonheur public, tout ce que demande l'intérêt mercantile de la France. C'est au sein de la paix seule qu'elle pourra perfectionner ses draps, multiplier ses laines & ses moutons : il en est cent moyens; nous en citerons un ici, traité bien légèrement jusqu'à présent, tandis qu'il a les plus grandes conséquences; nous parlons de la destruction des loups.

La destruction absolue des loups dans les isles britanniques, a été sans doute la première cause des récoltes abondantes de laine, dont elles jouissent à présent. Il faut un commencement à tout; & lorsqu'un pauvre campagnard a pu avoir deux ou trois moutons errans dans la campagne, sans craindre de les perdre, sans être obligé de les garder, il est clair que la multiplication de ces animaux a dû être très-rapide; elle a dû être lente, au contraire, sur le continent, où il falloit des chiens, des bergers, & par conséquent de grands troupeaux pour avoir des moutons.

La destruction des loups, en dispensant du besoin des bergers & des chiens, a procuré aux troupeaux une tranquillité nécessaire à leurs développemens; tranquillité qu'ils ne peuvent avoir avec des chiens qui les harcèlent sans cesse. La nature n'a qu'une loi pour tout ce qui a vie; *rien de bien que par la liberté; point de fécondité sans elle.*

Mais peut-être a-t-on cru trop légèrement, sur le continent, qu'il étoit impossible d'y détruire les loups. On ne dira qu'un mot à ce sujet. Si en France on vouloit bien considérer que la mort d'un loup est plus importante à la prospérité publique que l'opéra de Paris, & qu'en conséquence le gouvernement voulût bien consacrer à tirer sur les loups françois, le même fonds qu'il emploie pour faire chanter & sauter des automates sur les planches, il n'y auroit bientôt plus de loups en France, ou il y en auroit peu, & les moutons pourroient y propager en paix, sans chiens, ni bergers, comme en Angleterre.

Il est même probable que deux années de la dépense de l'opéra suffiroient pour cette grande & utile destruction, & qu'une récompense de mille écus, ſolidement aſſurée, & exactement payée (1), à celui qui tueroit un loup ſur terre de France, en délivreroit pour toujours le royaume.... Mille écus une tête de loup! Eh! oui, y eût-il mille têtes à payer par an; ce qui eſt difficile à imaginer, l'état feroit encore une excellente ſpéculation, meilleure ſans doute que celle de beaucoup d'expéditions guerrières, qui ont épuiſé la France de ſang & de tréſors.

Il importe peu ſans doute de perdre un ou deux moutons ſur un nombreux troupeau; mais il importe beaucoup qu'un pauvre fermier puiſſe avoir quelques moutons, & ſans être obligé de les garder. Quand calculerons-nous donc? Nous ſavons ſi bien que de petites impoſitions ſur le peuple rendent plus que de grandes impoſitions ſur les riches; quand ſaurons-nous donc qu'il y aura beaucoup plus de moutons en France, lorſque tout pau-

(1) Nous diſons ſolidement aſſurée, & exactement payée; faute de ces conditions, les récompenſes les plus magnifiques, par édit ou déclaration, ne feront pas faire un pas, parce que perſonne n'aime à être dupe. Voici un fait, car il eſt bon d'appuyer ſur des faits toutes les réformes qu'on propoſe; fait qui prouvera la néceſſité de bien payer ces récompenſes. L'adminiſtration, par une loi d'humanité & d'une politique bien ſage, accorde un tiers de la valeur des marchandiſes naufragées à celui qui, les trouvant, les rapporte au greffe de l'amirauté. Il s'eſt d'abord rencontré des hommes crédules qui, eſpérant le paiement, ont reſtitué ſcrupuleuſement ce que le haſard leur offroit; mais enſuite, on a vu que ces récompenſes ſe payoient très-tard, très-mal, avec beaucoup de difficultés. Il en eſt réſulté que l'on a gardé ce qu'on trouvoit: on le vendoit enſuite à moitié, ou même aux deux tiers de la valeur, argent comptant, aux particuliers. Le calcul eſt ſimple, & l'on ne peut blâmer perſonne de le faire. Le payſan ou matelot, qui trouve, eſt ſûr d'avoir du particulier au moins le tiers de la valeur en argent comptant. Il ne rendra donc aux amirautés les marchandiſes que quand elles lui payeront ſur le champ ce tiers. Juſques-là toutes les loix du monde feront inutiles. Croira-t-on que les nôtres ſont aſſez abſurdes pour punir ceux qui ſont convaincus d'avoir trouvé & de n'avoir pas rendu?

vre campagnard pourra en avoir, que lorsqu'il n'y aura que de grands propriétaires & d'immenses troupeaux?

Soyons bien convaincus de cette vérité; c'est que la France ne pourra entrer en concurrence avec les Anglois pour les draps, &, en général, pour toutes les étoffes de laine, que quand elle aura multiplié, comme eux, ses troupeaux (1); car enfin si elle a l'industrie, ils l'ont comme elle, & ils ont, plus qu'elle, l'abondance & le bon marché de la matière première.

La multiplication des bêtes à laine tient encore à d'autres moyens qu'il faut créer en France, à la multiplication des pâturages, à l'amélioration de ceux qui existent, à la réforme du régime des communes, (car nous sommes loin de penser qu'il faille les détruire, sur-tout pour en enrichir des seigneurs) au parcage perpétuel & à l'air des moutons, ou au moins à la salubrité d'étables plus aérées, plus élevées, à la réforme de la briéveté pernicieuse du terme des baux, à la réforme des baux à méteil, dont le systême engourdit le laboureur; cette multiplication tient enfin à ce que le paysan françois donne plus de soin, ait plus d'humanité pour ses bestiaux, en perfectionne les races, détruise insensiblement celles qui s'abâtardissent. On ne fait qu'indiquer ici des objets qu'il est impossible de détailler; & encore une fois, lisez, pour vous éclairer sur ce que vous avez à faire, les articles *laine* & *moutons* ci-dessus.

---

(1) Eh! qui ne se rappelle pas combien l'affreuse disette de foins & autres denrées propres aux bestiaux, en a diminué l'espèce en France pendant les dernières années? Combien de temps s'écoulera peut-être avant que cette perte soit réparée! Eh! quel avenir pour les fabriques de draps!

SECTION V.

Toiles.

On diſtingue deux eſpèces principales de toileries, qui ſe ſubdiviſent en une multitude de ſortes.

La première eſpèce renferme la lingerie proproment dite ; c'eſt-à-dire, les toiles ſervant à faire des chemiſes, des draps de lit, du linge de table, & tout le linge dont on ſe ſert pour entretenir la propreté.

Ces toiles ſont fabriquées avec du chanvre, du lin ou du coton. On y employe cette dernière ſubſtance quand les autres ſont rares ; quelquefois on la mêle avec le lin.

La fabrication de ces toiles eſt très-ſimple ; on en fait par toute l'Europe. S'il eſt un pays où l'on encourage les manufactures de toiles, c'eſt ſur-tout l'Irlande, depuis ſa réſurrection dans le monde politique. Le parlement a établi un comité qui s'en occupe ſpécialement, & il accorde des avances très-conſidérables aux manufacturiers. Il en eſt un qui a obtenu plus de 30,000 liv. ſterling du gouvernement, & dont la fabrique employoit 2,000 perſonnes & 600 enfans.

Ce comité nomme des inſpecteurs pour examiner l'état des manufactures, & publier enſuite des *reports*, ou le tableau général de leur ſituation, du nombre des ouvriers qu'elles employent, de leur produit, de leurs reſſources, de leurs beſoins, &c. Lorſque ces inſpecteurs ſont éclairés & de bonne foi, leurs rapports mettent les ſuccès en évidence. L'exemple alors a une ſingulière influence ſur l'induſtrie.

On a plus fait encore en Irlande. Pour favoriser le commerce des toiles, on y a bâti de vastes édifices destinés à les recevoir, ainsi que ceux qui viennent les vendre. Le marché le plus considérable est à Dublin : trois ou quatre fois l'année, les marchands de toile du nord, qui ont des blanchisseries, y viennent avec leurs assortimens. Ils trouvent dans ces édifices une place commode pour leurs marchandises & pour se loger; le tout sans aucun fraix. Ils se rencontrent avec les acheteurs anglois, ou autres qui s'y rendent, pour réunir tous leurs achats. Il s'est établi, dans le nord, de pareils dépôts; ces dépôts sont des établissemens essentiels pour ces manufactures, dont les objets se ramassent dans les campagnes. Là où il en existe, les fraix sont moindres, le travail est mieux payé.

On voit quel avantage un pays, où tant de moyens se réunissent pour encourager la fabrique des toiles, a sur ces contrées, où le despotisme politique ou religieux décourage l'industrie, où les nombreuses institutions de charité, inventées pour faire diversion au désespoir de la misère, alimentent la paresse, & où la chaleur du climat dispose d'autant plus à l'inactivité, que rien ne sollicite à la vaincre.

Dans beaucoup d'autres pays, & sur-tout dans ceux où la culture est honorée & aisée, les gens de la campagne emploient plus ou moins les loisirs que leur laisse la vie champêtre & les bras des individus sédentaires, à filer & tisser de la toile. Presque tous les fermiers ou propriétaires qui jouissent de quelque aisance, ou qui ne craignent pas d'en montrer, sèment du chanvre ou du lin, &

tirent de leur sol & du travail de leurs mains, la toile qui couvre leur corps & sert dans leur ménage.

Plus il y a d'activité, d'aisance, de sûreté dans la propriété du travail, & plus cette fabrication est considérable. Mais nulle part cette sorte de toilerie n'est le produit de manufactures réguliérement montées, si ce n'est pour l'apprêt & le blanchissage de ce qui doit passer par la main des marchands.

Les marchés & les foires sont les lieux où les entrepreneurs de ces blanchisseries & les commerçans qui font blanchir, achètent des campagnards les toiles en écru, ou en partie blanchies. De-là vient que ces toiles paroissent, en général, à si bon marché aux personnes qui savent calculer la main-d'œuvre.

Les Anglois ont ajouté chez eux d'autres causes à celles qui procurent ce bas prix. Leur étonnante industrie, leur génie observateur, leur raison toujours calculante, ont imaginé, pour le filage du coton & la tisseranderie, beaucoup de méchaniques qui surpassent encore le bon marché qu'on peut attendre du loisir des habitans de la campagne.

Comme ces méchaniques se répandent insensiblement hors de l'Angleterre, on doit s'attendre à voir le bas prix de la toilerie s'établir par-tout. Mais malgré cette propagation de machines, les nations qui gémissent sous un mauvais gouvernement, ou qui sont rouillées dans de vieilles & misérables habitudes, dépendront toujours, pour cet objet de nécessité, de celles qui, ayant posé des bornes à leur gouvernement, n'en connoissent point pour leur industrie, & vont toujours en l'augmentant.

Il est très-vrai, dit M. Roland de la Platière, article *toiles*, que ces méchaniques commencent à être connues par-tout; mais le génie qui les inventa, dès qu'elles sont connues, en invente de plus expéditives & de plus parfaites; & à cet égard, comme à bien d'autres, il n'est pas une nation sur la terre qui ne reste toujours fort au-dessous de l'Angleterre.

Il résulte de ces faits, que les Etats-Unis, à mesure que leur population & leur culture s'accroîtront, auront toujours moins recours aux étrangers pour cette principale sorte de toilerie, dont la fabrication s'associe si bien avec les travaux champêtres (1).

Il faut cependant en excepter les espèces très-fines. Elles sont destinées au luxe, & les individus qui s'en occupent sont condamnés à végéter misérablement dans des villes ou dans leurs environs, roulant perpétuellement dans le même cercle de travaux méchaniques & routiniers (2). C'est

---

(1) Les Américaines, dit l'auteur des *Lettres d'un Cultivateur américain*, sont renommées pour leur industrie dans la conduite de leur maison; elles filent, & font filer beaucoup de laine ou de lin; elles perdroient leur bonne réputation, elles seroient méprisées si toute leur famille n'étoit pas presqu'entièrement vêtue de linge & de draps faits à la maison, si tout l'intérieur de leur maison rustique ne se ressentoit pas de leur propreté & de leur industrie, &c. &c.

(2) On vante beaucoup les manufactures, parce qu'on y emploie les enfans dès l'âge le plus tendre, c'est-à-dire, qu'on se félicite de martyriser de bonne heure ces innocentes créatures; car, n'est-ce pas un supplice pour ces pauvres petits êtres que la nature nous ordonne de laisser à l'air prendre librement leurs ébats, jusqu'à ce qu'ils aient atteint la crise de la raison & le développement de leurs forces; n'est-ce pas un supplice pour eux, que d'être pendant toute une journée, & presque tous les jours de leur vie, occupés de leur travail, dans une prison obscure & infecte? L'ennui, le chagrin qu'ils contractent, ne doivent-ils pas s'opposer au développement de leur physique & de leurs fa-

le triste sort de tous ceux qui, en Europe, naissent sans propriété, & ne veulent pas s'avilir dans la domesticité.

Les Etats-Unis, où tout individu laborieux peut si facilement devenir propriétaire, sont loin de cette dégradation ; & s'ils sont sages, ils auront longtemps le bonheur de ne pas voir filer ni tisser chez eux ces fils délicats, & ces toiles si fines, qui, recherchées & achetées par l'opulence, ne sont cependant qu'un produit de la misère européenne.

La seconde espèce de toilerie renferme la toilerie proprement dite, c'est-à-dire, tous les tissus faits de fils de diverses couleurs, soit qu'on y emploie le lin ou le coton sans mêlange, soit qu'on y mêle ces deux substances.

Dans cette toilerie se trouvent comprises les toiles peintes & teintes, les mouchoirs, &, en général, tout ce qui est d'un usage différent de la lingerie, ou qui sert à l'orner, comme les mousselines, les batistes, les dentelles, &c.

La variété des articles qui composent cette toilerie est prodigieuse. Plusieurs sortes sont aussi, par la simplicité de leur fabrication, le produit du loisir des ménages champêtres, & on ne doit pas douter qu'il ne s'en fabrique successivement beaucoup dans les Etats-Unis, à mesure que les défrichemens avanceront.

---

cultés intellectuelles, & les *stupidifier*, pour ainsi dire? Ne doit-il pas en résulter une race abâtardie, disposée à l'automatisme & à l'esclavage? Car la plupart des manufactures n'exigent que des travaux méchaniques, qu'une machine exécuteroit tout aussi bien qu'un homme. Or, il est impossible qu'un homme, condamné à un pareil travail, ne devienne une machine ; & la stupidité & la servitude se touchent. Il ne faut cesser de répéter ces vérités, non pour dégoûter les Européens de la manie des manufactures, ils sont trop avancés sur ce point pour rétrograder, mais pour empêcher les Américains de suivre cette carrière.

Mais la majeure partie de cette toilerie exige un appareil trop considérable, un travail trop continu, une trop grande complication de procédés, pour être fabriquée ailleurs que dans ces établissemens particuliers, situés, par nécessité, dans le voisinage des villes, & qui n'ont aucun rapport avec la vie champêtre.

L'art d'en bien fabriquer le tissu, de mêlanger les couleurs, de les faire contraster, d'imaginer des dessins agréables, d'apprêter la toile lorsqu'elle est finie, &c.; cet art, dis-je, est étendu, varié, délicat, exige les plus grands soins. L'important est d'y faire beaucoup avec peu de dépense, & c'est le point où les Anglois, les Suisses & les Allemands sont parvenus, pour cette sorte généralement connue sous le nom d'indienne ou de perse.

Cette toilerie sera long-temps un objet considérable de commerce entre l'Europe & les Etats-Unis, qui en font une très-grande consommation, & c'est un article où l'industrie françoise, *laissée à ses forces naturelles, & n'étant gênée par aucun obstacle*, ne craindroit aucune concurrence.

Le lord Sheffield soutient, dans son ouvrage, que la France n'a pas même assez de toiles pour sa consommation. Un dictionnaire de commerce, imprimé à Lyon, en 1763, assure, au contraire, que la France en expédie beaucoup pour l'étranger. — Si le compilateur du dictionnaire disoit vrai, on pourroit lui répondre avec l'auteur des *Etudes de la nature :* A quoi sert pour un Etat de vêtir les nations étrangères, quand son peuple va tout nud? on peut accorder ces deux écrivains, en disant que la France, rendue à son énergie,

gie, fournira facilement des toiles aux étrangers & aux nationaux.

Ici, comme dans presque tous les autres articles, les forces naturelles sont entièrement pour la France, & le succès dépend uniquement de la volonté du gouvernement.

Le gouvernement a suffisamment manifesté sa bonne volonté par une foule d'actes, tendant à encourager la fabrication des toiles peintes; mais, disons-le avec franchise, tous ces actes ne sont pas également marqués au coin de la sagesse. Ses variations même ont été un grand obstacle au développement de l'industrie; car tantôt, persuadé que la liberté d'importation des toiles étrangères ne pourroit qu'animer l'industrie nationale, il lui a laissé un libre cours, & tantôt écoutant les vieux préjugés, il l'a interdite.

Tout récemment encore, le gouvernement a invité, par un arrêt, les fabricans étrangers de ces toiles à venir se fixer en France. Cet arrêt, qui est du 13 novembre 1785, est trop remarquable, & peut avoir, par rapport à un de ses articles, des conséquences trop éloignées du but qu'on s'est proposé, pour ne pas mériter une discussion.

Et d'abord on ne peut s'empêcher d'observer avec quelle timidité on distribue les encouragemens en France, lorsqu'on s'apperçoit enfin qu'ils sont nécessaires, & combien elle est inférieure à cet égard aux autres gouvernemens. Ses invitations sont dans une forme peu propre à disposer en sa faveur les étrangers qui ont quelque énergie, quelque élévation dans le caractère, & ce sont les seuls qu'on doive desirer. Il semble qu'on leur accorde une faveur inestimable, en les appellant en France;

comme si les loix, les prérogatives, les coutumes, les mœurs, y étoient plus perfectionnées, plus analogues à la dignité de l'homme que partout ailleurs. Soupçonnant ensuite que ces étrangers pourroient regretter ce qu'ils quittent, pour venir se fixer en France, on leur accorde la permission de retourner dans leur patrie, mais après dix années de séjour.

On leur accorde encore, parmi différentes faveurs, *la jouissance de leur état, la liberté de leurs usages, en ce qui ne sera pas contraire aux loix du royaume, &c.*

Mais que signifient tous ces mots vagues de jouissance d'état, de liberté d'usages? De quel état parle-t-on? Est-ce de l'état politique, ou civil, ou religieux, ou domestique? Un Anglois, un Américain libre ont un état politique, une liberté politique, c'est-à-dire, le droit de prendre part à l'administration de la chose publique : entend-on cet état? Entend-on par liberté d'usage, liberté d'avoir un temple de sa communion, de se marier suivant les usages de sa communion? Pourquoi ne pas spécifier ces usages?

Que signifient sur-tout ces mots : *en ce qui ne sera pas contraire aux loix du royaume?* S'ils offrent un sens clair, ne détruisent-ils pas complétement les faveurs antérieurement accordées? ou au moins ne jettent-ils pas dans une grande incertitude sur ce qui est, ou n'est pas accordé?

Eh! pourquoi ne pas avoir, sur-tout quand on traite avec des étrangers, un langage clair & sans détour, au-lieu de s'envelopper dans un jargon équivoque, & par cela même dangereux, parce qu'il fait naître la méfiance, & peut donner lieu à la ſupercherie? Pourquoi ne pas leur dire nettement : » Si vous venez dans nos Etats, ſi vous y amenez vos ſemmes, vos enfans, ſi vous y apportez vos fabriques, ſi vous vous y fixez, vous jouirez de tous les droits des citoyens. Ces droits ſont de poſſéder ſa propriété en toute ſûreté, de n'en pouvoir être dépouillé que par la loi & les tribunaux, &c. Si vous fixez votre demeure avec nous, vos enfans hériteront de vous ſans aucun obſtacle ; vous pourrez conſerver vos opinions religieuſes. Lorſque vous ſerez en certain nombre, vous pourrez avoir un temple pour y adorer l'Eternel à votre manière, avoir des miniſtres, des aſſemblées ; vous pourrez vous marier ſuivant vos rits, &c. Si la France ne vous convient pas, rien, abſolument rien ne vous empêchera d'en ſortir librement, d'en emporter vos richeſſes ".

On a voulu dire tout cela par l'arrêt, me répond-on : il falloit donc l'exprimer nettement ; & pourquoi ajouter ces mots obſcurs : *en ce qui ne ſera pas contraire aux loix du royaume ?*

Hé quoi ! cet Allemand, cet Italien, cet Anglois, qui ſeroient tentés de s'établir en France, connoiſſent-ils vos anciennes ordonnances ? feuilleront-ils vos innombrables *in-folio ?* Certes ils ne le feront pas, ils reſteront chez eux ; vous aurez donc manqué votre but.

D'ailleurs, ne ſavent-ils pas qu'il y a un ſiècle, & depuis même, on a rendu des milliers d'ordonnances contre les calviniſtes ; qu'elles ne ſont point encore révoquées ? Ne doivent-ils pas craindre qu'on les reſſuſcite contre eux, s'ils déplaiſent ? Ils reſteront chez eux, &, encore une fois, vous aurez manqué votre coup.

Il eſt d'autant plus néceſſaire, pour les monarchies, de ne point déguiſer, ſous une forme captieuſe, les avantages par leſquels elles cherchent à attirer les étrangers, que les états libres, tels que l'Irlande & l'Amérique libre, n'aſſujétiſſent les *immigrans* à aucune capitulation, à aucune gêne. Ils leur offrent tous les droits de citoyen, dès qu'ils touchent la terre libre. — Et quels droits! En Irlande, celui de voter aux élections; dans les Etats-Unis, celui d'être élus eux-mêmes; &, par conſéquent, les droits les plus ſéduiſans, parce qu'ils ſont les plus propres à maintenir la dignité de l'homme qui en a, les plus propres à en donner à celui qui n'en a pas.

Quand on ſent le beſoin d'attirer chez ſoi des étrangers, on ne doit rien épargner, ſur-tout dans les Etats qui ſont fort avancés vers la civiliſation. C'eſt un moyen d'y régénérer les mœurs, s'il eſt poſſible de les régénérer, mais ſur-tout d'y éclairer l'induſtrie; car, pour exiſter dans une terre étrangère, pour y gagner de la conſidération & de la confiance, les *immigrans* ſont forcés d'avoir de bonnes mœurs, de la probité, de l'exactitude. Leur exemple ne peut donc qu'avoir une influence ſalutaire ſur la nation qui les reçoit dans ſon ſein.

D'ailleurs, ayant des opinions, des habitudes, des connoiſſances différentes de celles de cette nation, ils peuvent lui ſervir à briſer ſes mauvaiſes habitudes, à lui donner plus d'étendue dans ſes vues, plus de coſmopoliſme, c'eſt-à-dire, de ce caractère propre à rapprocher les nations les unes des autres, & à diminuer les antipathies nationales.

Quand on ſe pènètre des avantages que retire un pays des étrangers qui ſe fixent dans ſon enceinte, on eſt étonné de voir preſque tous les gouvernemens s'en occuper ſi peu, avoir ſi peu d'attention pour eux, & ſouvent ne point reſpecter leurs droits. On devroit, au contraire, d'autant plus protéger un étranger, qu'il ſemble moins appuyé que le citoyen par les loix; qu'il ne les connoît point, qu'il peut être aiſément dupe des artifices & de la chicane; que ſouvent il n'entend pas la langue; qu'enfin, étant iſolé, il n'a ni famille, ni amis, ni patrons.

Dans cet abandon général, l'étranger devroit être environné de la ſauve-garde d'un miniſtre particulier, qui veilleroit ſpécialement ſur ſa ſûreté; & c'eſt l'inverſe dans beaucoup d'états.

Soupçonne-t-on un étranger? On examine peu; on l'arrête : à un citoyen, on laiſſeroit la liberté, ou au moins on le traiteroit doucement; on met l'étranger au ſecret. Les ſubalternes, inſolens, en raiſon de la légèreté & de l'indifférence des ſupérieurs, le traitent avec dureté; car, qu'en a-t-on à craindre? C'eſt le mot de tous. — Sorti de priſon, cet étranger ira-t-il faire retentir de ſes plaintes le temple de la chicane? Il craint que ce ne ſoit une nouvelle forêt; il fuit, en maudiſſant cette terre ennemie.

Auſſi, tandis qu'on voit, dans ceux qui entendent mieux leurs intérêts, des François diriger la plupart des manufactures, voit-on peu d'étrangers en venir élever chez nous.

Mille obſtacles les en éloignent; la variabilité dans les principes de l'adminiſtration, la complication & l'obſcurité des loix, l'incertitude de trouver dans leur force un appui ſuffiſant contre l'oppreſſion, & ſur-tout contre le deſpotiſme des compagnies ou des monopoleurs, qui, sans cesse armés de leurs privilèges, troublent l'industrie particulière, ne sont-ce pas des motifs propres à arrêter toute espèce d'immigration étrangère, puisqu'ils forcent même les indigènes à talens d'émigrer?

On pourroit citer, pour preuve de ce qu'on avance, des faits bien connus, tout récens, qui ont trait même à la fabrication des toiles peintes; mais nous ne voulons pas faire un livre sur chaque article des exportations françoises; nous nous bornons à dire que *beaucoup de liberté & peu de réglemens* (1), sont les deux grands moyens de perfectionner en France les manufactures de toile, comme toutes les autres.

SECTION VI.

Soyeries, rubans, bas de soie, galons, &c.

Si l'on doutoit de l'influence énergique des gouvernemens, lorsqu'ils veulent encourager les manufactures, le succès prodigieux qu'ont en France celles de soie, en fourniroit une preuve éclatante. Elles y occupent plus de soixante mille métiers,

---

(1) On peut citer, comme une preuve de ce que l'on a dit dans le cours de cet ouvrage, que les réglemens mêmes qui paroissent favorables à l'industrie, lui nuisent; on peut citer, dis-je, le nouvel arrêt rendu en faveur des toiles françoises; arrêt qui, sous prétexte d'empêcher la fraude, les assujétit à être timbrées. Le droit en paroît bien modique; cependant il grève sensiblement les manufactures; il les gêne d'ailleurs en les asservissant aux caprices des commis; & il ne prévient point la fraude: ainsi, pour empêcher le fabricant d'être volé, on prend d'abord son argent, & le vol a toujours lieu. Il aimeroit mieux qu'on le laissât se défendre seul contre les voleurs.

& la moitié de la ſoie qu'on y emploie eſt un produit de ſon ſol.

Les autres états de l'Europe, à l'exception de l'Eſpagne & de l'Italie, ſont obligés de tirer de chez l'étranger toute la ſoie néceſſaire aux manufactures qu'ils ont établies à l'imitation des françoiſes.

Si l'on ajoute à l'avantage que cette circonſtance donne aux François, leur ſingulière aptitude pour la fabrication de tous ces objets de luxe, leur incroyable fécondité pour les varier, l'empire abſolu & général qu'on leur accorde ſur le goût & la mode qui préſident à toutes ces fabrications, empire ſi frappant, que par-tout on ne fait que les copier; il ne reſtera pas de doute que les ſoyeries, les rubans, les bas de ſoie & les galons françois ſeront préférés à tous les autres dans les Etats-Unis.

Le lord Sheffield donne cependant pour concurrens à la France, l'Angleterre & l'Eſpagne. C'eſt une nouvelle preuve de ſa partialité pour ſon pays, & de ſon averſion pour la France. Les Américains libres trouvent les ſoyeries de France meilleures, plus agréables & moins chères que celles de l'Angleterre.

Il eſt à obſerver que cette dernière nation ne peut point entreprendre avec avantage, les fabriques de dorure, & en général toutes celles qui ont pour baſe l'emploi des métaux brillans. On eſt obligé de s'y ſervir du feu comme agent, & le feu de charbon de terre leur eſt nuiſible. L'athmoſphère y eſt d'ailleurs perpétuellement chargé de vapeurs ſulfureuſes, dont le contact ternit en peu de temps les dorures; & c'eſt peut-être le motif qui, plus que les mœurs, a banni & bannira ce genre de luxe de l'Angleterre; ce qui n'est pas un malheur.

Il n'est pas à craindre que les soyeries se fabriquent dans les Etats-Unis. Depuis les soins qu'exige l'insecte qui fournit la soie, jusqu'à l'arrivée de l'étoffe dans le magasin où elle doit être vendue, presque tout est main-d'œuvre, & celle d'Europe doit être long-temps, si ce n'est pas toujours, à meilleur marché que celle des Etats-Unis.

Cependant comme il se fait à cet égard des tentatives dans les Etats-Unis, & comme notre but est d'éloigner les Américains libres du goût des manufactures, sur-tout de celles de luxe, nous ne devons pas laisser échapper ici l'occasion de leur en peindre les inconvéniens & les abus inséparables. Il n'en est point qui ayent eu plus de succès, en France, que celles de soie. Cependant voyez l'affreux tableau qu'en fait M. Mayer, directeur des fabriques du roi de Prusse, dans son mémoire sur les manufactures de Lyon, (Paris, Moutard, 1786.) Il indique comme cause de la décadence de ces manufactures, la cherté des comestibles, occasionnée par leur multiplicité, l'ivrognerie excessive des ouvriers, les dimanches; l'infection des tristes logemens qu'ils habitent, les banqueroutes, qui sont le résultat de l'impéritie & de la mauvaise foi, la cessation du travail pendant les deuils de cour, qui occasionne l'émigration des ouvriers; les vols des ouvriers infidèles, l'inconduite des commis, les accaparemens de soie, &c. abus d'autant plus effrayans, dit M. Mayer, qu'ils sont, pour la plupart, enfans du luxe même, & que naissant ou des richesses acquises, ou de l'avidité d'en acquérir, ils semblent devoir germer dans les manufactures.

Qui peut prêcher l'établissement des manufactures, en lisant les réflexions suivantes du même auteur ?

» La concurrence des fabriques en nécessite le bas prix ; pour vendre de préférence, il faut vendre à meilleur marché ; il faut que le salaire des ouvriers soit modique, & qu'ils ne gagnent que le nécessaire ; il faut que l'ouvrier ne s'enrichisse jamais. S'il devient riche, il devient difficile, exigeant, il fait des ligues, il impose des loix, il se dissipe & ne travaille pas, il fait hausser le prix de la main-d'œuvre, & les fabriques tombent. *Ainsi les riches étoffes doivent être arrosées des larmes de l'ouvrier qui les fabrique* ».

Cette dernière phrase ne doit-elle pas dégoûter à jamais les Américains libres de la manie des manufactures du luxe. — Qu'ils réfléchissent enfin que pour soutenir les fabriques de soie de Lyon, le même auteur propose au roi de France de sacrifier son goût pour la simplicité des habits, de se vêtir d'habits brillans, &c.

La détresse où s'est trouvée la ville de Lyon, en 1788, doit offrir un exemple à jamais effrayant des inconvéniens attachés aux grandes manufactures, & sur-tout à celles dont le luxe & la mode sont le principal objet. Les soies ayant manqué, & la soyerie étant la fabrique principale de cette ville, deux mille deux cents ouvriers, renvoyés de leurs atteliers, par le défaut d'emploi, se trouvèrent réduits, avec leurs familles, à la plus affreuse misère. En vain la charité, l'intérêt des fabricans, le gouvernement vinrent à leur secours. En mai 1788, ces malheureux exposoient, dans une requête au roi, qu'en leur donnant à chacun 2 sols par jour, à peine y auroit-il en caisse un fonds suffisant pour atteindre la fin du mois. On voulut employer ces ouvriers à différens travaux pénibles, tels que le remuement des terres. Il fallut y renoncer. M. Bergasse, qui plaidoit leur cause, disoit à cette occasion :

» Ce moyen n'étoit pas praticable, parce que » la vie sédentaire de ces individus, la qualité, & » quelquefois l'insuffisance de leur nourriture, sou» vent l'excès de leur travail, les réduisent à la » complexion la plus foible; parce que les enfans, » dans cette classe d'hommes, nés de pères débi» les, viennent au monde la plupart mal-sains & » rachitiques; que dans leur enfance on ne leur » apprend qu'à manier la soie, puis à la mettre » en œuvre; que pour tout autre profession, à » moins qu'elle n'ait une grande analogie avec la » leur, ils sont absolument sans forces & sans adres» se, &c. » (*Voyez* le mémoire de la ville de Lyon, au roi; mars 1788).

Ces faits frappans empêcheront sans doute les Américains libres de se livrer si promptement aux manufactures, & sur-tout à celles des soyeries. Il faut maintenant venir à leur consommation.

La consommation de ces objets ne sauroit être bien grande dans les Etats-Unis (1), s'ils suivent le genre de développement auquel la nature les appelle. A l'exception des rubans, le reste ne convient qu'aux grandes villes, où la vanité, sans cesse

---

(1) Le lord Sheffield dit qu'elle n'est pas le cinquième des toiles, indiennes, &c. Mais que signifie ce calcul? Le pays qui consomme le plus d'étoffes de soie, n'en consomme peut-être pas la vingtième partie de ce que le lord Sheffield entend par les toiles, indiennes, &c.

excitée, fait de la parure un objet de recherche, & presque de nécessité (1) : mais ces grandes villes sont sans doute rares dans les États-Unis. Il est plus certain encore que la consommation des soyeries, n'y forme pas dans cet instant un article considérable, & qu'elle n'augmentera que très-lentement, & d'une manière presque insensible. Sans doute il faut en féliciter les Américains libres; leurs mœurs seront bonnes & simples, tant qu'ils n'en auront pas contracté le besoin; mais s'ils ne l'ont pas eux-mêmes, ils rechercheront ces articles pour en former des branches de leur commerce interlope avec les Espagnols. La nature les invite à faire un jour ce commerce d'une manière avantageuse, & par mer (2) & par terre; car l'on sait que les individus malheureux qui végètent dans l'Amérique méridionale, maîtres & esclaves, tous ne soupirent qu'après le luxe, le faste, la parure; les étoffes brillantes de la France, ses soies, ses galons y seront donc recherchés, demandés, enlevés avec avidité.

Quoi qu'il en soit de ce commerce, qui n'existe encore que dans l'avenir, & que d'autres circonstances doivent précéder, il existe dès à présent

---

(1) Dans les grandes villes même, la nécessité commence à forcer les Américains libres de renoncer au luxe. Ainsi il s'est formé à Hartford, dans le Connecticut, une association des femmes les plus respectables, qui, pour concourir au paiement de la dette publique, se sont engagées dans leur séance du 6 novembre 1786, de ne plus acheter de gazes, rubans, plumes, soyeries, & en général de modes étrangères.

(2) Ce commerce s'établira mieux par terre. — Les risques y sont moins grands. — Les grandes rivières qui arrosent ces immenses contrées, le favoriseront. Un commerce par mer doit être protégé par une puissance navale, & la nature des choses empêchera, pendant long-temps, les Américains libres d'en avoir une.

une certaine consommation de soyeries, de rubans, &c. dans les Etats-Unis, & les François doivent s'empresser de les fournir.

Nous observerons à ce sujet que si le gouvernement françois ordonnoit que les paquebots réglés, partant de France pour l'Amérique libre, reçussent des marchandises à bord, autant que leur destination peut leur permettre, il se feroit très-fréquemment de petits envois de nos étoffes de soie, rubans, gazes, bas, &c. & ces objets serviroient actuellement, mieux que tout autre, à établir des relations non interrompues, & qui, par les lumières qu'elles donneroient, & les essais qu'elles faciliteroient, conduiroient naturellement à ces grandes relations du commerce auxquelles les François doivent prétendre.

On ne doit pas négliger en France la facilité que ces paquebots offrent aux envois de marchandises de valeur, & de petit encombrement, puisque, dans cette classe de marchandises, il en est dont la préférence est assurée aux François. Nous reviendrons sur ces paquebots, qu'il est important de maintenir & rendre plus fréquent, & dont il est à souhaiter qu'aucun monopole de droit ou de fait ne s'empare pour une branche de commerce, à l'exclusion de toute autre.

SECTION VII.

Chapeaux.

Quoiqu'un beau chapeau s'appelle un castor, il ne s'ensuit pas que le Canada & les contrées qui l'avoisinent, comme les Etats-Unis septentrionaux, soient plus favorables à la fabrication des chapeaux que la France. Les chapeaux de pur castor sont d'un mauvais usage, fort incommodes par leur pesanteur. Les plus fins, les plus beaux & les meilleurs chapeaux contiennent assez peu de poil de cet animal, auquel les François attachent trop de prix, quand ils pensent à la perte du Canada. — La laine, les poils de lièvre & de lapin, les fils de chèvre, qui ne sont que de la laine & le poil de chameaux, sont plus nécessaires à la fabrication des chapeaux, que le poil de castor. A la rigueur on peut se passer de celui-ci, même pour ceux qui réunissent la bonté, la souplesse & la légèreté. Le peu de chapeaux de castor qui se fabriquent dans les Etats-Unis, suffira à leur consommation. Il ne faut pas d'ailleurs cesser de leur répéter cette grande vérité : Les manufactures ne leur conviennent que dans les objets où elles s'associent immédiatement avec l'agriculture, & en facilitent les opérations : celles des chapeaux ne sont pas de ce genre.

L'Europe fournira donc les chapeaux aux Américains; & de quelle importance n'est pas cet objet, lorsque l'on songe à l'accroissement rapide de leur population ! On peut affirmer que toutes les nations à portée de faire des envois, leur vendront des chapeaux : mais ceux de France auront la préférence. Cette fabrication y est née. — Les François seuls l'ont portée ailleurs, comme beaucoup d'autres choses. Mais elle n'a pas cessé de se perfectionner en France : les chapeaux françois sont toujours, chacun dans leur espèce, les mieux foulés, les mieux teints, les plus agréables. Quand le gouvernement aura résolu de faire pour les laines ce qu'il a fait pour les mûriers, cette fabrication ſera d'autant plus avantageuſe alors pour les François, qu'ils ſeront moins tributaires de l'étranger pour les matières qu'elle emploie.

SECTION VIII.

Cuirs, souliers, bottes, selles, &c.

A quelle cauſe doit-on attribuer la grande ſupériorité des cuirs anglois ſur les cuirs françois? Pourquoi les ouvrages de cuir, quels qu'ils ſoient, ont-ils en Angleterre cette propreté de main-d'œuvre, cette apparence ſi ſéduiſante dont les François n'approchent pas encore? Il faut le répéter; c'eſt qu'en Angleterre, l'homme honore la profeſſion de tanneur & s'en honore, tandis qu'en France c'eſt le contraire. Un tanneur, un cordonnier, un ſellier anglois, ne quittent pas leur profeſſion, lorſqu'ils deviennent riches; mais ils font ſervir leurs richeſſes, à meſure qu'elles augmentent, à donner du luſtre à leur état, à multiplier leurs atteliers, à étendre leurs affaires, à devenir importans dans la choſe même qui leur en fournit les moyens. Les cuirs qui ſortent des tanneries, dont le maître eſt dans l'aiſance, ſont toujours bien travaillés, parce qu'il peut faire des avances, parce qu'il y emploie le temps néceſſaire. — Un pauvre tanneur eſt toujours preſſé par ſes beſoins de tirer ſes cuirs de la foſſe, où cependant il faut qu'ils reſtent long-temps pour acquérir une bonne qualité. En général, il eſt impoſſible, avec cette pénurie d'argent inconnue aux Anglois, qu'on ait le temps de fabriquer de bonne marchandiſe. Ceux qui emploient le cuir, n'acquièrent également de la réputation dans leur profeſſion, qu'en proportion des grandes provisions faites d'avance, qui les mettent à portée de ne fournir que des cuirs perfectionnés par le temps. On demandera comment font ces commerçans? Ils trouvent du crédit, si dans les apprentissages qui précèdent leur établissement, ils ont acquis une bonne réputation (1).

Ce crédit est alors appuyé non-seulement sur la certitude de leurs succès, mais encore sur celle de voir durer ces établissemens, de les voir devenir un moyen constant de consommation.

Tel est le secret des Anglois pour soutenir & accroître leur commerce en tout & par-tout. Si les François peuvent un jour le mettre en pratique, tous leurs ouvrages de cuir égaleront bientôt la perfection des ouvrages en cuir des Anglois.

---

(1) On sent que cette espérance d'être un jour, avec une bonne conduite, en état de s'établir avec de grands secours, vaut tous les livres de morale. Les gravures d'Hogarth, qui représentent le sort de l'apprentif paresseux, peignent en vrai les mœurs angloises. La fin de l'ouvrier n'est pas de devenir secretaire du roi. Il épouse la fille du bon maître qui l'a élevé, & lui succède dans les mêmes affaires qu'il a contribué à étendre.

Ce n'est pas qu'il faille blâmer le tanneur françois qui troque sa profession contre un brevet de secretaire du roi ou de commissaire de guerres. Il calcule bien. Il voit que la considération ne s'accorde point au talent & à l'industrie, & il se hâte d'acheter un titre.

On a donc tort de plaisanter les négocians & les artisans qui, pour de l'argent, se font enregistrer dans la classe privilégiée des nobles. C'est un mal pour l'état, mais la faute n'en est point à eux; elle est due à l'espèce de flétrissure que le gouvernement imprime encore à la roture.

On doit observer ici combien la spéculation qui a établi cet ordre de choses a été fatale à la nation. Pour se procurer de l'argent, on a créé des charges qui ennoblissent; on a séduit le roturier pour les lui vendre; on l'a dégoûté de son état en le déshonorant; & pour quelques millions que procurent lentement cette mesquine opération, on ruine le commerce en lui enlevant ses fonds, ce commerce, dont la prospérité soutenue, apporteroit sans cesse des millions à l'état.

L'avance que ces derniers ont sur les premiers, ne doit pas décourager ceux-ci; mais il est nécessaire, pour le succès de cette concurrence, que le gouvernement françois délivre les tanneurs des entraves dont il les a entourés, & supprime ou diminue les droits énormes dont les tanneries sont écrasées.

Deux causes ont singulièrement contribué à ruiner les tanneries en France; les droits considérables imposés successivement, depuis supprimés, en partie par prudence, sur-tout l'inspection sévère que les commis peuvent faire à chaque heure du jour & de la nuit chez les tanneurs. Rien ne dégoûte plus de sa profession l'homme qui a quelqu'énergie, que cette servitude avilissante, que la crainte, que la gêne d'être à chaque instant troublé dans ses foyers domestiques par de méprisables satellites, qui ne vivent que du mal qu'ils font, & que la certitude de l'impunité, l'intérêt & l'habitude rendent durs, insolens, & souvent parjures.

On a vu des procès considérables naître de ces visites, & des tanneurs très-riches se hâter de quitter une profession qui ne leur promettoit que des tourmens, des angoisses, des pertes, & des procès (1). On sera long-temps à réparer le mal que la ferme a fait aux tanneries (2).

SECTION

(1) Depuis seize ans que j'observe, j'ai vu bien des procès de cette espèce; tu frémiras, quand je te dirai ce que j'ai vu. Une fois j'écrivois à des financiers, qu'il y auroit moyen d'accroître les revenus du roi, en s'abstenant du régime violent qu'on suivoit; qu'il en résulteroit un bien infini, & j'en donnois la preuve. Ils ont eu l'insolence de me répondre *que c'étoit-là de la morale*, & qu'ils ne l'aimoient pas. J'ai cette lettre signée d'eux. J'ai vu des circonstances où l'intérêt du public s'accordoit en quelque façon avec l'impôt. Eh bien, par une bisarrerie qui soulève

SECTION IX.

VERRERIES.

Les verreries angloises sont très-perfectionnées, & l'Angleterre en fait un très-grand objet d'exportation. L'Amérique libre doit préférer les verres anglois à ceux des François, puisque ceux-ci les préfèrent eux-mêmes à ceux de leurs fabriques; il faut en excepter les bouteilles communes, mieux faites en France, & d'un plus beau verre, que celles des Anglois. Mais quoique cette opinion blessera sans doute l'intérêt de ceux qui ont des établissemens en ce genre, il faut le dire & le répéter souvent; la France, loin de les encourager, doit desirer leur destruction. Cette sorte de fabrique détruit le combustible, & cette destruction rapide est effrayante, quand on la compare à la lenteur de la réproduction.

Les Anglois, assis sur leurs mines de charbons, s'inquiètent peu de la voracité des fourneaux où l'on fond le verre; mais quoiqu'on dise que nous ayons le même avantage, il est encore permis d'en douter. Il ne suffit pas d'ailleurs d'avoir sous ses pieds d'immenses mines de charbon, il faut encore pouvoir les exploiter à peu de fraix. Il faut que les

lève les cœurs, on n'a pas voulu se prêter à cet accord merveilleux; ce sont des faits, & ils sont bien authentiques. — Lettre de M. B. —, qui a long-temps travaillé dans la régie & les aides. — *Note nouvelle.*

(2) L'assemblée nationale a senti la force de tous ces raisonnemens, & a détruit la régie des cuirs; & il est à espérer que cette opération ressuscitera cette partie intéressante de notre commerce. Nous avions donné, dans la première édition de cet ouvrage, le calcul des droits énormes que supportoient les cuirs; nous supprimons ce calcul comme inutile. *Note nouvelle.*

verreries placées à portée des mines, ne soient pas trop éloignées de la mer; car les transports devenant dispendieux, donneroient l'avantage aux Anglois, qui, de tous les points de leur isle, peuvent se rendre facilement à la mer. Enfin, la consommation des verreries, bien plus grande en France que celles des Anglois, est peut-être déjà trop considérable, si on la compare avec les moyens auxquels la réduit la disette, toujours croissante, des combustibles.

Cette disette de bois, qui commence à se manifester, devient d'autant plus effrayante, que les combustibles, essayés pour le remplacer, n'ont pas encore réussi, & que le luxe & la population tendant à s'accroître, sur-tout avec le commerce, la consommation du combustible doublera.

Mais pour achever de se convaincre que cette puissance ne doit pas mettre ses verreries au rang des objets d'importation dans l'Amérique libre, il ne faut que réfléchir sur la position actuelle des Etats-Unis. Ils ont d'immenses forêts à renverser; par conséquent il leur convient infiniment d'établir chez eux des verreries, & de les y multiplier autant qu'ils le pourront. — La main-d'œuvre, employée à détruire les bois pour les défrichemens, en même-temps qu'elle dispose la terre à la culture, servira pour la production d'un objet de manufacture très-étendue. Ainsi l'utilité de cette destruction double pour les Américains libres (1). Il

(1) C'est ce qu'on fait dans le New-Jersey pour les forges. — Il est impossible, dit l'auteur du *Cultivateur américain*, de voyager à travers cette province, sans rencontrer quelques petits fourneaux où l'on fond & où l'on forge le fer. Un propriétaire a-t-il un grand marais boisé qu'il voudroit nettoyer; il commence par

ne faut pas douter que cette confidération ne les frappe, qu'ils ne conçoivent un jour le projet de fournir eux-mêmes l'Europe de verreries, d'ajouter cet objet aux articles qu'ils peuvent échanger avec ces produits européens, qu'il ne convient pas aux Etats-Unis de cultiver ou de manufacturer chez eux. Il ne faut pas douter davantage que la France ne gagnât beaucoup à voir éteindre toutes fes verreries par les verres des Américains, qui les lui vendroient en échange de fes vins, de fes draps, de fes toiles peintes, de fes foyeries, &c. En attendant cette époque, ce feroit fans doute une opération falutaire que d'ouvrir le royaume aux verreries étrangères.

SECTION X.

FER ET ACIER.

La confommation de ces deux objets eft immenfe dans les Etats-Unis; le feul article des clous monte à des fommes confidérables. On n'en fera point étonné, quand on fe rappellera que toutes les maifons, tous les enclos des Américains font en bois, qu'ils conftruifent une quantité prodigieufe de navires, qui exigent de nombreufes réparations.

Il en eft de même pour les fcies, les pelles, les houes, &, en général, tous les inftrumens néceffaires à l'agriculture & à la navigation.

---

faire une digue à une extrémité, pour arrêter l'eau de ruiffeau qui le traverfe. Il établit dans cette eau les roues néceffaires à la fabrique du fer, &c. &c. & dans un nombre d'années, le voyageur, qui n'avoit vu en paffant qu'un vafte étang rempli d'arbres renverfés, & qui n'avoit entendu que le bruit des marteaux & des enclumes, voit des champs bien enclos, des prairies vaftes, &c.

Les Américains sont singulièremant recherchés dans ces instrumens de première nécessité; ils y portent le goût général des Anglois; ils ne veulent que du bon. En comparant ceux qu'ils fabriquent eux-mêmes avec les outils travaillés en France, on est forcé de convenir que, dans ce dernier pays, on est loin d'eux pour la perfection en ce genre. Cette perfection tient à l'aisance du laboureur & à la considération dont jouit l'agriculture. L'imperfection est une suite nécessaire de la gêne & de l'avilissement.

Les Américains libres ont tenté de fabriquer eux-mêmes le fer & l'acier. On a élevé plusieurs manufactures à New-Yorck, dans le New-Jersey, en Pensylvanie. A la vérité, elles sont en petit nombre; elles vont se multiplier nécessairement par les raisons que nous dirons ci-après.

L'Angleterre exportoit ci-devant une quantité considérable de fer & d'acier de l'Angleterre. Pour favoriser son exportation, le parlement avoit même défendu l'établissement, dans les Etats-Unis, de moulins ou autres machines pour faire de l'acier. (*Voyez* l'acte de la vingt-cinquième année de George II, chap. 29, sect 19.)

On doit juger, par ce trait, jusqu'à quel point une métropole, ou plutôt les monopoleurs, peuvent porter l'avidité, puisqu'ici l'on défendoit aux Américains de jouir des avantages que la nature prodiguoit sous leurs pieds : le monopole ne respecte rien. Quand on considère ses attentats, doit-on être étonné de la mésintelligence éternelle entre les colonies & les métropoles; mésintelligence qui finit, ou par la ruine des unes, ou par leur séparation des autres?

Les mines n'ayant pas fourni à l'Angleterre, jusqu'à présent, le fer convenable pour certains instrumens, elle avoit eu recours à celles de la Russie & de la Suède sur-tout, dont le fer & l'acier sont les plus estimés. Elle ne faisoit donc, à l'égard de l'Amérique, que le rôle d'une main intermédiaire, & ce détour augmentoit les fraix du colon, sans aucun bénéfice pour lui. Il n'existera plus, parce que les Américains vont traiter directement avec les Suédois & les Russes.

Le lord Sheffield calcule qu'année commune, l'Angleterre exportoit 50,000 tonneaux de fer étranger, dont 15 à 20,000 étoient ensuite réexportés aux colonies, soit en nature, soit fabriqués.

Le profit pour la métropole, sur cette réexportation, étoit, suivant le même lord, de 12,000,000 liv. tournois environ.

Pendant la guerre, & depuis la paix, on a fait, en ce genre, quelques envois de France dans les Etats-Unis; mais ils n'ont pas réussi. Accoutumés, d'après les principes des monopoleurs, principes qui, jusqu'à présent, ont dirigé notre commerce lointain, accoutumés, dis-je, à fournir à leurs colonies des outils fragiles & très-imparfaits, les négocians françois ont voulu traiter les Américains libres comme leurs esclaves des isles (1),

(1) La chambre du commerce de Marseille, dans une instruction très-bien faite, adressée, en 1784, aux négocians, leur avoit recommandé de suivre le contre-pied. Songez bien, leur disoit-elle, que vous n'avez pas à traiter ici avec des colons ignorans ou asservis; c'est avec un peuple libre, & par conséquent tendant rapidement à la perfection. Il faut, si vous voulez réussir, apporter la plus grande loyauté, des vues étendues, libérales, &c. Nous n'avons pas lu cette instruction. Un homme de lettres, qui a résidé long-temps dans ce pays, nous en a donné les idées que l'on vient de rapporter. On ne doit point être étonné

& les Américains ont refusé leurs marchandises. Ils ont dit qu'en France on ne savoit pas même faire des clous; & à la lettre, ils ont eu raison; ils ont préféré le fer & l'acier anglois, quoique des droits d'exportation en augmentent la cherté.

Il est assez probable que la législature angloise, suivant le conseil du lord Sheffield, les supprimera; & cette suppression, jointe au bénéfice d'économie, procuré par la découverte du lord Dundonald & de MM. Watt & Boulton, pour chauffer les fourneaux à moitié moins de fraix, produira sans doute une réduction dans le prix de ces fers.

Cette diminution est une des causes qui doit empêcher les François de tenter la concurrence sur ce point avec les Anglois; mais il en est une autre bien plus décisive encore.

En effet, les observations ci-devant faites sur la nécessité d'éteindre les verreries en France, s'appliquent naturellement à cette branche considérable d'ouvrages en fer, dont la main-d'œuvre est la moindre dépense, & qui exigent une grande quantité de matières combustibles. Les Etats-Unis sont forcés de détruire leurs immenses forêts; la France doit, au contraire, s'occuper de leur réproduction. Ainsi les fonderies & les forges offriront, dans l'Amérique libre, l'avantage de mettre à profit des bois que, sans ces manufactures, il faudroit également brûler, tandis qu'en France,

de trouver, dans les négocians de Marseille, les lumières sur le commerce, *si rares ailleurs*. Moins entouré d'entraves, le commerce doit offrir des idées plus saines. On retrouve le même ton, la même énergie dans un excellent mémoire sur les franchises de cette ville, publié récemment contre la ferme générale.

les bois & les charbons y devenant tous les jours plus rares & plus chers, rendent ces établiſſemens plus diſpendieux. Or, comme l'abondance avec laquelle la mine de fer ſe rencontre par-tout (1), fait dépendre preſqu'entièrement le prix du fer de celui des combuſtibles néceſſaires pour le fondre, il eſt évident que les Etats-Unis ont, ſur les François, & même ſur les Anglois, un avantage conſidérable.

D'ailleurs, les forges font partie du train néceſſaire aux travaux de la campagne; car s'il falloit chercher au loin les outils d'agriculture, on ſeroit bientôt arrêté dans les progrès des défrichemens; les produits ne payeroient pas la dépenſe, & celle-ci ſeroit encore augmentée par la néceſſité, toujours renaiſſante, de ſubſtituer des outils neufs à ceux qu'on n'auroit aucun moyen de réparer. Or, dès qu'un peuple a des mines de fer, dès qu'il eſt conduit, par la nature des choſes & par la néceſſité, à établir chez lui des fonderies & des forges, il n'eſt pas long-temps, pour peu qu'il ſoit actif & induſtrieux, à renoncer à des ſecours étrangers, pour tous les ouvrages de fer qui appartiennent eſſentiellement à l'art du forgeron, à celui du ſerrurier, & aux forges des maréchaux (2). Auſſi, comme on l'a déjà obſervé, les

---

(1) Il eſt maintenant conſtaté qu'il y en a beaucoup en Amérique. On y a découvert des mines d'étain & d'un ſuperbe cuivre.

(2) Il faut peut-être en excepter les clous. Leur prix ſemble devoir être long-temps en Europe beaucoup plus bas que dans l'Amérique libre. Si, comme l'atteſte M. Smith, dans ſon *traité de la Richeſſe des Nations*, un jeune homme de vingt ans peut faire deux mille quatre cents clous, qu'on juge à quel bas prix le bon marché de la main-d'œuvre doit les faire deſcendre. Partout où elle eſt chère, on ne peut donc faire des clous. Cepen-

Américains libres sont-ils à présent pourvus de ces établissemens; & comme l'industrie angloise les a créés & dirigés, tout ce qui en sort a ce degré de perfection que l'on n'a pas encore atteint en France.

Remarquons ici que ces fabriques, tenant à la vie agricole, travaillant pour elle, au milieu d'elle, ne peuvent avoir aucune de ces influences nuisibles qu'on doit craindre de ces manufactures compliquées, concentrées dans l'enceinte des villes, & dont les travaux meurtriers épuisent le physique, en corrompant le moral.

Ainsi, pour résumer cet article, loin d'encourager les exportations des fers manufacturés en France, le gouvernement doit, pour son propre intérêt, encourager l'importation des fers étrangers, parce que ces sortes de manufactures enlèvent les combustibles à des besoins plus pressans, & à des manufactures moins destructives, où la main-d'œuvre donne un plus grand profit.

Il n'en est pas cependant de même des ouvrages recherchés en fer, en acier & en cuivre, où la main-d'œuvre surpasse les autres dépenses. Ils appartiennent à cette organisation *maladive*, que les Américains libres ne doivent pas envier. Mais il ne faut pas se dissimuler que la concurrence des Anglois ne soit difficile à soutenir sur cet objet. Leur grande habileté dans la distribution du travail, & différens procédés, dont l'invention n'a été gênée par aucune erreur (1), ou fausse vue de

---

dant nous lisons dans les gazettes américaines, qu'on a déjà établi dans un des états, une grande manufacture de clous. Réussira-t-elle ? L'avenir nous l'apprendra.

(1) On ne peut pas trop déplorer ces fausses vues, ces calculs étroits, ces craintes de l'ignorance, qui arrachent des mains de l'industrie ces heureuses inventions, propres à enrichir toute

leur administration, leur donnent un avantage considérable. Il n'est pas impossible cependant aux François de le balancer; car cette distribution de

---

une nation. Qui calculera les richesses que l'Angleterre doit à la seule application du balancier, dont son gouvernement a laissé le libre usage à toutes les manufactures qu'il pouvoit perfectionner, en accélérant leurs travaux? Et combien de procédés plus ingénieux & plus expéditifs cette machine n'a-t-elle pas produits? Heureusement pour l'Angleterre, il ne s'est pas touvé dans son sein de ces habiles administrateurs, qui, voyant que le balancier sert à faire de la monnoie, en ont tiré la profonde conséquence, que chacun feroit de la fausse monnoie, si on en laissoit le libre usage à chacun; comme s'il étoit facile de faire long-temps de la fausse monnoie! Comme si l'usage plus général du balancier n'éveilloit pas l'intérêt public & même privé, & ne les rendoit pas attentifs à l'abus qu'on en pourroit faire! Comme si cet usage du balancier ne produiroit pas beaucoup plus de bénéfice au fisc, que ne peut jamais lui en dérober une contrefaçon de monnoie, qui ne peut être ni étendue ni dangereuse! Quand calculeront-ils donc en hommes d'état, ceux qui tiennent les rênes des empires?

Il est vrai qu'à présent on permet aux artistes d'avoir des balanciers chez eux, en se conformant à certaines formalités. Toujours des formalités! Il n'y en a pas d'autres requises en Angleterre, que celle de pouvoir faire les frais de la machine, & l'Angleterre en a-t-elle ressenti de funestes effets? La fausse monnoie y a-t-elle bouleversé l'ordre public, appauvri la nation, diminué les revenus?

Avec quelles difficultés cette invention si précieuse du balancier a percé en France! On la doit à un François industrieux du quinzième siècle, nommé Briois. Persécuté pour cette découverte, il fut obligé de se réfugier en Angleterre; on y accueillit, on y exécuta son invention. Un autre François, nommé Warin, voulut en faire jouir la France dans le siècle dernier; il éprouva une persécution aussi absurde; & sans l'appui du chancelier Séguier, il auroit succombé. Nous ne nous permettons pas de prononcer sur la perfection à laquelle M. Droz prétend aujourd'hui avoir porté le balancier; mais aux tracasseries qu'il éprouve, nous jugerions qu'en effet il a simplifié cette machine, qu'il a rendu moins de bras nécessaires, & la fabrication de la monnoie beaucoup plus prompte & plus parfaite: deux avantages très-précieux dans cet art; car les frais ne sauroient en être trop réduits, & l'exactitude & la perfection dans le *frap* de la monnoie, sont les plus sûrs moyens de dérouter les faux-monnoyeurs. Quelle est donc le génie fatal qui poursuit en France l'industrie? Celui des compagnies, des corps, des privilèges. Dès qu'une heureuse découverte attaque leurs profits, ils emploient les moyens mêmes les plus vils, pour les défendre; intrigues, mensonges sé-

travail & ces procédés ne sont ni secrets ni supérieurs à l'industrie françoise. Que le gouvernement adopte & suive enfin la maxime triviale : *qui veut la fin, veut les moyens ;* qu'en conséquence, il n'interdise aucun de ces moyens, & cette industrie n'aura point à envier les succès de celle des Anglois.

SECTION XI.

BIJOUTERIE, ORFÉVRERIE, HORLOGERIE, &c.

Si les habitans des Etats-Unis concentrent leurs travaux & leurs plaisirs dans la vie agricole, s'ils continuent à chercher le bonheur, non dans le faste, mais dans la nature même & dans la simplicité des mœurs, dans cette simplicité qui produit nécessairement l'aisance, la population & la prospérité des états; ces habitans rechercheront peu & dédaigneront même la vaisselle d'argent & ces bijoux auxquels nous attachons un si grand prix. Ils réserveront ces métaux précieux aux monnoies & à leur commerce.

Il n'est pas présumable cependant que cet ordre de chose subsiste long-temps dans les grandes villes, & sur-tout dans les ports fréquentés. Les besoins & les goûts européens y sont répandus (1), & l'industrie françoise doit s'empresser de suppléer

---

ductions, tout est licite pour eux, tandis que l'homme de génie, presque toujours seul, & qui met à son temps un trop grand prix, pour le prostituer à ces manœuvres, n'éprouve le plus souvent que les dégoûts les plus humilians.

(1) On fait usage de vaisselle d'argent dans les états du midi. On y a de la magnificence, & les voyageurs peu philosophes, ne manquent pas de les prôner en conséquence. Mais voyez cependant les suites de ce luxe ; l'esclavage y règne, & il y a beaucoup de pauvres. — Il n'y en a point dans les états du nord, & on ne s'y sert pas de vaisselle d'argent.

à leur consommation, puisqu'elle peut fournir ces objets à plus bas prix que les Anglois.

Mais il est probable que la vaisselle de cuivre, plaquée d'argent, inventée en Angleterre, prendra dans les Etats-Unis la place de celle d'argent, comme les papiers peints y ont remplacé les tentures, beaucoup plus coûteuses; cette nouvelle sorte de vaisselle a, pour l'usage, tout l'avantage de l'autre, & coûte infiniment moins.

Comment les Anglois sont-ils déjà si avancés dans cette branche d'industrie, tandis qu'il n'existe en France qu'une ou deux manufactures où l'on fasse de la vaisselle de cuivre plaquée d'un seul côté, & argentée de l'autre ? Comment les Anglois ont-ils déjà porté cette invention à un très-haut degré de perfection ? Comment en ont-ils fait la matière d'un commerce très-étendu, tandis que les François sont réduits à ces deux manufactures, où l'on ne remarque aucun progrès, & où l'infériorité du travail rebute ceux qui trouveroient d'ailleurs de l'avantage à se servir de cette vaisselle ?

Ces manufactures ont un *privilège exclusif*. Voilà le mot ! Le gouvernement, dans la crainte qu'on y fît de la fausse monnoie, a même interdit d'abord le placage des deux côtés (1).

Les raisonnemens seroient ici superflus. Il suffit d'ouvrir les yeux, pour voir laquelle des deux administrations a le mieux servi son pays ; ou celle d'Angleterre, en ne gênant pas l'industrie, en ne se livrant pas à des craintes dont un peu d'esprit de calcul démontre l'illusion ; ou la Françoise, en

(1) On assure qu'une de ces manufactures a le privilège de plaquer l'argent sur les deux surfaces.

ſuivant une marche contraire. Encore une fois, appréhendoit-on que les écus faux ſe fabriquaſſent par millions, pour ſacrifier à cette crainte une induſtrie qui, certainement, produiroit des millions?

Lorſqu'on parcourt ainſi tous les objets, où de petites conſidérations mettent en France l'induſtrie aux fers, & condamnent à la médiocrité ſes moyens de proſpérité; quand on porte delà ſes regards ſur l'eſprit bien différent qui régit l'Angleterre, on eſt tout étonné de voir qu'il exiſte encore de l'induſtrie dans le premier royaume, & que la nation ne croupiſſe pas dans l'inertie. Que les François rendent graces à la nature, elles les a richement dotés, & ſa force tutélaire s'eſt montrée juſqu'ici ſupérieure aux malignes influences de la fauſſe ſcience de leurs adminiſtrateurs (1).

Reſteront-ils encore en-arrière des Anglois & des Suiſſes pour l'horlogerie? Il faudra des montres aux Américains libres. Cette admirable invention porte avec elle un tel degré d'utilité, même pour les claſſes pauvres de la ſociété, qu'on ne doit pas la conſidérer comme une ſimple acquiſition de luxe, ſur-tout dans les Etats-Unis, où l'éparpillement des habitations en fera ſentir davantage la néceſſité.

(1) Un ouvrage curieux & plus utile encore, ſeroit une hiſtoire fidelle & raiſonnée de toutes les erreurs, où la manie réglementaire & prohibitive a jetté l'adminiſtration. Il eſt très-probable qu'il en réſulteroit, que le commerce françois a toujours proſpéré en raiſon de l'inexécution des réglemens; qu'en les faiſant exécuter avec rigueur, on a favoriſé & enrichi le commerce étranger. On ne s'eſt peut-être jamais douté de l'eſprit d'invention & d'induſtrie que le régime prohibitif de la France a développé chez l'étranger, ni de l'innombrable quantité d'atteliers qui s'y ſont élevés, en proportion de la multiplication des privilèges excluſifs en France. Ainſi, celui de la compagnie des Indes a rendu la Suiſſe ſemblable aux Indes orientales, pour les manufactures de mouſſelines, des toiles & de toiles peintes.

Mais il faut les faire bonne & à bon marché ; ces deux conditions leur assureront un débit prodigieux par-tout où la civilisation existe ; là, le temps est une propriété précieuse, & son prix rend nécessaire l'instrument qui le divise. — Or, on les fera bonnes & à bon marché, quand on consultera les artistes habiles en ce genre (1).

Cette espèce de manufacture appartiendra toujours aux grandes villes, où l'excès de la population tient la main-d'œuvre à bas prix, où la difficulté de subsister asservit cette foule d'êtres foibles & casaniers qu'elles produisent, à la loi du riche entrepreneur. Les Etats-Unis sont loin d'éprouver cette difficulté de subsistance, cet excès de population ; ils sont donc loin de ces manufactures.

SECTION XII.

PAPIERS DIVERS ET PAPIERS PEINTS.

Cet utile produit de vieux chiffons, dédaignés par l'aisance, & que l'indigence ramasse avec soin, les manufactures de papier le perfectionnent tous

(1) Paris en a produit de très-distingués. Ils ont honoré leur art, parce qu'ils avoient beaucoup d'instruction & d'esprit ; mais leurs élèves, la plupart étrangers, & n'ayant pas les mêmes ressources pour s'attirer de la considération, ont craint l'injudicieuse manie des François, de mépriser les mains qui travaillent aux ouvrages mécaniques, & ils se sont éloignés. Actuellement il existe dans cette ville un Suisse, M. Breguet, dont les talens égalent, si même ils ne surpassent, ceux des horlogers anglois les plus célèbres. Heureusement son caractère, ses vues élevées, son zèle obligeant commandent en quelque sorte les égards, & le mettent au-dessus du préjugé. Que le gouvernement le consulte, & il lui indiquera bientôt des moyens certains pour que la France ait enfin une manufacture nationale d'horlogerie. Nous sommes instruits qu'il a présenté au ministère de France un mémoire profond sur cette matière.

les jours en France. La manufacture de MM. Johannot d'Annonay fait maintenant de plus beau papier qu'aucune autre manufacture de l'Europe, & la preuve en est simple. Il y a plus de demandes de ce papier pour la Russie, l'Angleterre & la Hollande, que cette manufacture n'en peut fournir. Cette rareté du papier d'Annonay explique pourquoi les marchands françois font encore venir du papier d'Hollande. Pour la diminuer, ces bons citoyens ont généreusement offert de communiquer leurs procédés à tous les manufacturiers de papiers nationaux, & même de former des écoles de papeterie. Beaucoup ont profité de ces offres; les Etats de Bourgogne leur ont envoyé dernièrement trois élèves. Ces fabricans ont prouvé qu'il n'étoit pas plus coûteux de faire du bon, d'excellent papier, que du médiocre. M. Leclerc, qui en a une grande manufacture à Essone, s'appercevoit, avec chagrin, qu'elle lui coûtoit beaucoup, & ne produisoit que de mauvais papier. Il communiqua ses regrets à M. Johannot. Ce dernier s'y transporta, y fabriqua lui-même de beau papier avec la pâte ordinaire. Voilà certainement un grand service rendu à la France, & c'est un bel exemple donné à la cupidité des égoïstes monopoleurs, qui, ne pouvant tout faire ni tout embrasser, empêchent que d'autres fassent. Gloire en soit à ces généreux patriotes! Puisse cet exemple être imité en tout & par-tout! Cette imitation sera pour eux un éloge plus flatteur, une récompense plus brillante & plus durable que ces cordons & ces rubans indignes du vrai mérite, puisqu'ils sont si souvent le prix de l'intrigue & l'ornement de la médiocrité. — Le plaisir du bienfait & le suffrage des honnêtes gens font les seules récompenses pures & inaltérables. L'artiste, qui ne sait pas s'y borner, ne fera jamais rien de grand.

Les Anglois eux-mêmes recherchent les papiers françois pour l'imprimerie, & ceux pour écrire ne tarderont pas à égaler, si ce n'est à surpasser, les leurs (1).

Mais s'il est un objet de commerce pour lequel les Européens ne doivent pas craindre leur concurrence réciproque ; s'il est un objet qui offre à toutes les manufactures européennes un emploi certain & lucratif, c'est le papier. La consommation en sera toujours au moins égale à la production, ses nombreux usages en assurent une consommation toujours plus grande à mesure que les lumières s'étendront. Chaque nation doit donc voir, sans jalousie, que par-tout on cherche à fabriquer le papier chez soi.

Les Américains libres ne pourront néanmoins jouir long-temps de cet avantage. Outre la cherté de leur main-d'œuvre, leur population ne doit pas leur fournir de chiffons dans une abondance assez grande pour établir des papeteries, dont le produit soit égal à leur consommation.

Le leur fournira-t-elle jamais ? C'est une question difficile à résoudre. En effet, à proportion que les nations s'éclairent, & qu'on y jouit de la liberté de la presse, on doit y consommer une quantité prodigieuse de papier ; mais la population de ce pays peut-elle produire des chiffons dans la

---

(1) Les chiffons sont plus rares, & par conséquent plus chers en Angleterre qu'en France. Aussi est-ce un objet de contrebande entre les deux pays. Il y a des loix très-sévères contr'elle ; mais elle se fait & se fera tant qu'elle offrira du gain.

même proportion ? Il est difficile de l'espérer, & il est probable que les marchés Américains ne seront pourvus, pendant long-temps, que par les papiers européens, & que tous y trouveront place (1).

Mais puisque l'usage du papier est si utile aux hommes, puisqu'il est si varié, il importe à chaque nation de ne regarder la consommation étrangère que comme un supplément, que comme une porte ouverte en cas d'engorgement du commerce intérieur. Il importe à chacun de le tenir chez soi à un prix modéré; & pour atteindre ce but, il faut s'occuper des moyens de multiplier les matériaux qui servent à sa composition, & de suivre les tentatives heureuses déjà faites en ce genre.

Au moment où nous écrivons ceci, nous avons en main des essais bien intéressans, faits sur les végétaux & l'écorce de différens arbres pour les transformer en papier. On les doit aux recherches de M. Delille, aux soins duquel la manufacture de Montargis est redevable d'une grande partie de sa réputation. Il a laissé bien loin derrière lui ce Scheffer, que nos érudits citent avec tant d'emphase; & quand on voit les livres que M. Delille a imprimés sur du papier de guimauve & d'écorce de tilleul; quand on voit le parti avantageux qu'on pourroit tirer de cette invention, au moins pour le papier d'emballage, & les papiers peints, dont on fait une si grande consommation, on desire que cette invention soit de plus en plus répandue, accueillie, adoptée, comme un moyen de remédier à

(1) Les chiffons sont à un prix excessif dans l'Amérique libre. L'auteur du *Cultivateur américain* parle cependant de papeteries établies dans la Pensylvanie, qui fabriquent de très-beau papier.

à la disette des chiffons & à la cherté du papier, qui doit influer, plus qu'on ne le croit communément, sur les progrès des lumières.

Il est presqu'impossible que cette invention ne devienne bientôt générale ; & les Américains libres ont un grand intérêt sur-tout à la naturaliser chez eux.

Les lessives de chaux & de potasse, & l'emploi intelligent de l'acide vitriolique, sont encore de grands moyens pour réduire le chanvre & le lin à cette partie de leur substance extrêmement atténuée, douce & cassante, qui convient pour faire le papier. On pourroit parvenir, en employant ces moyens, à suppléer aux chiffons par de vieux cordages. Ils serviroient même à faire de beau papier, puisque, réduits en étoupes, ils peuvent être facilement blanchis. L'atténuation à craindre pour la toile, ne l'est plus pour la matière du papier.

Ces recherches sont d'autant plus essentielles, d'autant plus urgentes, que l'heureuse invention des papiers peints pour tapisserie, est de nature à consommer toujours plus de papier; & cette manière de tapisser subsistera long-temps, parce qu'elle donne aux appartemens une apparence agréable de propreté.

On n'en connoît pas d'autres dans les Etats-Unis; elle y est répandue par-tout, car presque toutes les maisons y sont propres & décentes.

SECTION XIII.

Imprimerie.

La liberté de la presse étant un principe fondamental des constitutions américaines, il semble qu'on en doive conclure que les imprimeries s'y multiplieront; mais elles ne peuvent que difficilement exister dans les pays dépourvus ou trop éloignés de papeteries; & nous avons observé que de long-temps il ne se formera de manufactures de papier dans les Etats-Unis.

D'ailleurs, les grandes imprimeries exigent des ouvriers peu coûteux, c'est-à-dire, de ces hommes sans propriété, sans talens, sans conduite, que les grandes villes produisent & emploient aux travaux qui n'exigent ni intelligence, ni émulation; & nous avons déjà remarqué que les Etats-Unis, à moins que la maladie des grandes villes ne s'empare d'eux, doivent renfermer peu de ces êtres malheureux.

L'imprimerie ne s'étendra donc pas parmi les Américains libres au-delà de celles nécessaires aux papiers publics (1). Leur débit constant & considérable permettant une plus grande dépense pour la main-d'œuvre, attire par conséquent autour de la presse beaucoup d'individus, parce qu'ils entrevoient, dans un fort salaire, le moyen de devenir bientôt propriétaires ou commerçans (2).

La fourniture des livres de science & d'amuse-

---

(1) Les gazettes sont singuliérement multipliées dans les Etats-Unis. Elles se multiplieront encore avec la population; & c'est un bien; car elles sont, au moins dans les pays libres, comme le pensoit cet excellent patriote anglois, le docteur Jebb, *des sentinelles qui veillent sur la liberté publique & sur la conservation des vérités.*

(2) Cependant on imprime quelquefois dans les Etats-Unis des ouvrages très-considérables, & l'édition en est assez soignée. Nous avons vu, par exemple, les mémoires *in*-4°. des académies de Philadelphie & de Boston, de l'année 1787, qui prouvent tout à la fois & que l'Amérique libre n'est pas totalement dépourvue d'établissemens typographiques, & que ses habitans ne sont pas tous des idiots, comme l'a rêvé un érudit d'Allemagne.

ment doit donc faire un objet considérable d'importation dans les Etats-Unis. C'est à la France à s'en saisir & à encourager les impressions de livres anglois. Puisque la main-d'œuvre y est à plus bas prix que celle d'Angleterre; puisque celle-ci emploie les papiers françois à ses impressions; puisque la reliure françoise est moins coûteuse, pourquoi n'imprimeroit-on pas en France tous les livres dont les Américains auront besoin?

On n'y jouit pas, dira-t-on, de la liberté de la presse.... Soit.... Mais la gêne n'est que pour les livres françois (1); car l'administration ne prétend pas sans doute étendre ses principes coercitifs jusques sur les livres écrits en langues étrangères; elle n'arriveroit pas au but qu'elle se proposeroit, puisqu'elle ne l'atteint pas même pour les livres françois (2); & par cette rigueur impolitique, la

---

(1) Sous le règne de Louis XIV, dont l'ambition s'étendoit sur tout, on s'occupoit sérieusement des moyens de rendre la langue françoise universelle. Cette prétention absurde étoit plaisamment soutenue par la tyrannie exercée sur les livres & les auteurs. Car cette tyrannie devoit infailliblement n'en faire produire que de mauvais, & par conséquent en dégoûter les étrangers. Heureusement que quelques bons esprits ont eu le courage de se sacrifier & de faire imprimer leurs ouvrages dans l'étranger. Ce sont ces livres prohibés qui ont fait la fortune de la langue & la réputation de la littérature françoise. Quels auteurs, en effet, entendez-vous citer dans tous les pays? Rousseau, Voltaire, Helvétius, Montesquieu, &c. c'est-à-dire, tous hommes qui ont eu le patriotisme de violer les loix de la presse.

(2) La moitié, ou même plus, des bibliothèques en France, est composée de livres françois imprimés chez l'étranger. Il y en a deux causes : le bon marché & la bonté de ces livres. La feuille *in*-8°. imprimée, se vend communément en Suisse, au public, à 9 deniers ou un sol, tandis qu'elle coûte 3 à 4 sols en France. Les livres prohibés se vendent à Paris au même prix que les livres approuvés; ce fait prouve la cherté de l'imprimerie françoise. Car, au prix originaire des livres prohibés, il faut ajouter les fraix de transport, les risques des entrées, les provisions des différens agens, &c. &c. Quant à la bonté des ou-

France seroit privée d'un objet de commerce lucratif, sûr, & d'un accroissement continuel.

Les Hollandois, si actifs, si vigilans pour s'emparer des branches naissantes du commerce, ont depuis long-temps spéculé sur la librairie dans les Etats-Unis. On imprime en Hollande beaucoup de bibles & de livres de prières à l'usage des Américains. Le lord Sheffield est obligé de convenir, qu'imprimant à meilleur compte que les Anglois, ils doivent avoir la préférence. Ils pourront étendre un jour ce commerce aux livres classiques (1).

SECTION XIV.

Sel.

Il ne faut pas oublier, dans l'énumération des denrées à importer dans l'Amérique libre, cet article si nécessaire pour ses habitans, & si abondant en France. Les Américains seront long-temps obligés de le tirer de l'Europe ; non qu'ils n'aient des marais salans sur leurs côtes, & des salines dans l'intérieur des terres ; mais ces marais, ces salines, il faut des bras pour les exploiter, & ces bras sont employés plus utilement dans les Etats-Unis

---

vrages, les meilleurs, comme on l'a déjà remarqué, s'impriment chez l'étranger. Helvétius l'a dit avec fondement :

« *On ne dit la vérité que dans les livres prohibés ; on ment dans les autres* ».

(1) Un homme de lettres, qui avoit remarqué combien les livres anglois étoient chers en France, & combien il étoit difficile d'en faire venir, imagina de faire réimprimer à Paris les meilleurs ouvrages anglois. C'étoit une spéculation vraiment patriotique : il l'a abandonnée après avoir imprimé quelques volumes, probablement parce que la consommation en France n'étoit pas assez grande, & que celle d'Angleterre ne lui étoit pas ouverte. Il pourroit aujourd'hui la faire revivre. L'Amérique libre lui offre un immense débouché.

(1). Le sel exporté d'Europe, sera, par cette raison, long-temps à meilleur marché que celui d'Amérique ; d'ailleurs, les fraix de transport ne seront pas sensibles, puisqu'on peut le charger comme lest sur les bâtimens qui viennent ou reviennent d'Europe.

Les Américains libres doivent donner la préférence au sel de France. Il est moins âcre, moins corrosif, plus salant, & par conséquent plus propre aux salaisons que tout autre sel européen.

La facilité avec laquelle on peut en faire abondamment sur les côtes de France, met ses habitans à portée de le fournir à très-bon marché; mais on reproche à la ferme générale d'avoir détruit successivement, & sous divers prétextes, les établissemens nécessaires à la production du sel pour le commerce étranger. On ne peut lire sans regrets le triste tableau des erreurs fiscales, qu'il est nécessaire de réparer, pour rendre le sel françois à ce commerce. La main judicieuse qui vient de le tracer, indique en même-temps le remède à tous les abus causés par l'intérêt dévastateur du monopole. Ajoutons, aux motifs pressans de la réforme qu'il propose (2), la considération du gain prodigieux que procureroit à la France la fourniture du sel aux

(1) Le sel, pendant la dernière guerre, fut très-cher en Amérique, & coûtoit vingt fois plus que le prix ordinaire. La privation de cet article fut très-sensible aux Américains libres, qui consomment beaucoup de salaisons, & qui donnent à leurs bestiaux une grande quantité de sel.

(2) Voyez les *Observations sur la diminution du nombre des matelots en France, & sur les moyens de les multiplier*. Berlin, 1787, pag. 29.

L'auteur de cet ouvrage a eu part à l'administration dans des temps plus heureux, & jouit de la réputation d'un homme très-éclairé dans cette partie.

Etats-Unis, si les circonstances locales rendoient très-long-temps leur propre sel rare, par la difficulté de le faire, & de le faire à aussi bon marché qu'en France. Leur population tend à un accroissement rapide; & l'on peut évaluer à vingt livres pesant par tête la consommation du sel; c'est du moins sur ce pied qu'elle a lieu en France dans les pays de salines.

Les trois millions d'hommes que contiennent dès-à-présent les Etats-Unis, consomment donc soixante millions de livres de sel, sans compter celui qu'on donne aux bestiaux, celui qu'on emploie aux salaisons, dont les Etats-Unis consomment une grande quantité, & dont ils feront un commerce toujours plus considérable. Nous ne nous livrerons pas ici au calcul des richesses immenses que produiroit à la France la fourniture du sel faite à une population étrangère toujours croissante. Nous devons nous tenir en garde contre les exagérations. On peut cependant prévoir qu'une partie considérable des Etats du nord ne fabriquera jamais de sel. Il est donc possible que celui de France ait toujours la préférence chez eux, comme étant à meilleur marché, & le plus à leur portée; or, ces Etats sont ceux dont la population sera la plus rapide, & le commerce le plus varié & le plus étendu.

Mais manque-t-on de raisons pour faire cesser le monopole de cette denrée? S'il a détruit plus de vingt mille matelots qui s'occupoient du sel, doute-t-on qu'ils renaîtront avec les salines qu'il a fait disparoître? S'il altère la qualité du sel, jusqu'à le rendre méconnoissable & inquiétant pour la santé, doute-t-on qu'en le restituant à tous les commerces, il ne reparût enfin tel que la nature, aidée de la libre industrie, nous le donne, c'est-à-dire, blanc, agréable & pur ? S'il rend à l'état un revenu qui, successivement, s'est transformé en un impôt destructif de la consommation, doute-t-on que de meilleurs calculs, favorables à la consommation, ne puissent concilier tous les intérêts? Exceptons-en toutefois l'intérêt du monopole, intérêt méprisable dans son principe & dans sa marche, funeste dans ses conséquences; intérêt, que toute ame honnête doit détester, que tout gouvernement doit proscrire. Nous ne pouvons rien ajouter aux raisons que donne pour détruire celui du sel, l'auteur du mémoire que nous avons cité. Puisse-t-il devenir l'occasion d'une réforme heureuse & constante!

SECTION XV.

Considérations générales sur ce tableau d'importations françoises dans les États-Unis.

Nous n'étendrons pas davantage cette nomenclature raisonnée des objets que le commerce françois peut fournir aux Etats-Unis. Il en est beaucoup d'autres que nous omettons, parce que les bornes de cet ouvrage ne nous permettent que d'examiner les principaux. Le lecteur éclairé les suppléera. Nous en avons dit assez pour montrer combien ce commerce peut devenir important pour la France.

Si l'on ajoute foi aux calculs du lord Sheffield & d'autres écrivains politiques, il paroît que le montant des importations de la Grande-Bretagne dans l'Amérique libre étoit, année commune, calculée sur trois années, prises avant 1773, de près de trois millions de livres sterlings, plus de soixante-douze millions de livres tournois; & combien elles augmenteront, en suivant la progression de la population & des défrichemens! C'est sur-tout pour cet état futur des choses, que la France doit préparer ses moyens.

Observons encore que ce commerce occupoit sept à huit cents vaisseaux, & environ 10,000 matelots.

La France laisseroit elle échapper un commerce aussi important, & un moyen aussi naturel de soutenir sa marine? car sans commerce, il ne peut y avoir de marine. C'est un état forcé qui ne dure pas long-temps. Eh! n'a-t-elle pas, comme nous l'avons prouvé, dans les richesses de son sol, dans la variété de ses manufactures, dans le bas prix de sa main-d'œuvre, dans l'industrie & le goût de ses habitans, dans sa population, dans la situation de ses ports; n'a t-elle pas une foule de moyens suffisans pour y établir un commerce solide, étendu, sans avoir rien à craindre de la concurrence étrangère, sans être obligée de chercher à l'étouffer? Car, il ne faut cesser de le répéter, si l'on veut faire régner la paix sur la terre, il faut user avec circonspection de ces mots de préférence & de concurrence, qui ne sont souvent que des signaux de discorde. Et pourquoi y auroit-il ici de la jalousie? l'Amérique libre n'offrira-t-elle pas, par la suite, un champ assez vaste pour toutes les manufactures européennes?

Mais si l'on veut que ce commerce soit avantageux à la France, on ne doit jamais perdre de vue la maxime qu'on a cherché à inculper dans cet ouvrage : *de ne faire que ce qu'il convient*; or, tout ne lui convient pas. Il ne faut donc pas avoir la folle ambition de tout embrasser; il faut observer quels établissemens les Etats-Unis seront entraînés à faire, tant qu'il y aura des terres à défricher; &, d'un autre côté, voir ce que la France peut leur fournir, soit de ses productions, soit de ses manufactures.

Si, de part & d'autre, on ne s'attache pas à suivre rigoureusement *la nature des choses*, si les Américains libres veulent entreprendre tout-à-la-fois, & ce qui convient à des peuples neufs, vigoureux, établis dans de vastes contrées, & ce qui, chez les peuples vieux, est le fruit de leur corruption, de leur luxe, & sur-tout de l'affoiblissement & de la dégradation occasionnés par les grandes villes; si, de leur côté, les François veulent donner aux Américains-libres, des goûts & des besoins qu'ils n'ont pas, & qu'ils doivent repousser dans leur situation actuelle, nous osons prédire que leurs relations de commerce deviendront précaires, leurs spéculations souvent incertaines, & leurs pertes nombreuses.

On trouvera que nous revenons souvent *à la nature des choses;* mais on ne peut la rappeller trop souvent. Soit ignorance, soit envie, soit présomption, les hommes sont singulièrement portés à s'en écarter ou à la méconnoître; & cependant *cette nature des choses* est, comme on l'a déjà observé, la seule règle qui doive guider les commerçans dans leurs spéculations, les gouvernemens dans leurs réglemens, s'ils persistent à en faire.

Il ne faut pas croire que cette nature existe, parce qu'il existe un ou deux rapports, une ou deux circonſtances qui paroiſſent, au premier coup-d'œil, annoncer ſa préſence. Par exemple, ce ſeroit une grande erreur, de croire qu'un peuple doive manufacturer tout ce qui croît autour de lui, tout ce qui eſt ſous ſa main; que, s'il recueille de la laine, du lin, du chanvre, de la ſoie, il doive garder ces matériaux, pour les convertir lui-même en étoffes.

Ce ſyſtême, dans un état naiſſant, tariroit les ſources de la population. C'eſt à ce ſyſtême qu'on doit ces inégalités affligeantes de fortunes, remarquables dans les royaumes étendus, dont toutes les parties étoient appellées à la proſpérité, dont tous les individus étoient nés pour le bonheur, où l'on voit cependant des déſerts d'un côté, & de l'autre les amoncelement d'hommes (1); ici, des richeſſes accumulées dans des villes ou dans

(1) On remarque que dans un pamphlet très-judicieux, du célèbre docteur Franklin, publié pour détourner de l'Amérique les hommes inutiles, tels que les grands ſeigneurs, les commerçans, les artiſtes, pamphlet traduit & imprimé dans le journal du Licée de Londres, on remarque, dis-je, qu'il ſuppoſe *un trop plein* en Europe. C'eſt une idée qu'il avoit déjà manifeſté en 1751, dans des obſervations ſur la population, adreſſées à la ſociété royale de Londres. La principale partie de l'Europe, y diſoit-il, eſt pleinement fournie de laboureurs & d'artiſans, & par conſéquent, on ne peut plus guères accroître ſa population. Le docteur Francklin étoit dans l'erreur; l'Europe eſt très-éloignée de ce trop plein, puiſqu'elle offre par-tout d'immenſes déſerts, qui n'attendent que des mains pour produire; puiſque dans les campagnes cultivées on ne rencontre que peu d'individus qui, pour vivre, s'excèdent de travail. Les princes, par vanité, & des miniſtres trop courtiſans, ont créé & encouragé des établiſſemens prématurés & un genre d'induſtrie qui n'auroit dû réſulter que d'un trop plein réel dans les campagnes, lequel n'a jamais exiſté. On a ſuppoſé que le trop plein des villes exiſtoit dans les campagnes; voilà la cauſe de l'erreur. C'eſt celle où tombèrent ces miſſionnaires de la Chine, qui, voyant les hommes pulluler ſur les bords des rivières & dans les villes, les multiplièrent ſur le papier dans ces immenſes déſerts de l'intérieur, où l'on voit errer à peine quelques miſérables peuplades.

quelques cantons, & la misère dans des provinces entières; ici, une activité *maladive*, & là une paralysie complète. A quoi donc servira l'expérience, si les Américains libres n'ouvrent pas les yeux sur ces effets de la démence européenne? Imiteront-ils l'exemple de la Russie, où l'on semble craindre de ne pas hâter assez les productions, les établissemens & les goûts qui présagent & qui marquent le déclin des Etats?

Oui, nous le répétons, tant que les bras sont insuffisans pour cultiver la terre & soigner les troupeaux, il est absurde de les détourner de cette occupation. L'Europe est manufacturière; l'Amérique libre doit être cultivatrice. Voilà l'état des chose sur lequel leur commerce actuel & réciproque doit être établi & combiné.

Nous insistons & nous devons insister souvent sur ces observations, parce que la lecture des papiers Américains nous prouve que, malgré les lumières générales, on n'est point encore, dans les Etas-Unis, assez affermi dans les principes qui doivent fonder les liaisons avec l'Europe; on n'y connoît point assez les inconvéniens terribles attachés aux manufactures. Une cupidité mal entendue brûle d'en élever, & reproche aux diverses législatures leur indifférence. Mais cette indifférence est sage, au moins pour toutes ces manufactures qui n'appartiennent point à la vie agricole, qui

On ne doit pas se lasser de combattre cette chimère *du trop plein*, parce qu'elle sert d'appui aux préjugés de la tyrannie. On dit que tout est bien, que tout va bien, puisque tout est peuplé, puisque tout est plein. On trompe, par ces fausses apparences de population, la confiance des rois. On y attache ensuite une grande idée de prospérité, & leu conscience se repose sur ces chimères.

ſuppoſent l'exiſtence, exigent le ſéjour des villes.

C'eſt une diſtinction qu'on ne fait point: les mêmes argumens qui prouvent la néceſſité de faire chez ſoi les bas, les toiles de ménage, &c. on les applique aux draps, aux ſoyeries, aux manufactures les plus compliquées & les plus pernicieuſes. On cite perpétuellement l'exemple de l'Angleterre; les manufactures, dit-on par-tout, ſont la baſe de ſa proſpérité. On ne voit pas que les Etats-Unis ſont dans des circonſtances abſolument contraires à celles de l'Angleterre: on ne voit pas que les uns ſeroient foux d'entreprendre ce que l'autre eſt forcé de faire.

CHAPITRE VI.

Des objets que l'Amérique libre peut fournir en retour des importations de la France.

ARRIVÉS à cette partie de notre ouvrage, nous ne pouvons pas mieux la commencer, qu'en y conſignant un extrait de la lettre adreſſée, par M. de Calonne, à M. Jefferſon, miniſtre plénipotentiaire des Etats-Unis d'Amérique, puiſqu'elle annonce l'intention du gouvernement, de favoriſer un commerce dont nous nous attachons à montrer l'importance.

On voit, par cette lettre, que déjà quatre ports francs ont été ouverts en France aux Américains; que maintenant on examine comment les douanes & les droits de traites pourront devenir moins génans pour ce commerce; que les droits du fiſc

& de l'amirauté, dûs par un navire américain à son entrée dans les ports de France, seront réduits & assujétis à une méthode de perception simple & non abusive; que l'entrée des tabacs, des huiles de baleine & de spermaceti, est favorisée par des dispositions qui ne sont pas, à la vérité, aussi étendues que le commerce l'exigeroit, mais dont l'exécution entraînera nécessairement l'extension.

La lettre de M. de Calonne annonce encore que les droits d'entrée sur les diverses potasses, sur les peaux & poils de castor, sur les cuirs verds, sur les bois propres à la construction des navires, sur les navires construits, sur les arbres, arbustes & graines d'arbres, sont supprimés; qu'on supprime aussi les droits de sortie sur les livres & papiers de toute espèce destinés aux Etats-Unis; que ceux sur les eaux-de-vie sont généralement abolis; que des suppressions de ce genre ont été faites en faveur des vins de Bordeaux & de Guienne, comme nous l'avons déjà remarqué, & que le gouvernement accorde des facilités pour leur sortie.

Elle annonce enfin des encouragemens prochains pour le commerce des pelleteries & pour l'importation des riz de la Caroline.

Il ne faut pas s'étonner si, dans ce passage à un nouvel état de choses, la marche est lente & mesurée. A chaque pas on est arrêté par les entraves de la fiscalité; le commerce en est embarrassé de toutes parts. Après avoir surmonté les obstacles qu'elles opposent, il reste encore des préjugés à vaincre; il reste l'habitude à changer; une foule d'intérêts divers à concilier, des contre-coups à parer, des inconvéniens à prévenir : inconvéniens passagers, il est vrai, mais dont le premier effet est toujours embarrassant, inquiétant. Les yeux long-temps privés de la lumière, n'en peuvent pas jouir au moment où ils s'ouvrent. Louons donc encore une fois la sagesse du ministère, qui, voulant le bien, le fait avec circonspection; cette volonté seule, annoncée par des faits, ne peut qu'être infiniment encourageante pour les Américains libres.

Le lord Sheffield a fait une énumération des articles que les Etats-Unis ont à fournir dès-à-présent en échange des marchandises qu'on leur porte d'Europe. Elle présente au commerce françois les mêmes motifs d'encouragemens qu'au commerce anglois, &, à divers égards, de plus grands encore. Le tabac, les potasses, le fer, les bois & les provisions navales de tout genre, la graine de lin, le riz, les farines, les huiles de baleine, le spermaceti, les produits de la grande pêche, les gaudrons, les vaisseaux, les fourrures, l'indigo, &c., qui sont par-tout des matières d'un très-grand commerce, suffisent déjà, tant par la consommation intérieure, que par les diverses combinaisons de commerce extérieur, à payer une grande quantité de productions du sol & des atteliers françois (1).

Nous ne nous arrêterons que sur un petit nom-

(1) Le lord Sheffield a dressé une liste des divers articles importés dans les isles britanniques, des diverses provinces de l'Amérique septentrionale & des isles de Terre-Neuve, Bahama & Bermude, depuis le commencement de l'année 1770, jusqu'au commencement de l'année 1771. Cette liste présente un résultat de 86 millions de liv. tournois. Dans la table des mêmes importations, mais seulement de la partie d'Amérique formant actuellement les Etats-Unis, ces importations s'élèvent à plus de 36 millions par an, depuis 1771 à 1775 inclusivement. Ces estimations sont faites d'après les relevés des douanes américaines.

bre de ces articles, à cause de l'attention particulière qu'ils méritent.

SECTION PREMIÈRE.

Tabac.

De tous les articles que la France peut tirer des Etats-Unis d'Amérique, le tabac est le plus important pour les habitans des deux pays. S'il ne peut pas être mis au rang de nos besoins urgens, il les suit de si près, qu'à l'exception des cas où sa privation est volontaire, elle décèle ordinairement le dernier degré de la misère.

On ne doit pas s'étonner d'un usage aussi général. L'homme, avide de sensations, en a trouvé une assez vive dans le tabac : c'est peut-être la seule dont il puisse jouir à son gré, sans altérer sa santé, sans nuire à ses forces, sans suspendre son travail ou ses méditations. Le tabac réveille agréablement les esprits, & les observateurs qui ont fait attention au plaisir innocent, au soulagement instantané qu'un peu de tabac procure à l'homme pauvre & courbé sous le poids de la peine, ces observateurs ont toujours desiré qu'une jouissance aussi simple devînt de plus en plus moins coûteuse & meilleure ; & ils ne peuvent réfléchir, sans horreur, au crime de cette industrie fiscale, qui, enhardie par le monopole, & pour accroître ses profits, altère la poudre du tabac, jusqu'à la rendre funeste à la santé.

La consommation du tabac doit donc devenir toujours plus considérable, & le commerce de cette feuille, déjà très-important, ne peut être ralenti que par la diminution de sa culture, par les entraves du monopole, & par les sacrifices qu'il fait pour mieux assurer ses profits.

§. I.

De la culture du tabac.

La culture du tabac ne convient nullement aux Etats européens. Ils sont en général trop peuplés, pour que toutes leurs bonnes terres ne soient pas nécessaires à la production des subsistances.

Elles sont presque généralement chargées de taxes considérables. Le laboureur ne peut plus mesurer qu'avec inquiétude, la quantité de son travail, qu'elles absorbent en pure perte pour lui, & sa plus haute espérance est d'atteindre la révolution de l'année, sans avoir accru sa misère par des dettes. Il soupire après un changement d'état, &, dans cette situation déplorable, il entend vanter les villes, les fortunes qu'on y fait par le commerce, les arts, la servitude, les professions de tout genre. Il ne voit que leur côté brillant, le triste revers lui est caché; il croit aisément que s'il pouvoit être habitant d'une ville, il échapperoit à l'impôt, & qu'un travail moins pénible lui rendroit le centuple de ce que lui vaut sa charrue.

Cet état de chose ne favorise pas la population des campagnes; il en résulte au contraire une tendance plus ou moins prochaine à leur dépopulation, & par conséquent à la stérilité des terres, ou à leur moindre rapport. Cependant il est important à chacun des principaux Etats européens, de recueillir sur leur propre sol une assez grande quantité des denrées nécessaires à la subsistance, pour n'être pas obligé de recourir aux étrangers;

gers; ils doivent donc être soigneux de ne pas favoriser chez eux les cultures dont le produit ne sert ni à nourrir, ni à vêtir.

Or, le tabac doit être d'autant mieux enveloppé dans cette défaveur, que sa culture ne prospère que dans les meilleurs terreins, & qu'elle les épuise bientôt, si l'on n'y prodigue pas les engrais. Occupant déjà un sol qu'on pourroit mieux employer en denrées de première nécessité, le tabac prive encore le sol environnant de sa part dans la répartition des engrais.

Ils se trompoient donc, ces spéculateurs qui, sans doute animés par de bonnes vues, & regrettant les sommes considérables envoyées dans l'étranger pour y payer le tabac, désiroient que sa culture devînt nationale. La spéculation fiscale s'y est opposée en France; c'est un bien qu'elle a produit, au milieu des maux qu'on peut lui reprocher (1).

Le désavantage de la culture du tabac est déjà senti des Américains libres, qui, jusqu'à présent, ont fourni la plus grande partie du tabac que l'Europe consomme.

Les Virginiens n'en plantent plus que dans les terreins qu'ils défrichent. La trop grande abondance des sucs nourriciers, qui distingue sur-tout

---

(1) Cette erreur de quelques écrivains, qui font autorité, vient, sans doute, de ce qu'ils croyent qu'il y a des terreins uniquement propres à cette production; mais tout terrein propre à la production du tabac, l'est, à plus forte raison, aux denrées de première nécessité. Si les Alsaciens n'ont pas encore abandonné cette culture, si même ils la prônent, c'est que la facilité de la contrebande élève chez eux le prix du tabac à un taux extraordinaire. Mais l'administrateur général d'un royaume ne doit pas être arrêté par la considération d'un pareil profit, circonscri à une province.

les terreins qu'ils appellent *low lands*, ou terres basses, ne leur permettant pas d'ensemencer un sol nouveau en graines propres à nourrir, ils y plantent du tabac pendant les deux ou trois premières années. Le produit, aidé par l'extrême fertilité du sol, en est alors avantageux; il cesse de l'être, dès l'instant que les sucs nourriciers sont devenus moins abondans. Alors si, par habitude ou par ignorance, le Virginien persévère dans la culture du tabac, son produit ne paye plus sa dépense; ses esclaves, mal nourris, s'épuisent par un travail devenu plus pénible; les enfans périssent au sein desséché des négresses, excédées de fatigues; le maître, loin de pouvoir accroître ses jouissances & distribuer le bonheur autour de lui, s'endette; & bientôt la misère, descendue sur ces possessions, n'offre plus que l'image d'une dévastation causée par l'ennemi, ou par un incendie.

Tel est l'effet de la culture du tabac, dès qu'on ne peut plus y employer des terreins vierges, uniquement fertilisés par les débris de ces matières végétales, entassées dans ces contrées désertes pendant une longue suite de siècles.

Aussi la Virginie, qui produisoit autrefois quatre-vingt mille boucauts de tabac (1), n'en pro-

---

(1) Un boucaut de tabac pèse 1000 livres; un Virginien adonné à cette culture, peut à peine en faire un boucaut, en récoltant quelque bled pour sa nourriture & celle de sa famille : le boucaut lui rapporte 10 liv., argent de Virginie; il faut qu'avec cette somme, il achete des habits, ceux de sa famille, & beaucoup d'autres nécessités. Aussi, loin d'avoir du gain, est-il endetté. Au contraire, un Virginien qui cultive le bled, récolte cent boisseaux à la place du boucaut de tabac, & ces cent boisseaux lui rendent 30 liv. ou *pounds* de Virginie; outre qu'à côté de cette culture, il peut recueillir du maïs, du fourrage, nourrir des cochons, des bestiaux, faire des salaisons. Aussi voit-

duit plus que la moitié; & quoique la paix ait un peu ranimé cette culture par le rehaussement du prix, elle ne tend pas moins à la décadence, par l'avantage incontestable que les Virginiens trouvent aujourd'hui à lui préférer la culture du bled, du maïs, du chanvre, du coton, &c.

Cette expérience est décisive pour la France, où l'on ne connoît aucune de ces terres trop meubles, qu'on puisse, comme en Amérique, préparer à produire le bled par une première culture en tabac. La France a donc intérêt à tirer le tabac de l'étranger; mais il faut qu'elle le paye avec ses manufactures. Elle peut jouir de cet avantage plus pleinement avec l'Amérique libre, qu'avec toute autre contrée : nous n'en répéterons pas les raisons; nous observerons seulement que les Américains libres, ayant une immense étendue de terres dont le défrichement ne peut s'opérer qu'à la suite de plusieurs siècles, doivent avoir long-temps du tabac à fournir à l'Europe, puisque cette production paye avec usure les fraix des défrichemens.

Il est vrai que la culture du tabac en Amérique doit s'éloigner toujours davantage de la mer,

---

on tout prospérer dans les possessions du Virginien laboureur. Les nègres y sont bien nourris, bien vêtus, bien portans; ceux des planteurs sont à l'extrémité opposée : la culture du tabac ne leur laissant point de repos, ne leur offrant aucun dédommagement, les a bientôt épuisés.

Les Virginiens qui cultivent le bled, paient très-facilement les taxes, & ont acquitté leurs dettes. Ceux qui ne cultivent que le tabac, payent difficilement les impôts; les dettes les écrasent. Le même état de chose existe dans le Maryland, dans la Caroline du sud, & l'on ne verra bientôt dans ces contrées, hors les cas de défrichemens, que quelques plantes de tabac cultivées autour des habitations, comme dans quelques parties des états du nord, où l'on abandonne cette petite culture aux nègres à titre de récompense ou d'encouragement.

& que les fraix de transport peuvent devenir si considérables, que son exportation en Europe ne soit plus avantageuse.

Mais diverses considérations reculent cette époque : 1°. En ne cultivant le tabac que dans les terreins absolument neufs, cette culture est beaucoup moins dispendieuse & la récolte beaucoup plus abondante ; par conséquent il coûtera moins cher sur le sol nouveau, que lorsqu'il exige plus de travail & des engrais. 2°. L'Amérique, coupée en tout sens par des fleuves & des lacs, a des ressources infinies pour rendre le transport par eau facile à-peu-près par-tout, & par conséquent presque jamais coûteux. Il est aisé d'y multiplier les canaux, & conséquemment les communications : nulle partie du monde n'est favorisée à cet égard comme l'Amérique. 3°. Les bords de l'Ohio & du Mississipi offrent des terreins immenses à défricher. L'Ohio tombe dans le Mississipi, qui tombe à son tour dans la mer. Ces deux fleuves sont navigables presque par-tout, & les terreins qui les bordent, produisent déjà & produiront long-temps d'excellent tabac. 4°. Enfin, quand le prix du tabac devroit augmenter, cette hausse ne sera pas ressentie en France, si les Américains libres, donnant chez eux la préférence à la culture, conservent le besoin des manufactures européennes, & préfèrent celles de France. Dans ce systême, l'échange entre les marchandises manufacturées en France, & les productions du sol américain, peut encore se faire avec avantage, lors même que les productions américaines se vendroient en France au-dessous du prix d'achat en Amérique. On a vu long-temps, & cette circonstance subsiste peut-être encore, le commerce françois au Levant, donner de grands bénéfices, quoique les marchandises apportées en retour se vendissent moins cher en France, qu'on ne les payoit sur le lieu même de leur production.

§. II.

Du commerce du tabac étranger en France.

Tirer de l'Amérique libre les tabacs que la France peut consommer, & les payer avec ses manufactures, est donc une spéculation que le gouvernement françois a le plus grand intérêt de faciliter. Cette feuille, dont les fermiers-généraux ont la vente exclusive, procure au roi un revenu net de vingt-huit à vingt-neuf millions de livres ; & il a fallu, pour l'obtenir, porter la vente du tabac à un prix qu'il est impossible d'augmenter, sans exciter toujours plus la contrebande, & sans s'exposer à voir diminuer la consommation du tabac. Cependant le gouvernement doit s'attendre à être sollicité, tôt ou tard, pour une augmentation de prix ; car il est probable que le tabac renchérira sur les lieux qui le produisent. Or, on préviendra ou l'on retardera la nécessité de cette augmentation, si l'on s'applique à le recevoir d'une manière toujours plus directe en échange du produit des manufactures ; d'ailleurs, toutes choses égales, les progrès de celles-ci remplaceroient une diminution dans ce revenu, en bonifiant d'autant les autres branches.

Mais cet échange si desirable, ne sauroit exister sous le régime actuel. Les fermiers-généraux ne sont pas commerçans. Contens d'obtenir un bénéfice certain sur le monopole dont ils payent chérement le privilège, ils s'inquiètent peu si ce monopole peut s'exploiter d'une manière plus ou moins défavorable à la nation : peut-être même sont-ils gênés à cet égard par la réduction de leurs bénéfices, & par la guerre, toujours plus coûteuse, qu'ils sont obligés de soutenir contre l'industrie des sujets françois, dont ils combattent les intérêts.

La ferme achète vingt-trois à vingt-quatre millions de livres pesant de tabac, soit la quantité de trente-trois mille boucauts, pour lesquels elle dépense, non compris les fraix de transport, au moins sept à huit millions de livres tournois. Une plus grande quantité pourroit être fournie à la France par l'Amérique libre, sans y causer de renchérissement, puisque la Virginie seule, réduite à la moitié de son ancienne production, en fournit quarante mille boucauts.

Voilà donc une valeur de près de huit millions en tabac, qui pourroit être échangée contre une valeur pareille de marchandises françoises, fournies directement aux Américains libres, si le tabac devenoit marchand; c'est-à-dire, si, arrivant d'Amérique, il trouvoit en France plusieurs acheteurs en concurrence les uns des autres.

Cette concurrence est nécessaire pour délivrer l'armateur de la crainte de recevoir la loi du monopole, pour l'enhardir à tenter des échanges avec les Américains libres.

Sans cette concurrence, les tabacs ne seront jamais mis, par les commerçans, au rang des retours assurés. Les Américains libres les apporteront avec timidité; les François seront plus timides encore à les acheter en Amérique, & le monopole intérieur nécessitera toujours une autre espèce de monopole en Amérique même, également fatal à ce commerce; car si, d'un côté, il faut du tabac à la ferme, de l'autre, elle seule peut le vendre en France; on ne lui en portera donc que sur sa commission expresse, dont un commissionnaire unique sera toujours chargé.

On ne peut rien opposer de solide à cette conséquence naturelle de l'état actuel des choses. Les encouragemens, les primes, les ports francs, les dépôts, pour retarder la vente; si la ferme ne veut pas payer convenablement, tous ces expédiens ne sont que des palliatifs auxquels l'armateur ne s'abandonne pas deux fois de suite. Par-tout où la marchandise ne peut être achetée que par un acheteur unique & privilégié, elle ne peut y arriver que sur convention faite d'avance avec le privilégié; elle n'appartient plus au commerce général.

Mais, dira-t-on, il faut toujours que la ferme paye le tabac qu'elle achète; les armateurs qui porteront de nos manufactures en Amérique, y trouveront par conséquent des traites sur la ferme; il les prendront en paiement de leurs marchandises; ils pourront même lui apporter son tabac à fret.

Cette réponse ne peut paroître spécieuse qu'à ceux qui ignorent les convenances qui déterminent les commerçans. Nous avons observé que la commission des tabacs pour la ferme, sera toujours, quoiqu'on fasse, confiée à un seul commissionnaire; dès-lors on ne peut pas l'obliger à attendre pour ses rembours & pour l'expédition des tabacs, la commodité, les convenances des importateurs de marchandises françoises en Amérique. On ne peut pas empêcher ce commissionnaire de la ferme de faire, d'avance, des combinaisons particulières sur ses traites, sur l'emploi des avances qui lui seront dûes. On ne peut pas lui interdire des spéculations relatives à ses propres expéditions; en un mot, on ne peut pas l'obliger à faire coincider ses convenances avec celles des armateurs qui auront à rapporter chez eux le produit de leurs ventes. Or, il faut, à ces armateurs, non-seulement une variété d'objets de retour qui leur laisse du choix, mais encore que ces divers objets se trouvent à leur portée à l'instant où ils ont besoin; il faut, en un mot, qu'ils ne reçoivent de loi, à cet égard, que celle du profit qu'ils recherchent. Cette loi est si différente selon le moment, le lieu, les personnes, que l'on voit communément partir de deux villes, au même instant, & de l'une pour l'autre, de l'argent, ou des lettres de change, dont l'échange auroit pu se faire, sans les recherches & le temps perdu que cet échange auroit exigés; inconvéniens auxquels les commerçans ne s'exposent jamais volontairement.

Il seroit trop long d'entrer dans d'autres discussions. Tous les commerçans instruits & impartiaux, conviendront avec nous que le tabac ne sera un objet de retour commode & utile au commerce général entre la France & les Etats-Unis, qu'autant qu'il sera rendu en France, marchand, dans toute l'acception du terme, depuis l'instant où il arrive, jusqu'à celui où il entre dans la boite du consommateur.

Mais comment le tabac deviendra-t-il marchand en France? Comment le tirer des mains du monopole, & conserver en même-temps à l'Etat un revenu de vingt-huit millions, au moins, que ce monopole lui procure, & que, dans les circonstances actuelles, il feroit bien difficile de remplacer? Ce problême mérite d'être difcuté avec attention; car fi la France veut férieufement établir des relations importantes de commerce avec l'Amérique, elle y parviendra d'autant mieux, qu'elle fera rentrer le tabac dans la claffe des objets dont la confommation chez elle, n'eft foumife à aucun monopole.

Un examen de cette queftion, à quelque longueur qu'il nous conduife, eft intéreffant pour les deux nations : il ne pourra déplaire au gouvernement françois; car il a lui-même tellement fenti la néceffité de mettre le tabac fur un pied marchand, pour favorifer le développement du commerce entre la France & les Etats-Unis, qu'il a chargé un comité particulier de s'occuper fpécialement des tabacs fous ce point de vue.

M. la Fayette y propofa, l'année dernière, l'abolition du monopole de cette production. On s'imagine bien que cette propofition entraîna des difcuffions vives avec les députés de la ferme.

M. la Fayette récapitula leurs calculs; & fondant fur leurs bafes même, l'établiffement d'un droit d'entrée de trente-deux fols & demi par livre, il démontra que ce droit fuffiroit non-feulement aux vingt-neuf millions pour l'Etat, mais rendroit encore, outre fix millions pour les frais de régie & de garde contre la contrebande, un bénéfice de dix pour cent pour le régiffeur, & une fomme par-delà affez confidérable.

Expofant enfuite fes propres calculs, il démontra que ce nouveau régime ameneroit une plus grande confommation du tabac; que ce tabac feroit tout-à-la-fois moins cher & de meilleure qualité, & que le royaume seroit délivré des vexations & des désordres occasionnés par le monopole; avantage bien grand, bien mal apprécié jusqu'à présent, même en ne calculant que d'après le but de la fiscalité, & qu'il appartenoit à l'ame sensible de M. la Fayette de développer avec intérêt.

Qu'il nous soit permis de nous arrêter un moment sur le spectacle touchant & nouveau qu'offroit cette discussion..... Qu'il nous soit permis d'adresser à ce jeune & généreux François les hommages de cette philosophie paisible, qui n'admira jamais dans les exploits militaires que le but seul louable, de favoriser la liberté, & avec elle les progrès des lumières & de la raison. M. la Fayette a contribué par sa valeur à venger les Américains; il s'occupe maintenant à étendre leur commerce & celui de sa patrie. Puisse-t-il, avec un succès égal, poursuivre cette utile carrière!

La ferme générale a rejetté les calculs de M. de la Fayette, mais sans les détruire. Nous regrettons de ne pouvoir publier ici les détails de cette discussion contradictoire; car c'est peut-être la première fois que la question, sur la meilleure manière de concilier l'impôt sur le tabac avec la liberté de son commerce, a été soumise à des calculs aussi précis; & notre regret est d'autant plus grand, que ces calculs éclaireroient les nôtres.

Le moyen proposé par M. la Fayette, est essentiellement le seul bon pour remplir le but que se proposoit le comité; mais nous croyons que l'obligation imposée au propriétaire ou marchand du tabac en feuille, de payer le droit entier à l'entrée du royaume, entraîne plusieurs inconvéniens.

1°. Cette avance est considérable sur une marchandiſe qui vaut à peine la cinquième partie du droit ; par conſéquent elle décourage, elle rend plus difficile l'achat des tabacs, comme retour. Un grand principe dans le commerce, eſt de lui éviter des avances inutiles, lors même qu'on s'oblige à les rendre. C'eſt le défaut des *drawbacks* Anglois (1).

2°. Un droit de trente-deux ſols & demi par livre de tabac, inſpire une grande tentation de l'éviter ; de-là fraudes & manœuvres pour y réuſſir.

3°. Dans ce ſyſtême, on ſera obligé, pour favoriſer l'importation, de n'exiger le droit qu'au moment de l'expédition du port de mer françois à l'intérieur du royaume, & de-là réſulte la néceſſité d'établir des ports francs ; mais d'un autre côté, pour gêner la contrebande, il faudra limiter ces ports, & établir des règles d'entrepôt très-rigoureuſes ; ce qui entravera beaucoup le commerce & de pluſieurs manières.

4°. Enfin, le droit entier du tabac exigé à l'entrée du royaume, privera la France du commerce d'exportation à l'étranger, des tabacs manufacturés ; exportation qu'elle peut faire & rendre conſidérable ; car la méthode des reſtitutions de droits aux frontières, pour favoriſer le commerce étranger, ne ſauroit convenir à ce royaume ; elle entraîne une foule d'embarras, d'inconvéniens & d'actes de mauvaiſe foi, que, par la nature des choſes, il eſt également impoſſible d'éviter & de punir.

Trouver un moyen de diviſer & de répartir ces trente-deux ſols & demi, combiné de manière que, quoique le tabac devienne marchand, ce droit ne provoque point la contrebande, n'oblige pas à ſou-

(1) Le *drawbacks* ſont des reſtitutions de droits.

doyer une armée de gardes, n'éprouve point de diminution, n'en fasse éprouver aucune, ni à la consommation, ni à la qualité du tabac; telles sont les conditions du problême.

Nous croyons en avoir trouvé la solution. Mais avant de hasarder nos idées à ce sujet, il ne sera pas inutile de répondre à une objection devenue, sinon plus forte, du moins plus accréditée par l'espèce d'assentiment que lui a donné M. Necker dans son livre de l'administration des finances.

§. III.

Sur la liberté du commerce.

M. Necker objecte contre la liberté de ce commerce, qu'elle établit une concurrence aux achats dans l'étranger, laquelle occasionne le renchérissement de l'objet, & par conséquent une plus grande dépense pour l'obtenir, que si la faculté de l'acheter étoit concentrée dans une seule main.

Mais les faits & la nature des choses, considérés dans leur généralité, sont absolument contraires à cette objection. Elle n'est pas même vraie à l'égard des productions dont la quantité seroit irrévocablement limitée; car alors les acheteurs en concurrence, savent bientôt se réunir pour n'opposer qu'une seule offre à un seul vendeur, & le plus souvent celui-ci est dupe de son avidité, lorsqu'il veut abuser de la possession unique de pareilles productions, pour faire la loi aux acheteurs.

Quoi qu'il en soit, les tabacs ne sont pas dans ce cas : c'est une production dont la quantité est illimitée; elle peut être réduite ou augmentée selon les convenances du cultivateur. S'il y a peu de demandes, les prix baisseront, & la culture diminuera, aussi-tôt que cette baisse attaquera essentiellement le profit du cultivateur; si la demande est considérable, elle fera hausser les prix; cette hausse augmentera la culture par l'appas du profit, & cette augmentation ne tardera pas à rétablir la modération dans les prix. C'est la loi immuable de l'action & de la réaction entre la production & la consommation des objets de commerce. Laissez-les à une entière liberté, & la quantité des productions se mettra toujours dans un tel rapport avec la consommation, que les travaux & les avances nécessaires pour la production, ne rendront jamais que des profits très-rapprochés des besoins raisonnables des auteurs de ces travaux & de ces avances.

S'il arrive quelques exceptions momentanées à cette loi, c'est en ignorant ou dissimulant leur vraie cause, qu'on en tire des argumens spécieux contre la loi même. Il est bien clair, par exemple, que si l'on n'a pas prévu l'instant où le privilège d'une compagnie cesse, l'affluence des commerçans, qui se partagent tout-à-coup son commerce, cause au pays où se font les achats, un renchérissement de la marchandise qui auparavant n'étoit achetée que par le privilégié. Mais cette même avidité, qui fait que chacun de ces nouveaux venus veut en acheter le plus possible, ne les abandonne pas, lorsqu'il faut vendre, & la concurrence désavantageuse qu'ils se font encore à la vente, leur enseigne bientôt les proportions dans lesquelles ils doivent se renfermer à l'avenir. Il arrive aussi que la liberté rendue, découvre les moyens d'une plus grande consommation, & que cette circonstance maintient les prix hauts; mais cette hausse ne dure que le temps nécessaire pour que la production se mette au niveau de cette consommation nouvelle; & ceux qui connoissent les hommes & les choses, savent bien que ce moment ne tarde pas à paroître.... Mais quand la fin d'un monopole est prévue, quand on est certain qu'il ne se renouvellera pas, il arrive presque toujours, qu'au pays où il faisoit ses achats, on y fait de grands préparatifs pour le moment de la liberté, tels même qu'ils surpassent encore les quantités que peuvent acheter les divers concurrens qui succèdent à la compagnie privilégiée, & alors aucune augmentation de prix ne se fait sentir.

Mais, encore une fois, que ceux qui sur cette matière résistent à l'évidence, considèrent l'état général des importations étrangères. Les objets de ces importations, laissés à la liberté du commerce, sont en beaucoup plus grand nombre que ceux dont le monopole a su s'emparer; on devroit donc remarquer au-dehors une cherté artificielle sur tout ce qu'on ne peut y acheter qu'en concurrence, comme on voit une semblable cherté exister au-dedans sur toute production étrangère vendue par le monopole. Cependant, l'expérience prouve le contraire. Un grand nombre de marchands achètent en concurrence au-dehors, pour revendre en France, bien des sortes de matières premières, nécessaires à ses manufactures, ou à d'autres consommations habituelles; & l'on ne voit pas que cette concurrence à l'achat les rende plus chères que ne le comportent les salaires, les avances, les intérêts & les profits suffisans pour donner l'existence à ces matières.

Si l'on objectoit encore que ces matières ne sont que des supplémens à celles que la France produit elle-même, & que par conséquent cette production intérieure établit un contre-poids qui empêche le trop haut prix de la production étrangère; nous répondrions qu'il y a des matières consommées en France, qui ne jouissent pas de ce contre-poids, & qui n'offre cependant rien d'extraordinaire dans le prix auquel on les achète au-dehors.

Ajoutons que quoique la culture du tabac ne soit pas permise en France, on y auroit bientôt des tabacs, venant d'autres pays que l'Amérique, si la liberté de l'achat (1), laissée dans les Etats-Unis, à tout armateur, y causoit un renchérissement sensible dans le prix de cette feuille; car l'Est de l'Europe offre aussi d'immenses contrées, où la civilisation s'étend, où il pourra convenir long-temps de cultiver des tabacs, comme en Amérique.

Non, les partisans de la liberté du commerce, qui affirment qu'elle seule produit, non-seulement les proportions les plus justes entre les quantités & les besoins, mais encore les prix les plus équitables, ne sont pas entraînés *par l'empire des mots*, comme on les accuse trop légèrement. Ils ont pour eux les faits, la logique & les leçons de l'expérience (2).

---

(1) Le lecteur se rappellera que la liberté à l'achat n'est rien sans la liberté à la vente. Tout armateur peut acheter des tabacs en Amérique, & les apporter en France; mais il ne peut les y vendre qu'à la ferme générale; ce qui équivaut à une défense d'en acheter; défense plus religieusement observée que toute autre; car elle est prononcée par l'intérêt de l'armateur.

(2) Si le systême de la liberté n'a pas encore prévalu, c'est qu'il faut, pour s'y affermir, de la persévérance & beaucoup

Convaincu donc que le système de la liberté du commerce réunit tout en sa faveur, & ne blesse que les intérêts du monopole, nous exposerons notre idée, quelqu'imparfaite qu'elle puisse être, sur la manière de percevoir le droit d'entrée sur le tabac en feuille, proposé par M. le marquis de la Fayette.

§. IV.

Moyens de rendre le commerce du tabac libre en France, & de conserver le revenu que le fisc en retire.

Plus le droit imposé sur une production est considérable, & plus il invite à la fraude ; & la fraude est ici d'autant plus séduisante, d'autant plus grande & plus difficile à réprimer, que le prix du tabac est peu considérable comparativement au droit.

La livre du tabac, mis en état d'être vendu au consommateur, coûte à peine 12 sols à la ferme générale, tandis que le consommateur la paie 4 liv. Elle laisse par conséquent un bénéfice de 3 liv. 8 sols. Peut-on offrir un appât plus grand à la contrebande ? Combien de professions honnêtes sont moins lucratives que le métier de fraudeur de tabac ? Est-il surprenant qu'il ait fallu dresser des gibets pour le réprimer, & que ces rigueurs, plus cruelles cent fois que le délit, aient toujours été inutiles ?

---

d'habitude d'observer & de réfléchir. Sans cette habitude, il est difficile de suivre à la trace, dans le train des affaires, toutes les circonstances équivoques qui appartiennent quelquefois aux intrigues du monopole, & plus souvent aux fausses notions & à la manie réglementaire dont aucune nation commerçante n'a encore su se garantir ; circonstances que les partisans du système coercitif ne manquent pas de donner hardiment pour les effets de la liberté.

La

La ferme générale en vend environ quinze millions de livres pesant : ces quinze millions supposent, à cause du déchet à la fabrication, qu'elle en achète vingt-trois millions quatre cents mille livres en feuille : c'est ce tabac en feuille que M. de la Fayette a proposé d'assujétir à un droit d'entrée de 32 sols 6 den. par livre pesant ; & c'est ce droit qui produiroit 38 millions 187,500 liv. tournois, desquelles, prélevant 30 millions pour le roi, on voit qu'il en resteroit encore plus de huit pour les frais de la régie de ce nouveau régime, & pour les bénéfices des fermiers ou régisseurs (1).

On voit donc, au premier coup-d'œil, que M. de la Fayette proposoit un régime simple, qui, en rendant le tabac au commerce libre, augmentoit, loin de la diminuer, la finance que l'état en retire.

Pourquoi sa proposition n'a-t-elle eu aucun succès ? Nous l'ignorons ; mais nous avons observé que ce droit laisse à la contrebande un appât encore trop puissant. Il entraine donc la nécessité de conserver un grand établissement de gardes, destinés à prévenir la fraude. Cette nécessité aura sans doute fourni à la ferme générale un prétexte spécieux pour rejetter ce changement.

En effet, dès qu'il faut garder, & garder à grands frais, la ferme générale, ayant à ses ordres une armée de gardes, qui continueroit de lui être nécessaire, lors même qu'on lui enleveroit les tabacs,

(1) Les frais de la ferme générale pour les tabacs, ne vont pas à six millions : elle n'en dépense pas même plus de huit pour son état de guerre, contre tous les contrebandiers.

elle offre une économie réelle, en employant les mêmes gardes contre les fraudeurs de tabac? Mais comment la ferme y consentiroit-elle pour d'autres intérêts que pour les siens? Cette considération la mettroit donc en état de contraindre l'administration à ne confier qu'à elle la perception du nouveau droit; & dès lors il n'étoit pas étonnant que son refus de concourir à aucun changement, joint à quelques autres circonstances, ait conduit à laisser subsister l'état actuel des choses.

Il seroit donc avantageux de pouvoir donner à la perception de ce droit une forme, qui, tout-à-la-fois, assurât le revenu de l'Etat, & rendît inutile l'intervention de la ferme générale. Cette forme seroit celle, sans doute, où les fabricans & débiteurs de tabac, auroient eux-mêmes intérêt à veiller à la contrebande, & où du moins elle ne pourroit jamais devenir pour eux un fléau décourageant. Tel est le but qui nous a guidés dans le systême d'impôt sur le tabac, que nous proposons. Le lecteur jugera si nous l'avons atteint.

Ce systême offre un grand avantage : il permet d'espérer qu'un jour le droit même de 32 sols 6 den. proposé par M. le marquis de la Fayette, seroit réduit, puisque, dans ce systême, on n'a pas besoin d'un droit aussi fort, pour procurer à l'Etat le revenu qu'il tire maintenant de l'impôt du tabac. Cependant pour mettre tous les esprits à portée de comparer notre méthode avec celle de la ferme, & avec celle de M. de la Fayette, & pour en faire sentir l'avantage, nous prenons les mêmes bases que lui, & nous partons du droit de 32 sols 6 deniers.

Voyons d'abord par quel moyen on évitera plus

ſûrement cette contrebande, que M. de la Fayette s'eſt propoſé de détruire.

Si la contrebande du tabac eſt ſéduiſante, par le profit qu'elle offre, il faut, d'un autre côté, convenir qu'il n'eſt pas bien difficile de l'empêcher. L'odeur de cette plante eſt aſſez forte pour que le contrebandier craigne qu'elle ne le trahiſſe; par conſéquent, il ne peut l'introduire que lentement, & par petites parties.

Droit ſur le tabac en feuille, à l'entrée du royaume.

N'impoſer qu'un droit d'entrée très-modéré, eſt le vrai moyen de prévenir la contrebande du tabac en feuille. Il eſt lourd & volumineux, les frais de tranſport ſont conſidérables, & les riſques d'être découvert très-grands. Or, beaucoup de frais, beaucoup de riſques, & peu de gain, ſuffiſent pour empêcher la fraude.

Cinq ſols par livre peſant de droit d'entrée ſur le tabac en feuille, produiront déjà, ſans offrir un appât à la contrebande, un revenu de 5 millions 850 mille livres. Cet impôt modéré offre un double avantage : il diſpenſe de hériſſer les frontières de nombreuſes gardes, & ne grévant pas les importeurs du tabac en feuille par une grande avance, il ne gêne ni ne décourage les armateurs de choiſir en Amérique cette production pour objet d'échange.

Permiſſion de fabriquer le tabac, moyennant une finance.

La contrebande, dans notre ſyſtême, ne ſera

pas plus à craindre pour la fabrication du tabac; car il seroit impossible qu'il s'établît aucune manufacture de tabac dans l'intérieur du royaume, si le gouvernement ne vouloit pas le permettre. Outre l'odeur, elles exigent trop d'espace & d'ouvriers, pour que le secret soit possible. On peut donc empêcher, presque sans frais, qu'aucune fabrique de tabac ne s'établisse sans permission, & cette permission peut être vendue.

La ferme générale a dix manufactures qui fournissent entr'elles, à la vente intérieure de quinze millions de livres pesant de tabac manufacturé. On a vu que ces quinze millions supposoient l'achat de vingt-trois millions quatre cents mille livres en feuille. En assujettissant les manufacturiers, qui obtiendront une permission, à une finance équivalente à dix sols pour chacune de ces livres du tabac brut, on auroit un produit de onze millions sept cents mille livres, & voilà déjà quinze sols trouvés dans les trente-deux sols & demi qu'il s'agit d'imposer.

Dans ce régime, le tabac non manufacturé rendu à la porte du fabricant, ne lui coûte que 21 sols 8 deniers la livre; mais là il doit acquérir une augmentation de valeur par la main-d'œuvre qui le met en état d'être consommé.

Nous n'avons pas des connoissances suffisantes pour apprécier, avec exactitude, cette augmentation. Elle doit être composée du montant du déchet opéré par la fabrication du tabac brut, des dépenses du fabricant, & du gain qui lui est dû. Mais d'abord, comment calculer ce déchet? Nous ne le pouvons que par approximation. Or nous savons que, dans les manufactures étrangères, on ne l'estime pas à plus de trente pour cent (1); & nous croyons ne pas nous écarter de la vérité, en allouant pour ce déchet, pour les fraix de préparation, & pour l'augmentation à faire sur les quinze sols de droits, déjà payés, qui doivent se retrouver sur une quantité réduite par la manipulation, 9 sols 4 den. par livre de tabac fabriqué. Celui-ci revient donc à 31 sols la livre au fabricant.

Une marchandise d'un usage aussi général, ne reste jamais long-temps en magasin. Ainsi, en supposant que le fabricant ne prenne que quinze pour cent pour son bénéfice de fabrication & pour ses avances, c'est supposer l'extrême; il pourra donc vendre son tabac fabriqué au débitant à 35 s. 6 den. la livre (2).

Mais il reste encore 17 sols 6 deniers à appliquer du droit de 32 sols & demi sur le tabac brut

---

(1) Ce déchet de 30 pour 100 est réduit à peu de chose dans l'étranger. Il provient des côtes de la feuille. On les brûle à la ferme générale, pour des raisons que nous ignorons. Dans les manufactures étrangères, on les emploie. On en fait du tabac en corde, à l'usage de ceux qui le mâchent. Les gens de mer & les habitans des ports consomment beaucoup de ce tabac; on regarde cette habitude comme utile à la santé, du moins elle n'a pas paru jusqu'ici lui être contraire. La ferme fait donc une perte gratuite de 30 pour 100 sur la feuille du tabac, que les fabricans, en concurrence, ne feroient certainement pas. Il y a d'autres secrets de manipulation, dont le bénéfice, entre les mains de la concurrence, tourneroit au profit du public & de l'extension du commerce.

(2) On vient de voir, dans la note précédente, que le déchet de 30 pour cent n'est pas une perte; mais nous avons exagéré ce déchet: car nous supposons ici que la quantité de vingt-trois millions de livres pesant de tabac ne rend que quinze millions de livres pesant manufacturées; & à 30 pour cent de déchet, cette quantité en doit rendre 16 millions 380,000 liv.: ce qui laisse, en faveur de notre calcul, un rabais de 10 pour cent à faire dans nos estimations, sur tout ce qui n'appartient pas au droit d'entrée. Nous ne faisons point entrer, dans nos calculs, l'humectation du tabac; la concurrence ne peut, sur ce secret, qu'être avantageuse au public.

ou en feuille. Ces 17 fols 6 deniers doivent être produits par le débit de 15 millions de livres pesant, puisque la ferme générale ne vend, dans les provinces foumises à fon bail, que cette quantité de tabac manufacturé.

Ces 17 fols & demi fur le tabac brut, portent la livre du tabac manufacturé, de 35 f. 6 den. prix du fabricant, à 3 liv. 2 fols 9 d. & une fraction; fur quoi il faut encore ajouter le bénéfice du débitant.

La ferme générale lui remet le tabac en poudre à trois livres douze fols la livre de dix-fept onces. — Il le vend quatre francs la livre de feize onces. — Il pourroit donc le donner à meilleur marché dans ce nouveau régime.

Mais comment fe fera la perception de ces dix-fept fols & demi, foit de vingt millions quatre cents foixante-quinze mille liv. qui manquent pour compléter le produit du droit de trente-deux fols & demi? Le voici.

Permiffion de débiter le tabac en détail, moyennant finance.

Nous avons obfervé qu'il étoit impoffible que le tabac pût fe fabriquer fecrétement; il eft encore impoffible que le débit en foit fecret, & qu'il s'établiffe par conféquent aucun débitant public de tabac, fans la permiffion du gouvernement. Voilà donc de nouvelles permiffions à vendre. Or, il y a dans le royaume au moins quarante mille de ces débitans; & puifqu'ils achètent le tabac à trois liv. douze fols la livre, de la ferme générale, ils ne feront pas grevés en achetant une permiffion de le débiter, qui ne fera au fond qu'un à-compte fur le prix du tabac. Ils pourront d'autant mieux faire cette avance, que le fabricant ne leur vendra le tabac manufacturé qu'à trente-cinq sols six deniers la livre, & même à moins.

Vingt millions quatre cents soixante-quinze mille livres, divisées par quarante mille, font un peu moins de cinq cents douze livres. Les permissions de vendre du tabac, coûteront donc cinq cents douze livres, l'une portant l'autre (1).

Mais qui distribuera ces permissions? Les fabricans, & à leurs risques; car s'ils n'en étoient pas chargés, ils auroient eux-mêmes la facilité de vendre du tabac à d'autres qu'à des débitans autorisés, & de se soustraire au droit de vente, dont leur fabrication n'est pas chargée.

Ainsi les fabricans auroient deux sortes de permissions à acquérir; celle de fabriquer, calculée à raison de dix sols par livre de tabac en feuille, & celle pour débiter ou faire débiter le tabac manufacturé. Ces dernières seroient créées d'avance au nombre de quarante mille, & d'après des divisions qui les rendroient convenables aux quarante mille bureaux, débitant actuellement le tabac de la ferme.

De cette manière, le tabac ne pourroit être ni fabriqué, ni vendu dans le royaume, sans en avoir préalablement obtenu la permission à prix d'argent; & comme le gouvernement se borneroit à s'assurer d'une recette de trente-huit millions, il ne dési-

---

(1) On sent que les répartitions de cette somme doivent être faites en portions inégales; car le débitant d'un petit village n'acheteroit pas une permission dont le prix excéderoit la quantité de son débit. Les connoissances nécessaires pour faire ce tarif nous manquent, & d'ailleurs ce travail seroit ici parfaitement inutile.

vreroit aucune permiſſion de fabriquer & de vendre, qu'il n'eût préalablement reçu le nombre de ſoumiſſions qui, tant en permiſſions de fabriquer que de débiter, lui aſſuraſſent cette ſomme, moins le produit du droit d'entrée à raiſon de cinq ſols par livre peſant, lequel droit ſeroit, en tout état de cauſe, perçu aux frontières.

On ne limiteroit pas d'avance le nombre des fabriques; mais aucune ne commenceroit ſon établiſſement que le gouvernement n'eût des ſoumiſſions ſous caution, pour un nombre de fabriques ſuffiſant pour remplir ſon objet. Ainſi les ſoumiſſions détermineroient le nombre des fabriques, & ce nombre reſteroit enſuite fixé pendant un temps aſſez long, afin de laiſſer aux fabricans l'eſpoir, non-ſeulement de tout le débit qui ſe trouveroit partagé entr'eux, mais encore de l'augmentation de débit que leur procureroit leur induſtrie.

Il eſt important & néceſſaire, dans ce régime, de porter ces fabriques à un nombre plus conſidérable que celles de la ferme générale; car la modicité du droit d'entrée des tabacs en feuille, permettant de l'admettre dans tous les ports du royaume, & à toutes les frontières, il s'enſuit qu'il doit y avoir, autant qu'il eſt poſſible, des manufactures voiſines des principales entrées, pour éviter de trop grands frais de tranſport. Chacune de ces manufactures pourroit établir ſa principale conſommation autour d'elle (1). Un certain nombre

(1) Il y a près de 600 entrepôts de tabac dans le royaume, outre les fabriques & les débitans; ce qui prouve la néceſſité de beaucoup multiplier les fabriques. Cent feroient annuellement, ſur le pied actuel du débit, pour au moins quatre cents cinquante mille livres d'affaires, l'une portant l'autre. Si on ajoute le pro-

de manufactures est encore nécessaire pour entretenir l'émulation, qui étend & vivifie toute espèce de commerce, & pour prévenir les inconvéniens plus ou moins grands attachés à toute limitation de ce genre. Il ne faut point craindre d'être arrêté par les difficultés qu'entraînent les établissemens vastes & dispendieux ; la préparation du tabac, même la plus recherchée, n'exige aucun attelier dont les frais ne puissent se proportionner, sans désavantage, avec les quantités.

Nous n'entrerons pas dans de plus grands détails, ils seroient inutiles & fastidieux. Si cette forme de perception du droit d'entrée offre des avantages réels, nous en avons dit assez pour montrer qu'aucune difficulté importante ne s'oppose à son exécution.

Avantages de ce nouveau régime.

Ils nous paroissent évidens. Tout ce qui peut mettre des entraves à l'arrivée en France des tabacs, à la libre spéculation sur l'importation de cette feuille, est prévenu, en ne l'assujétissant qu'à un droit d'entrée de cinq sols par livre ; & ce droit ne peut pas encourager à la contrebande d'une marchandise aussi volumineuse que les tabacs en feuille, relativement à leur valeur. Un boucaut de cette marchandise sera toujours difficile à cacher.

---

duit de la consommation étrangère, que ce nouveau régime donne le moyen d'ouvrir, on voit que le nombre des fabriques peut être porté à deux cents. S'il n'y avoit que deux cents fabriques, le droit de fabriquer coûteroit à chacune annuellement, cinquante-huit mille cinq cents liv. qu'il seroit aisé de diviser en plusieurs paiemens, & chacune d'elles répondroit des permissions de débiter qu'elle auroit à distribuer.

La contrebande du tabac manufacturé est de même trop difficile pour exciter des craintes ; car ces fabricans multipliés, & ces nombreux débitans, tous assujétis à une finance, sont autant d'argus très-intéressés à veiller eux-mêmes sur la contrebande (1) ; ils le font d'autant plus, que ce régime laisse à chacun d'eux la propriété entière du profit de son industrie, par-delà le prix des permissions; lequel, nous le répétons, ne doit être fixé que sur la consommation actuelle. Il reste une assez grande carrière à cette industrie pour engager des fabricans à se présenter : les permissions de débit dont ils devront être dispensateurs & cautions, ne les embarrasseront pas, puisque les débitans existent.

Nul doute que la consommation du tabac rendu au commerce ne s'accroisse. Celle du tabac de la ferme générale se fait dans une étendue couverte de vingt-deux millions d'ames, & ne va qu'à quinze millions de livres pesant. L'activité de la concurrence doit espérer de trouver dans cette foible proportion, une augmentation de débit d'autant plus assurée, que la nature & les propriétés du tabac sont favorables à sa consommation.

Il y a plus : les fabricans, pouvant faire des envois de tabac dans l'étranger, à un prix même au-dessous de trente-cinq sols & demi la livre, cette nouvelle consommation ne manqueroit pas

---

(1) Quarante mille débitans forment un bon nombre de gardes ; il ne faut que les intéresser à la surveillance. Or, comme ils sont assujéttis à payer une permission, leur relâchement leur causeroit une perte plus sensible que dans l'état actuel, où le risque des débitans ne consiste qu'en un manque de gain. Ces derniers peuvent même faire la contrebande. Dans notre plan, elle s'appercevroit bientôt par le fabricant, distributeur & caution des permissions.

de s'établir. Elle est toute à l'avantage du royaume; elle payeroit à l'Etat le droit d'entrée & celui de la fabrication. La France feroit ainsi l'acquisition d'un commerce nouveau, dont le monopole de la ferme la prive, contre la nature des choses.

Qu'on ne dise pas que le droit de quinze sols par livre, perçu pour l'entrée & la fabrication, conserveroit au tabac françois une défaveur qui continueroit à mettre obstacle au débit dans l'étranger. Ces 15 sols se compenseront facilement par l'avantage d'une manipulation perfectionnée. Le tabac rentre à cet égard dans la classe de ces objets, dont le renchérissement modéré ne prévaut pas sur la réputation, & n'interrompt ni le débit ni son accroissement. La ferme générale elle-même a des demandes de l'étranger, malgré un prix beaucoup plus considérable (1).

Mais le tabac manufacturé par des fabricans qui n'ont à rendre compte qu'à eux-mêmes, & qui ont une concurrence à soutenir, vaudra-t-il celui de la ferme générale? C'est demander si, en Hollande, où il n'y a ni ferme générale, ni manufacture privilégiée, on prépare de bons tabacs. C'est demander si, en France, ces milliers de productions destinées au goût, à l'odorat, en un mot

(1) Ces demandes doivent rester bornées, parce qu'il ne convient pas à la ferme de diminuer son prix. Elle verroit alors rentrer ses propres tabacs en contrebande; car sa garde n'aura jamais, pour l'empêcher, autant d'efficacité qu'une grande multiplication d'individus directement intéressés à la prévenir. Et comment la France ne vendroit-elle pas son tabac dans l'étranger, en conservant le droit de quinze sols? Le bon tabac rapé de la Flandre Autrichienne s'y vend, au détail, cinquante-deux sols la livre, moins forte que celle de France. En Alsace, le tabac d'étrenne se vend trois francs la livre, & cependant le tabac est marchand dans ces provinces.

à la sensualité, ont besoin d'être mises en ferme, pour être rendues plus exquises (1).

La consommation des tabacs françois se fera donc dans l'étranger, & cet avantage est loin d'être indifférent. Il augmentera les exportations d'Amérique en France, & par conséquent les exportations de France en Amérique.... Qui sait même si l'accroissement de la recette dans la partie du droit d'entrée que la consommation étrangère procureroit, ne permettroit pas bientôt une diminution dans le droit de fabrication & de débit ? Et alors n'est-il pas évident que la consommation intérieure & extérieure augmenteroit encore, & finiroit par réunir deux grands avantages, l'accroissement progressif de la recette du fisc sur les tabacs, & une diminution sur le prix de cette production ? Avantages qui seroient dûs à la manière dont nous proposons d'établir le droit d'entrée, auquel M. la Fayette a attaché le commerce libre des tabacs.

Objecteroit-on l'incertitude de trouver à placer quarante mille permissions de débiter le tabac manufacturé, quoique le prix de ces permissions représente une partie du débours actuel des débitans ?

Ce seroit une fausse crainte ; car, indépendamment des débitans actuels, qui n'auroient que plus de raisons de conserver ce genre d'industrie, la vente du tabac convient à toutes les boutiques où l'on détaille ces nombreux articles compris dans le com-

(1) Les arrêts rendus en 1784, par les parlemens de Grenoble & d'Aix, ne prouvent pas en faveur de la manipulation du monopole. Les procès-verbaux dressés en Bretagne, constatent que le tabac saisi étoit *une masse compacte, semblable à des morceaux de terres glaise qu'on tire des carrières,.... ayant une odeur aigre & désagréable, produite par la fermentation.*

merce d'épiceries. On s'y pourvoiroit d'une permiſſion, non pas tant pour le bénéfice que donneroit le tabac, que pour réunir à leur aſſortiment tout ce qui peut les achalander. Il eſt connu que dans tous ces magaſins, pluſieurs articles (1) ne procurent au marchand d'autre avantage, que celui de multiplier les occaſions de venir à ſa boutique. Si les ſels ſe vendoient de la même manière, au moyen d'une permiſſion taxée, tous les épiciers vendroient du ſel.

Il eſt temps de réſumer. Quel que ſoit le jugement porté ſur le mode nouveau que nous propoſons, pour percevoir en France l'impôt ſur le tabac, en en rendant le commerce libre; quel que ſoit le parti qu'on prenne à cet égard, il ſera toujours vrai que cette branche de commerce eſt au rang des plus importantes pour la France & pour les Etats-Unis.

Pour ne laiſſer à cet égard aucun doute, nous obſerverons qu'avant la révolution de l'Amérique Angloiſe, l'Angleterre recevoit, année commune, environ cent mille boucauts de tabac, dont dix mille ſuffiſoient à ſa conſommation intérieure, & quatre-vingt-dix mille entroient dans ſes échanges avec la France, la Ruſſie, l'Allemagne, la Flandre, & même le Canada. Le lord Sheffield fait du tabac le principal article du commerce américain.

On ne voit pas s'échapper un objet de trafic auſſi conſidérable, ſans faire des efforts, ſoit pour le retenir, ſoit pour le rappeller. Auſſi l'Angleterre vient-elle, pour faciliter l'entrepôt du tabac américain dans ſes douanes, de ſupprimer les droits

(1) Tel eſt le ſucre, par exemple.

considérables qu'on y exigeoit ci-devant à leur entrée. Le négociant *importeur* de cette production est maintenant admis à l'y déposer, en donnant simplement caution du paiement des droits, sur ce qui sera destiné à la consommation intérieure.

Cette conduite sage des Anglois doit engager toutes les nations qui peuvent ouvrir un commerce direct avec les Etats-Unis, à enchérir sur les commodités & les facilités offertes par les entrepôts anglois; car un peuple libre est plus aisément rébuté que tout autre par les gênes fiscales.

Mais si le commerce du tabac n'est pas rendu libre en France, toutes les facilités actuellement offertes à l'importation de cette feuille, ne produiront aucun effet; leur succès, si même elles en ont, ne sera que momentané, & tous les essais par lesquels on voudra concilier les intérêts du commerce françois avec ceux du monopole (1), seront infructueux, inefficaces; nous l'avons démontré.

Nous avons démontré que le monopole s'oppose aux échanges recherchés & suivis; qu'il écarte de la spéculation générale les objets dont il s'est rendu maître.

Nous avons démontré que la liberté ne renchérira point le tabac; qu'elle tend à le perfectionner; qu'elle procurera, dans sa manipulation, des économies qui permettront de le livrer à un prix

---

(1) On peut mettre au rang de ces effets, la prime de 24 liv. que la ferme est convenue d'accorder par tonneau de marchandises françoises, exportées en retour par les vaisseaux américains qui apportent le tabac. Il en est de même de cet engagement qu'elle a pris d'acheter des particuliers autres que M. Morris, une certaine quantité de tabacs. Vains palliatifs!

plus bas que celui de la ferme ; & que par conséquent le débit s'en étendra davantage. Nous croyons avoir démontré la possibilité de concilier tous ces avantages avec le revenu actuel de l'Etat, même d'augmenter ce revenu, en imposant un léger droit d'entrée sur le tabac en feuille, un droit plus fort sur sa fabrication, & un plus fort encore sur son débit.

Addition à l'article du tabac, par M. Clavière.

La question de l'impôt à mettre sur le tabac, & de la manière de la régir, ayant été agitée à l'assemblée nationale, M. Clavière a cru devoir, pour jetter quelque lumière sur ce point, réimprimer l'article qu'on vient de lire. Il y a ajouté des réflexions importantes & nouvelles. Nous en extrayons celles qui nous ont paru de nature à pouvoir compléter l'instruction sur cet article. Il y parle d'abord de la libre culture du tabac en France, réclamée par diverses provinces, & violemment contestée par d'autres. M. Clavière s'élève contre les prohibitions absolues de culture.

Elles violent le premier privilège de la propriété, le motif le plus évident du contrat social. Le citoyen doit des contributions à la chose publique ; mais il doit pouvoir faire à ses risques, ce qu'il veut de son champ. L'empêcheriez-vous de le laisser inculte, ou de le couvrir de plantes sans valeur en aucun pays ? Non. Mais, dira-t-on, son intérêt nous préserve de cet abus... Eh ! si la culture du tabac est ruineuse, ou moins avantageuse que celle des productions nourricières, pourquoi voulez-vous qu'on s'obstine à cultiver du tabac ?... On vous parle de l'ignorance du cultivateur, des fautes qu'une cupidité mal entendue lui fait commettre... Mais qui sont ceux qui, le plus souvent, tiennent ce langage? Des hommes dont les idées habituelles se sont formées sous le despotisme ou l'aristocratie. L'un & l'autre ne pouvant justifier leur gouvernement que sur l'ignorance du grand nombre, la supposent sans cesse; c'est toujours leur cheval de bataille; & dans la crainte qu'il ne leur manque, ils ont grand soin de faire la guerre la plus persévérante à tous les moyens d'instruction. En matière de fortune, rien n'éclaire les hommes comme leur intérêt; il impose silence à la plupart des causes de nos erreurs, & la lumière, à cet égard, plus qu'à tout autre, entre aussi promptement sous le chaume du cultivateur, que dans le cabinet des philosophes.

Laissez à chacun de nous le soin de demander à la nature la plante dont il attend le plus de profits; contentez-vous de connoître celles qui, ne convenant point à notre économie rurale, peuvent devenir un paiement que l'étranger, qui les obtient de son sol avec moins de désavantage que nous du nôtre, pourra vous faire, en échange, de ce que vous cultiverez ou fabriquerez à meilleur marché que lui. Contentez-vous d'observer jusqu'à quel point il faut imposer ces productions étrangères, pour remplir le double but de créer une branche de revenu public peu onéreuse, & de favoriser par cela même la culture des objets qui conviennent le mieux à notre sol & à notre population. Fiez-vous ensuite à cette faveur, pour écarter de nos champs les productions qui ne rassurent point la société entière, sur le premier de ses besoins, celui de subsister. Le cultivateur a bientôt

bientôt fait les comparaiſons qui l'éclairent ; il voit bientôt ce qu'il doit attendre d'un fruit toujours & par-tout néceſſaire, dont la culture eſt aiſée, que l'impôt ne grève point dans ſes mains ; & ce qu'il doit redouter d'une production, qui joint aux ſoins & aux dépenſes que ſa culture exige, le déſavantage de n'être qu'une ſuperfluité, & d'avoir à payer, avant qu'il puiſſe en retirer du profit, un impôt d'autant plus conſidérable, que le champ où croît le fruit néceſſaire, eſt moins impoſé.

D'ailleurs, on ne doit pas ſe le diſſimuler ; il eſt des produits, au moyen deſquels on obtient avec avantage les ſubſiſtances mêmes dont on ne peut pas ſe paſſer. Nos vins, nos huiles, nos ſoies, nos lins, & d'autres de nos productions indigènes, ſont-elles autre choſe que des objets de culture qu'il faudroit reſtreindre, ou même prohiber, ſi l'on ſe gouvernoit par la crainte de ne pas recueillir, ſur ſon ſol, aſſez de grains pour tous ſes habitans ? Si cette inquiétude étoit fondée, qui oſeroit vivre au milieu de la Hollande ? qui ne craindroit pas de voir périr à tout inſtant ces petits états, dont la population eſt exceſſive, & la proſpérité conſtante, quoique nourris preſqu'entièrement par les produits d'un ſol étranger ? C'eſt le travail, le commerce & l'aiſance qui par-tout aſſurent les ſubſiſtances, quelles que ſoient les productions que l'intérêt du cultivateur le porte à préférer. L'Angleterre redoute-t-elle que les prairies néceſſaires à ſon immenſe commerce de chevaux, dévorent ſes champs ? ſonge-t-elle à proſcrire ſes nombreux harras, dont les produits, vendus au-dehors, peuvent lui amener du bled ?

Elle eſt d'ailleurs bien abſurde, cette crainte

qui fait déjà voir à quelques-uns de nos orateurs, la France entière couverte de tabacs.... Voit-on que les campagnards, les plus lents de tous les hommes, embrassent les spéculations nouvelles, avec l'avidité d'un agioteur? Non. Ils commencent, ils essayent; & si leurs succès les enhardissent, de quoi vous plaindriez-vous? Ils ont doublé leurs épis de bled, en acquérant de quoi en payer au-dehors deux fois autant que leurs champs n'en auroient produit.

Si vous parvenez à soumettre l'impôt sur le tabac à un régime qui anéantisse la contrebande, les cultivateurs de ces provinces seront sans doute appellés à d'autres calculs; car il est probable que la contrebande favorisoit chez elles le produit du tabac; & si néanmoins elles persévèrent dans cette culture, croyez qu'elle leur convient, &, par cela même, à l'empire dont elles font partie, puisque tout l'empire n'est qu'une grande société, aux profits de laquelle nous sommes tous participans.

Je n'en pense pas moins que la culture du tabac ne convient pas à la France, tant que son commerce existera; qu'il est sage de le délivrer de ses entraves, & qu'il nous apportera cette feuille de ces contrées où le sol, trop riche, a besoin de la succion des plantes voraces, comme les tempéramens sanguins ont besoin de la saignée. On a acquis à cet égard des informations qui méritent une grande confiance.

Sera-ce dans cet état de choses que la France, éclairée par ses administrations intérieures, ce chef-d'œuvre du bon sens, se livrera à la culture du tabac? Ont-ils pensé, ces hommes qui font leur science de la prétendue ignorance du peuple, que depuis la révolution, des milliers de François ont appris à lire? Ont-ils pensé que les cultivateurs, ayant choisi eux-mêmes leurs conseillers économiques, ils les écouteront?

Oui, la culture du tabac ne peut pas être recommandée aux François sur leur sol; & puisqu'il faut des impôts, on ne fait aucun tort à la généralité des citoyens, en étendant l'impôt du tabac sur les terres du royaume où le propriétaire voudroit en planter. Il suffira, pour tout concilier, que cet impôt soit au moins égal au droit d'entrée sur les tabacs étrangers; parce que dès que nul ne pourroit fabriquer du tabac, ni le débiter *sans permission*, sous peine d'une grosse amende, il est clair que les tabacs françois seroient vendus aux fabricans *autorisés par des permissions*; à moins que le cultivateur lui-même ne trouvât bon d'acquérir une patente de fabricant.

C'est-là, je pense, tout ce qu'il faut pour conserver l'impôt sur le tabac, & préserver nos terres de cette culture, reconnue ruineuse dans les contrées d'Amérique, dont elle a fait un des principaux produits; car je ne pense pas que l'on veuille étendre la perfection de la fiscalité sur un cultivateur qui, se bornant à quelques plants de tabac, qu'il manipuleroit lui-même pour son usage, ne pourroit jamais faire un grand tort au revenu public. Ces sortes de manipulations domestiques disparoissent ordinairement devant le peu d'économie qu'elles procurent, & la mauvaise qualité du tabac qui en résulte. Il n'y aura que les fabriques montées qui mériteront l'attention du fisc.

Cela posé, la division de l'impôt que je propose, mérite l'attention des législateurs. L'impôt ſur le tabac eſt, ce me ſemble, celui qui ſe prête le mieux au régime le plus doux des *licences*, ou permiſſions de vendre certains objets qui peuvent ſupporter un impôt conſidérable, mais qui ne ſe prêtent à l'impôt dans un pays libre, qu'autant que ſa perception eſt exempte de procédés trop injurieux à la liberté. Ces permiſſions ſont, ſi l'on veut, une ſorte de privilège excluſif; mais dès qu'il faut des impôts, l'uſage d'une ſuperfluité impoſée ne devient-il pas auſſi un privilège en faveur de celui qui en paie l'impôt?

Un privilège eſt odieux lorſqu'il n'eſt accordé qu'à une ſeule compagnie ou à un ſeul individu : c'eſt alors un monopole : mais un impôt converti en une permiſſion de vendre un certain objet impoſable, moyennant un prix quelconque, payé par toute perſonne qui veut obtenir cette permiſſion, n'eſt plus qu'un mode de perception de l'impôt, qui, en certain cas, eſt préférable à toute autre.

Il l'eſt, ſur-tout, lorſque les contrevenans peuvent être contenus par une amende, & que les acquéreurs de la permiſſion de fabriquer & de vendre, deviennent des ſurveillans naturels & ſuffiſans, pour éviter les contraventions, & conſerver l'impôt à la choſe publique, ſans gardes, ni moyens odieux.

Or, non-ſeulement le tabac ſe prête à ce genre d'impôt, mais il eſt d'autres objets qui pourroient être aſſujétis au même régime; tels, par exemple, que le droit de bouchon, de vendre des liqueurs fortes, de tenir café, &c.; toutes choſes qui ne ſont pas, ſi l'on veut, la meilleure manière d'impoſer, mais qui, en attendant le degré d'inſtruction

& de philoſophie néceſſaire pour nous conduire au meilleur impôt, ſont moins à charge que l'impôt territorial.

Les *licences* ne ſont pas le moyen d'obtenir un droit *fixe* ſur la choſe qu'elles permettent de fabriquer & de vendre; mais c'eſt préciſément ce qui les rend recommandables, juſqu'à ce que l'on connoiſſe mieux le vrai ſyſtême de cette *avance ſociale*, que l'odieux mot d'impôt fait redouter. En obſervant de modérer le prix de la licence, l'induſtrie trouve bientôt le moyen de le rendre encore plus léger. Suppoſons, par exemple qu'on voulût impoſer vingt ſols ſur chaque chapeau, & qu'on voulût percevoir cet impôt, non ſur le chapeau même, mais ſur la liberté de le fabriquer; que le prix de la permiſſion fût réglé par le nombre de ces tables inclinées, qui ſervent à faire les chapeaux, & que la quantité de chapeaux fût eſtimée à cent pour chaque table; il eſt clair que ſi un ouvrier diligent en fait plus de cent, il paiera, par cela même, moins de vingt ſols ſur chaque chapeau. Je cite cet exemple, uniquement pour rendre ſenſible l'avantage des licences; car il en eſt d'ailleurs comme de tout impôt; on peut en faire une mauvaiſe application.

Mais comment entrera-t-on dans le régime que je propoſe ? Il exiſte des fabriques de tabac, des entrepôts, & des débitans qui déjà ſont aſſujétis à une régie quelconque. Là on doit trouver toutes les lumières & les ſecours dont on peut avoir beſoin; & comme les fermiers actuels de l'impôt du tabac, n'ont aucun intérêt à ſe refuſer à un nouveau régime; comme en tout état de cauſe, le leur eſt dévoué à la deſtruction, j'oſe croire qu'ils devroient examiner eux-mêmes mon opinion sur le tabac : car, moyennant que l'impôt se divise, & que, par ce moyen, le tabac devienne marchand le plus qu'il est possible, & il le deviendroit sûrement, on ne voit pas pourquoi la compagnie des fermiers ne traiteroit pas avec la nation, pour devenir le régisseur général de l'impôt sur le tabac, sous la forme que je propose; forme assujétie aux décrets de l'assemblée nationale, & qu'il ne seroit pas dans leur pouvoir de changer; forme qui exigeroit, sur-tout, qu'on ne limitât pas le nombre des permissions, du moins celles de *débitans*, & qu'on en modérât le prix le plus possible; car il faut, dans ces sortes d'entreprises, compter pour beaucoup les progrès de l'industrie qu'on se propose de faire naître; forme enfin, qui interdiroit aux régisseurs de l'impôt tout commerce, toute fabrication & tout débit du tabac à leur profit.

Je dois encore observer, que si l'impôt sur le tabac est, de sa nature, un de ceux qui présentent le moins d'inconvéniens, on ne sauroit trop tôt le décréter. Les incertitudes sur ce point donnent lieu à des spéculations qui prolongent le désordre. La question de savoir à combien s'éleveront les dépenses publiques, est étrangère à cet impôt. Quelles que soient ces dépenses, il est heureux de pouvoir leur appliquer tout ce que pourra rendre le tabac sous une forme d'imposition, qui ne sera ni vexatoire, ni abusive. D'ailleurs, n'est-il aucune branche de revenu à supprimer? A cette question, tout bon François n'élève-t-il pas un cri d'indignation contre les loteries? Je le répète, l'impôt sur le tabac ne peut être heureusement remplacé que dans un système duquel nous sommes loin; ainsi il n'est presqu'aucun des impôts dont vous vous occupez, qui puisse lui être préféré. Les patriotes doivent donc se tenir à cet égard sur leurs gardes. Après les avoir induits à ne pas décréter la libre culture du tabac, laquelle seroit soumise à cet impôt particulier, on pourroit se plaire à les voir s'égarer dans des choix d'impositions bien plus critiques que ne peut jamais l'être un droit sur l'entrée, la fabrication & le débit du tabac.

En vous parlant du tabac américain, on a dit à la tribune de l'assemblée nationale, que son peu de valeur empêche qu'on ne vous l'apporte, parce que son produit est trop chétif pour acheter de quoi charger en retour le vaisseau qui vous l'apportera. Eh! le vaisseau lui-même vous restera. Vous avez besoin qu'on vous en fabrique; la plus riche des industries, c'est celle du voiturier; & vous n'êtes pas en état de voiturer par vos propres productions, tant la fiscalité vous a fait de maux (1)! Lisez l'ouvrage peu volumineux, dont j'extrais l'article *tabac*; lisez la section 9 *sur les vaisseaux construits en Amérique, pour être vendus ou pris à fret*, & fermez l'oreille à tous ces dépréciateurs de vos relations avec l'Amérique; ils ne s'apperçoivent pas qu'ils prennent le cercle de leurs idées pour celui de l'univers.

---

(1) J'ai sous les yeux un état des opérations à Hambourg. La France, qui paroît n'avoir pas songé à son commerce du nord, dans les dernières discussions relatives à l'Espagne, importe à Hambourg pour plus de 50 millions de marchandises sur 262 navires, dont quinze seulement sont françois. L'importation angloise ne monte qu'à 14 ou 15 millions. Elle occupe 226 navires, dont 200 sont anglois.

SECTION II.

PÉCHERIES, HUILES DE BALEINE, CHANDELLES DE SPERMACETI, &c.

Par-tout où la propriété ſera aſſurée, par-tout où des loix barbares n'aviliront pas les hommes, ils ſe multiplieront en proportion des ſubſiſtances. C'eſt une vérité prouvée par l'hiſtoire. Il n'eſt qu'une tyrannie abſurde qui puiſſe arrêter la fécondité de l'eſpèce humaine dans les lieux où les ſubſiſtances abondent, & ſont peu coûteuſes.

Et que manque-t-il aux états où la population eſt nombreuſe, où tout concourt à ſon accroiſſement? Si le gouvernement y éprouve des beſoins ſubits, combien le fardeau n'en eſt-il pas léger & facile à ſupporter, quand il ſe diſtribue ſur tant de têtes?

Quel beſoin a-t-on alors de l'art ténébreux & menteur de la fiſçalité, lorſqu'on a le ſecret de la population? Et, encore une fois, quel eſt-il ce ſecret? Reſpectez la dignité de l'homme, ſoyez juſtes, & ne gênez point, par des entraves, la réproduction des denrées. Subſiſtance aiſée, population nombreuſe; voilà l'invariable ſyſtême de la nature.

Entre les ſubſiſtances que la nature a prodiguées aux hommes, le poiſſon eſt une des plus abondantes, des plus faciles à ſe procurer, & des plus propres à entretenir leur vigueur & leur ſanté (1).

---

(1) Telle eſt la puiſſante influence ſur la population de l'abondance des ſubſiſtances, & ſur-tout de celle du poiſſon, que c'eſt à elle principalement que l'empire de la Chine doit le nombre incroyable de ſes habitans.

Par quel fatal privilège cette nourriture n'est-elle en France que le partage du riche ? Pourquoi ne voit-on pas le poiſſon abonder par-tout où ce tribut de la mer pourroit arriver ſans s'altérer, & ſans être chargé des fraix d'un tranſport trop lointain ? On ſait ſi bien qu'il eſt avantageux pour un état, d'appeller chez ſoi, & pour toutes les claſſes d'hommes, l'abondance & la variété des comeſtibles, d'où qu'ils viennent, quelle que ſoit leur nature, pourvu qu'ils ſoient ſains & à bas prix ; pourquoi s'écarter de cette règle politique à l'égard du poiſſon, de cet aliment que la nature reproduit par-tout avec tant de fécondité ? Quels que ſoient les motifs qui peuvent le repouſſer, en le ſurchargeant de droits, ils ne peuvent être que le fruit d'une ignorance blâmable.

Pleinement convaincus du bien qui doit réſulter pour l'humanité, de l'abondance des denrées, & de la facilité de faire naître cette abondance, en recevant de chaque nation le ſuperflu que la nature lui a prodigué plus qu'à une autre, nous nous garderons bien de copier le ſyſtême étroit du lord Sheffield, à l'égard des pêcheries. Il convient que les Américains libres réuniſſent pour la grande pêche, des avantages naturels, contre leſquels il eſt impoſſible aux Européens de lutter.

En effet, ils ſont voiſins des parages où les grands poiſſons abondent ; ils ont donc moins de chemin à faire, & par conſéquent moins de dépenſe à faire. S'ils éprouvent des accidens, ils ſont bientôt réparés ; toutes leurs opérations ſont plus promptes & plus ſûres ; ayant une plus grande connoiſſance de ces mers, ils ſont expoſés à des riſques moins grands ; enfin, le peu de chemin qu'ils ont à faire leur assure des provisions plus fraîches (1), & les met à portée de les renouveller plus souvent; leurs pêcheurs jouissent par conséquent d'une santé plus constante; ils ont plus de vieux officiers & matelots dans leurs équipages : que d'avantages précieux pour la grande pêche!

Les Anglois ont bien peu de ces avantages; les François n'en ont presque aucun. Mais doit-on conclure de cet ordre de choses, avec le lord Sheffield, qu'il faille charger de droits le poisson américain, afin de soutenir la pêche nationale contre cette concurrence? La nature des choses dicte à la France un conseil plus sûr & plus avantageux. Le poisson nourrit; ce qui nourrit féconde. Si l'Américain pêche à moins de fraix que le François, tant mieux pour le François; le poisson sera plus abondant & à plus bas prix en France. Que le gouvernement soit assez éclairé pour lui ouvrir ses ports; l'Américain y apportera le poisson; il se payera en productions, ou du sol ou de l'industrie françoise; & la population, que cette abondance & ce bas prix favoriseront, augmentera les produits de cette même industrie.

D'ailleurs, ou il faut renoncer au commerce extérieur, ou il faut consentir à ce que, des deux parts, on ait quelque chose à échanger. Vouloir établir, encourager un commerce avec une nation étrangère, & ne lui pas laisser le soin de fournir ce qu'elle recueille avec plus de facilité, c'est une

(1) L'avantage des Américains est tel, qu'ils fournissent de vivres les pêcheries sédentaires des Anglois. Selon le colonel Champion, ceux d'Europe sont plus chers & moins bons; la différence en faveur des Américains, est comme de quatre à sept; & cela doit être.

contradiction manifeste. La politique éclairée du commerce n'est pas d'en envahir toutes les branches, mais de ne faire que ce qu'on peut faire, que ce qu'on est sûr de faire mieux & à meilleur marché que tout autre. Ainsi, puisque les Américains ont le poisson sur leurs côtes, puisqu'ils sont dans le voisinage de Terre-Neuve, laissons à leur industrie cette branche que la nature leur donne préférablement; ne la leur disputons pas, d'abord parce que ce seroit en vain, & ensuite parce que la France peut, sans pêcher, recueillir plus avantageusement le fruit des pêcheries américaines.

Mais, dit le lord Sheffield, il faut des matelots pour la marine militaire; la pêche en est la pépinière : donc il faut soutenir la pêche, donc il ne faut consommer de poisson que celui que nous pêchons nous-mêmes; donc les primes sont nécessaires.

Sans doute que les matelots se forment à la pêche; mais ce n'est pas en jettant des filets, ou des hameçons, en curant & préparant du poisson, que le matelot se forme; c'est en s'exerçant souvent & long-temps sur le vaisseau à une manœuvre pénible; c'est en vivant, pour ainsi dire, au milieu des écueils & dans des mers que le voisinage ou le rapprochement des côtes opposées rendent continuellement dangereuses. Or, cet exercice de vigilance, d'agilité & d'intelligence, le matelot le fait dans le cabotage, & en pêchant sur les côtes de son pays. Que ce cabotage soit fréquent, que cette pêche ne soit pas découragée en France, & il ne sera pas nécessaire, pour former des matelots, de les envoyer au loin pêcher du poisson qu'ils ne peuvent rapporter qu'à grands fraix, dont la consommation est par conséquent bornée, & qui nous prive de l'avantage inestimable de recevoir avec abondance celui que les Américains libres peuvent pêcher à beaucoup moins de fraix.

Sans doute que l'exercice des pêches du Nord forme d'intrépides matelots; mais il faut consentir à cette vie si dure & si pénible. Or, quand la nature a placé l'homme sous un climat & sur un sol où il n'a que quelques pas à faire dans l'intérieur des terres (1) pour y trouver une occupation exempte de dangers, & beaucoup moins fatiguante; quand il peut gagner son pain sous un ciel pur & tranquille, sur la terre; comment, s'il raisonne, l'engagerez-vous à confier sa vie à des planches, à affronter les mers glaciales, à s'exposer, pendant les plus beaux mois de l'année, aux orages perpétuels qui assiègent ces bancs poissonneux, si souvent teints, par la plus funeste des erreurs, du sang européen ?

Par des primes, par des privilèges, des prohibitions, ou des surcharges de droits équivalentes, mises sur l'industrie étrangère; nous répond-on. On nous cite l'Angleterre en exemple; examinons donc cet exemple.

L'Angleterre accorde des primes assez considérables à ses pêcheurs; mais les inconvéniens & les abus qui les suivent, en rendent l'effet presque nul. Ces abus sont détaillés, d'une manière frappante, dans l'ouvrage nouveau de N. Anderson, qui a pour titre : *An account of the present state of the hebrides & western coast of scotland, &c.*

(1) Les François ne pêchent qu'une partie de l'année; la plupart des pêcheurs sont des journaliers attachés à la terre, qui la quittent au mois de février, & reviennent ensuite en juillet.

Les principaux font les fuivans. Dépenfes confidérables & inutiles que ces primes occafionnent à ceux qui veulent les gagner ; il faut fe rendre à un certain port ; il faut que l'équipage foit paffé en revue par les officiers de la douane ; il faut que le bâtiment complète fa cargaifon, ou paffe trois mois en mer pour la compléter ; en forte que fi la première femaine lui procuroit les neufs dixièmes, il feroit obligé de tenir la mer pour l'autre dixième. Le bâtiment ne peut prendre d'autres inftrumens que ceux propres à la pêche, à laquelle la prime s'applique ; il ne peut décharger le produit de fa pêche que dans un certain port ; il a des formalités générales à remplir pour le fel qu'il emporte, qu'il rapporte ; il eft expofé à des vexations de la part des douaniers, à des procès qu'il eft obligé de foutenir dans des tribunaux fort éloignés de fes foyers. Qu'on juge fi un pauvre pêcheur peut s'expofer à tous ces inconvéniens ; & voilà ce qui a fait décliner les pêcheries, fur-tout celles d'Ecoffe ; voilà ce qui a donné tant d'afcendant aux Hollandois, qui cependant n'ont point de primes ; voilà ce qui rend toutes les primes inutiles. On copie cet ufage de primes dans les autres gouvernemens ; on y attache les mêmes difficultés, & on eft tout étonné que les chofes n'en aillent pas mieux.

Quand d'ailleurs les Anglois auroient quelques fuccès en encourageant les pêcheries dans les primes, la France devroit-elle fe laiffer féduire par cet exemple ? Les circonftances font différentes entre ces deux nations. Les Anglois ont plus de motifs de fe livrer à la vie maritime ; ils y font même néceffités par leur fituation, & cette néceffité n'exifte pas pour la France.

Quand on parle de primes, pour encourager la pêche nationale de poiſſon, on oublie qu'il s'agit ici de ſubſiſtances; que ces moyens forcés les renchériſſent; que dès-lors leur conſommation eſt bornée, & leur effet reſtreint; qu'en forçant ainſi la nature, c'eſt aux dépens de la population; car, par ce régime barbare, vous tuez des hommes, au-lieu d'en produire; tandis que laiſſant venir dans vos ports, avec abondance, le poiſſon de tous ceux qui n'ont pas mieux à faire qu'à le pêcher, vous accroiſſez infailliblement votre population.

D'ailleurs, ces primes & toutes ces autres faveurs avec leſquelles vous voulez lutter contre la nature des choſes, ſur qui ſe répandent-elles? Eſt-ce l'individu même dont vous voulez faire un matelot qui en profite? Ne vous y trompez pas, elles ſont la proie de ce navigateur, qui ne ſort de ſon cabinet que pour ſe promener ſur la terre, ou ſur les bords de la mer. Il commence par faire ſa part, & ſoyez aſſuré que le gage qu'il offrira aux journaliers, pour manœuvrer dans ſa périlleuſe entrepriſe, ſera taillé par la parcimonie. Ainſi votre but eſt manqué.

Si vous avez abſolument beſoin de matelots qui faſſent leur noviciat autour des écueils de Terre-Neuve, & dans les mers du nord, un moyen plus ſimple, moins coûteux, plus ſûr, & ſur-tout exempt de fâcheuſes conſéquences, s'offre pour les former. Choiſiſſez dans d'honnêtes familles des jeunes gens, robuſtes, intelligens; aſſurez-leur une récompenſe perſonnelle, ſi, après un certain nombre de voyages, faits ſur des vaiſſeaux pêcheurs, ils en rapportent des certificats de bonne conduite

& d'expérience acquise par le travail. Obligez-les à ne monter que sur les vaisseaux des nations ou des villes pour lesquelles ces pêches difficiles sont une ressource nécessaire. C'est là qu'ils acquerront de véritables lumières, & que, joints ensuite à vos matelots exercés par le cabotage & la pêche sur vos propres côtes, ils formeront, pour votre marine militaire, des matelots expérimentés.

Ces mesures ne seront pas traversées par l'avidité des armateurs; & si vous les suivez de manière à ne jamais perdre la trace de vos jeunes voyageurs, si vous avez attention de n'en pas faire des importans, si vous leur inspirez & à leurs parens une juste confiance dans l'œil tutélaire que vous aurez sans cesse sur eux, & dans votre générosité, il est impossible que cette marche ne réussisse mieux, & ne vous coûte moins que tous les armemens favorisés par des moyens surnaturels, moyens sans lesquels cependant l'expérience les a démontrés impossibles.

Rien n'est plus casuel pour la France que la pêche de Terre-Neuve; voici deux années qu'elle est malheureuse. En 1785, une quantité de bâtimens françois, plus considérable qu'à l'ordinaire, a cru, pour accélérer la pêche, devoir prévenir la saison. Ils ont essuyé d'affreuses tempêtes. Les vaisseaux délabrés ont gagné Terre-Neuve avec peine, & une partie du temps destiné à la pêche ayant été employé en réparations, elle a été moins considérable, & a causé beaucoup de pertes. Voilà des matelots bien chèrement & bien tristement formés. Des pépinières si peu abondantes ne sauroient être bien fécondes en hommes.

Si nos observations sont fondées, s'il est vrai,

comme le lord Sheffield en convient lui-même (1), que l'Amérique libre un jour l'emportera sur toute l'Europe, & fournira du poisson salé à très-bas prix dans tous les marchés, la France doit se hâter d'attirer chez elle, par la plus grande liberté & une franchise complète, le poisson américain; elle doit profiter des circonstances actuelles où les plus courts voyages sont, sans contredit, ceux qui conviennent le mieux aux Américains libres.

Ils portent beaucoup de poisson en Espagne, en Portugal; il ne seroit pas impossible que, pouvant trouver en France, des retours plus variés, ils n'y portassent même les provisions destinées aux Espagnols & aux Portugais. Elles seroient alors voiturées par des caboteurs françois, qui attendroient les vaisseaux américains à leur arrivée, & les déchargeroient promptement du poisson que la France ne pourroit consommer (2).

Les

(1) Le lord Sheffield, pour consoler sa nation, & l'encourager au monopole de la pêche, prétend que la Nouvelle-Ecosse, le Canada & l'isle Saint-Jean, surpasseront les Etats-Unis dans leurs pêcheries. Il est difficile de croire que ces établissemens prospèrent plus que les Etats-Unis, que même le voisinage de ceux-ci ne rallentisse pas sans cesse les progrès de ces établissemens, tant que la domination angloise s'y fera sentir. Le colonel Champion est d'un avis contraire à celui du lord Sheffield. Ce lord paroît ne devoir être cru que dans les avantages qu'il accorde aux autres nations; car c'est bien à regret qu'il en convient, & il montre une crédulité enfantine pour tous les contes de vieilles femmes sur les désavantages des autres nations. Triste manie de rivalité, qui aveugle les gouvernemens de tous les pays, qui les transporte sans cesse hors de chez eux, tandis qu'ils ont tant à faire, tant à conquérir dans leur propre enceinte; tandis que, se réunissant tous pour affranchir le commerce, pour mettre fin aux monopoles, tous y gagneroient; car l'arène du commerce est vaste comme le champ du bonheur.

(2) Dans l'état présent des choses, le produit de la pêche françoise ne peut passer en Espagne & en Italie, que chargé, par la ferme générale, des droits d'entrée & de sortie. Le moyen de soutenir la concurrence des Américains dans les pays étrangers!

Les Américains libres ne peuvent être attirés en Espagne & en Portugal, que par les vins de liqueurs. Ces vins ne nuisent pas à la consommation des vins françois, ils font assortiment. Il faudroit donc, dans le nouveau cours de choses que nous proposons, qu'il y eût dans les ports françois des dépôts commodes & non-coûteux de ces vins recherchés dans tous les pays, par les gens aisés, & regardés comme des cordiaux nécessaires, plus encore que comme des jouissances de la sensualité. Les magasins les mieux assortis sont ceux où le commerce fait abonder les denrées de toutes parts, & sa liberté seule les forme.

Le lord Sheffield fait monter à 15 millions de livres tournois, en y comprenant le fret, le produit du poisson envoyé dans les marchés européens, sur les vaisseaux américains ou anglois; somme qu'il prétend avoir été presqu'entièrement remise à l'Angleterre en échange de ses manufactures. On doit croire que la part des Américains libres, dans ce produit, étoit considérable. Cet échange aura lieu dorénavant par-tout où les Américains trouveront plus d'avantages. La France doit s'empresser de leur en offrir, si elle veut obtenir la préférence pour ces échanges; elle doit par conséquent affranchir de tous droits le poisson des Américains libres; elle peut même, sans leur nuire, affranchir celui des autres peuples pêcheurs. Car les pêcheurs françois ne peuvent pas fournir à la France la morue qu'elle consomme; les Hollandois en fournissent beaucoup par Dunkerque & les Trois-Evêchés.

Les François n'ont point d'établissement à Terre-

Neuve; les bancs où ils peuvent pêcher ne sont pas les plus abondans en poissons.

Les Américains seuls peuvent pêcher toute l'année. Quand les François ne renonceroient pas à cette pêche éloignée, son produit ne suffiroit pas encore à leur consommation; c'est donc une nécessité pour eux d'ouvrir leurs ports aux Américains.

La pêche du hareng & du maquereau est une des plus abondantes pour la France. Son produit est cependant loin d'égaler la consommation. Les Anglois & les Hollandois sont plus à portée des lieux où se fait cette pêche.

Les Américains pourront toujours pêcher à meilleur marché que toute autre nation; il n'en est aucune qui puisse vendre à plus bas prix qu'eux, & par conséquent aucune qui puisse nuire à l'importation en France du produit des pêcheries amécaines.

En laissant ainsi l'introduction libre à tout le poisson étranger, on l'attirera, on le rendra très-abondant en France, particulièrement dans ses ports & sur ses côtes. Elles offrent une pépinière d'hommes si précieux! On en favorisera le développement & la multiplication, en rendant la subsistance facile, même à la classe la plus misérable.

Peut-être sera-t-on arrêté par la considération que les productions de la terre sont grévées d'impôts très-onéreux; peut être même en conclura-t-on que, par justice & pour l'intérêt du propriétaire terrien, le poisson doit en supporter une partie. Ce seroit une erreur; car, en exemptant le poisson de droits, il devient pour tous un soulagement, un moyen de mieux supporter les charges territoriales. Si vous pouvez faire parvenir dans la cabane du laboureur, des harengs, de la morue à très-bas prix, ne le soulagez-vous pas? ne lui laissez-vous pas d'autant plus de ses propres productions à vendre pour payer l'impôt? La fiscalité, toujours cruelle dans ses projets extendeurs, fait intervenir jusqu'à la jalousie, pour en pallier l'injustice & le danger. On console de l'impôt sur la terre, par l'impôt sur la mer (1); c'est consoler un malade en donnant la même maladie à ceux qui peuvent encore le servir.

Mais, dit-on encore, si l'on peut se nourrir au bord de la mer à meilleur marché que dans les terres, l'on s'y portera en foule, & les terres seront désertes... Cette inégale répartition a déjà lieu dans tous les Etats qui ont des côtes, & le commerce en est la cause. Il est plus varié, plus fécond dans les ports de mer que dans l'intérieur des terres; il offre à l'imagination plus de ressources pour la culture, & nous avons déjà remarqué, à l'article du *tabac*, que lorsque les terres sont chargées, l'industrie des villes & toutes leurs illusions suffisent pour y attirer les habitans de la campagne. Mais quel est le remède contre ces émigrations? Encore une fois, ce n'est pas certainement de dévouer à la misère des habitans des côtes, parce que les cultivateurs sont misérables. Il est un moyen plus naturel. Il consiste à faire servir la popula-

(1) On trouve dans les droits perçus en France sur le poisson, la même confusion que dans les autres branches d'impôts. Il y a trois ou quatre droits tant sur les pêches nationales que sur les étrangères. Il y a même des différences entre les pêches françoises : ainsi les habitans du Havre & de Dieppe payent deux tiers moins que ceux de Saint-Valery. — Pour éviter les chicanes & les concussions des commis, auxquelles jamais un peuple libre ne peut s'accoutumer, il faudra nécessairement simplifier ces droits.

tion dans les ports de mer, & l'induſtrie qui peut s'y développer, à procurer des ſubſiſtances à très-bas prix, & en ſi grande quantité, qu'elles puiſſent être facilement envoyées au ſecours des habitans de l'intérieur. Les rivières & les canaux qui tendent à la mer, en rendront le tranſport facile; & s'ils pouvoient être chargés des dépouilles de la mer, ſans qu'aucun droit en augmentât le prix, qui doute qu'elles porteroient la joie & l'encouragement dans les campagnes?

L'huile de baleine tient aux pêcheries. Elle eſt encore un des plus grands objets de commerce avec les Etats-Unis. Cette huile n'eſt pas uniquement produite par les baleines; on en tire abondamment des veaux marins, & peut-être d'autres eſpèces de poiſſons.

L'uſage de cette huile eſt fort reſtreint en France (1). On y connoît peu celui du blanc de baleine, dont on fait de ſi belles chandelles. L'uſage de l'huile s'étendra. Un particulier en a fait une entrepriſe conſidérable pour éclairer Paris; & ſans doute il ne s'eſt déterminé qu'après des eſſais qui en ont prouvé la parfaite convenance, puiſque le gouvernement favoriſe cette entrepriſe.

Le lord Sheffield prétend encore que la ſaine politique fait aux Anglois la loi de prohiber ou au moins de décourager, par des droits, l'huile des Américains. C'eſt dans cet eſprit que, pour

---

(1) Par des états qui méritent quelque croyance, il paroît qu'en 1784 l'importation en France de l'huile de baleine & des autres poiſſons pêchés par les François, a été de . . 1,610,669 liv.
Etrangère, ... 2,748,099
Le Portugal avoit preſque fourni la moitié de cette dernière importation.

favoriser celle du Canada & de la Nouvelle-Ecosse, le gouvernement anglois a imposé 450 liv. tournois par tonneau sur les huiles importées par les Américains libres.

Cette rigueur doit faire accueillir en France cette production, jusqu'ici proscrite. Cette introduction est d'autant plus nécessaire, que la pêche françoise de la baleine est ruinée. Bayonne, si célèbre autrefois pour cette pêche, l'a abandonnée; Dunkerque, qui continue d'armer, ne fournit que peu de cette huile, & elle est chère.

Soit que les François aillent au Nord, soit qu'ils aillent vers le Brésil, ils ont du désavantage. Sans asyle, en cas de malheurs, leur navigation est d'ailleurs plus longue & plus coûteuse que celle des autres nations qui pêchent la baleine. Il est donc, sans contredit, plus avantageux pour la France, de recevoir l'huile des Américains libres, & de la payer avec ses vins & ses manufactures.

Le gouvernement françois a bien senti la nécessité d'accueillir très-promptement les huiles américaines. S'il ne l'eût pas fait, il en seroit résulté une émigration des pêcheurs américains dans le Canada & la Nouvelle-Ecosse. C'est ce qui fut sur le point d'arriver, quelque temps après la paix, dans cet isle de Nantucket, dont M. de Crevecœur a fait une description si intéressante. Désespérés de se voir les ports de l'Angleterre fermés, & ne sachant où vendre leurs huiles, qui seules fournissent à tous leurs besoins, la plupart de ces habitans avoient résolu de passer dans la Nouvelle-Ecosse, lorsqu'au moment du départ, ils reçurent une lettre de M. la Fayette. Il les engageoit à prendre patience, en attendant que l'administration supprimât ou réduisît les droits sur les huiles; & les droits ont été réduits pour un temps limité à la vérité; mais pendant ce temps, les Américains libres doivent jouir, pour leurs huiles, de toute la faveur accordée aux nations étrangères les plus favorisées (1), & cette faveur ne peut manquer, en se joignant à tous leurs autres avantages, de leur donner un grande supériorité dans cette branche de commerce, aussi avantageuse pour la France que pour eux.

On ne peut pas se faire, d'après l'ouvrage du lord Sheffield, qui paroît avoir tout calculé, une idée de la valeur de cet objet. Il dit, pag. 61, sixième édition, qu'il en a été importé dans la Grande-Bretagne, venant du nord de l'Amérique & des possessions restées aux Anglois, quatre mille huit cents soixante-deux tonnes par an, depuis 1768 à 1770, & il évalue cette quantité à 18 millions de livres tournois, en Amérique, & à 25 millions sur le lieu de la vente; puis à la pag. 62, il dit que les habitans de Nantucket ont gagné à la pêche de la baleine, depuis 25 jusqu'à 45 millions de livres tournois par an. Il est impossible qu'il n'y ait dans ces calculs de très-grandes inexactitudes.

Quoi qu'il en soit, les huiles de baleine offrent

(1) Tels sont les droits sur les huiles & dépouilles de baleine, perçus en France, suivant les tarifs de 1664 & 1667. La baleine coupée & apprêtée par les François, 30 sols le cent pesant; les fanons, 3 liv. par cent; la barrique d'huile de cinq cents livres, 3 liv. La baleine de pêche étrangère paye, dans le premier cas, 19 liv.; dans le second 30 liv., & 12 liv. dans le troisième. Les villes Anséatiques payent, dans le premier cas, 9 liv., dans le troisième 7 liv. 10 sols. C'est ce dernier droit que les huiles américaines doivent payer.

au commerce de France avec les Etats-Unis, un objet d'échange considérable, & qui mérite d'être favorisé.

Il faut y joindre le blanc de baleine, & les chandelles faites avec cette substance; elles sont connues sous le nom de chandelles de spermaceti, & tiennent lieu de très-belles bougies. Les colonies américaines en ont exporté, suivant Sheffield, pour près de 500,000 liv. tournois, dans les années 1758, 1769 & 1770, en les calculant à 32 s. la livre. Il est probable que ces chandelles seroient mieux fabriquées en France.

SECTION III.

Bleds, farines, &c.

Les bleds & les farines étrangères entrent en France, en payant un droit trop léger pour les renchérir sensiblement. Les principes développés dans l'article précédent, à l'égard des subsistances, sont mis en pratique pour cette denrée. Nous observerons encore ici, que, suivant les mêmes principes, les produits de la pêche devroient, à plus forte raison, jouir de la même faveur. En effet, les encouragemens doivent avoir plus d'influence sur les produits de la pêche, que sur les récoltes des champs. Les premiers produits sont journaliers, faciles, n'exigent ni de grandes ni de longues avances, & ils paient à l'instant même la peine du pêcheur; tandis que la nature ne double pas dans une année les moissons, qu'elles sont incertaines, qu'elles exigent de grandes avances, & que leurs produits sont lents. Les encouragemens, & sur-tout l'admission du poisson étranger, multiplieroient donc le produit des pêcheries avec bien plus de rapidité & de fécondité que celui de tout autre travail.

Il feroit fuperflu de retracer ici les avantages de l'admiffion en franchife des bleds étrangers; on a fuffifamment écrit fur cette matière. Il eft démontré que l'uniformité de prix que cette admiffion contribue à entretenir, eft tout à la fois avantageufe au laboureur & au confommateur.

Mais la franchife des bleds étrangers a fervi de prétexte pour empêcher ou pour arrêter, felon les circonftances, la libre circulation en France des grains nationaux; d'où il eft fouvent réfulté que la difette fe faifoit fentir dans les provinces maritimes, en attendant que les bleds étrangers y arrivaffent; tandis que la province intérieure & même limitrophe étoit dans l'abondance : régime tout à la fois abfurde & barbare. Car la province où les grains abondoient, n'en fourniffoit pas moins à l'autre; mais par le miniftère des monopoleurs fecrets, qui, achetant furtivement, ne payoient le bled qu'à un prix beaucoup plus bas qu'il ne fe feroit établi par un commerce libre, & le vendoient, dans la province affligée de la difette, beaucoup plus chèrement que ce commerce ne l'auroit fait. Ces erreurs font trop groffières & trop funeftes, pour durer toujours. La pleine, entière & conftante liberté du commerce des grains, doit enfin prévaloir par-tout. Mais qu'on ne s'y trompe pas : elle n'exiftera, elle ne produira tous fes bons effets, que lorfqu'elle fera rendue inaltérable, quelles que foient les circonftances.

Peut-être n'eft-on pas encore arrivé en France à ce point. Les timides fuppofitions des efprits peu généralifateurs, en impofent toujours plus ou moins à l'adminiftration. Le marchand de grains, le plus utile de tous les marchands, quoiqu'en penfe le vulgaire, qui, par défaut d'inftruction, confond toujours le marchand de bled avec le monopoleur : ce marchand craint toujours des exceptions arbitraires, des défenfes fubites, des coups d'autorité inattendus. Cet état d'incertitude arrête l'établiffement folide du fyftême de la véritable liberté, & delà réfultent des inconvéniens nombreux, que n'entraîneroit pas même tout autre régime, pourvu qu'il fût fixe, & qu'il offrît des bafes certaines au calcul.

Mais comment pourroit-on former une légiflation fur les grains, qui ne fût pas celle de la liberté, & qui cependant offrît de pareilles bafes? Cette entreprife eft inexécutable. Chercher d'avance quelles feront les règles particulières pour tous les cas, quand ceux ci font de nature à mettre en défaut la prévoyance, c'eft chercher une chimère. Il faut, pour ne pas tomber en contradiction, opter ici entre l'arbitraire & la liberté. Mais l'arbitraire ne préfente qu'une perfpective néceffairement décourageante. Aucune propriété n'eft certaine fous ce régime. Quand il exifte, le marchand & le cultivateur font forcés d'expofer leurs fonds à une loterie dont les chances font incalculables; car il faut qu'ils prévoyent les fauffes informations, les erreurs, les manœuvres d'un intérêt différent du leur & même de l'intérêt public, les attentats de la force, &c.; & fi toutes ces confidérations doivent entrer dans les élémens de leurs calculs, comment fonderoient-ils des efpérances fur des bafes auffi variables?

La liberté consistant, au contraire, dans le choix que chacun peut faire du parti qui lui convient le mieux, suivant la circonstance du moment, offre un point fixe. C'est une règle générale ; elle s'applique à tous les cas, & l'espoir du gain est toujours accompagné de la certitude déterminante qu'on sera maître de toute son industrie, maître de combiner ses spéculations, d'après des causes que le pouvoir humain ne peut enchaîner.

De cette vérité démontrée, qu'en tout état de cause, le premier besoin du commerce des grains est une règle fixe, résulte la nécessité d'embrasser le système de la liberté, & de le protéger dans toute son étendue, sans y opposer aucune condition qui la restreigne (1). Cette nécessité d'une règle fixe, devroit seule déterminer les gouvernemens, quand d'ailleurs le système de la liberté ne seroit pas démontré le meilleur à tout autre égard. Mais ce systême est en outre le préservatif le plus sûr contre ces alternatives d'abondance ruineuse & de disette plus ruineuse encore, qui, l'une & l'autre, sont des calamités, par-tout où les impositions sont considérables.

S'il faut en croire le lord Sheffied, l'Amérique a exporté en 1768, 1769 & 1770, près de quinze

---

(1) Un administrateur a proposé d'introduire la liberté du commerce des grains, avec la faculté réservée aux provinces de réclamer, dans certains cas, contre l'exportation à l'étranger. Mettre une pareille clause au système de la liberté, c'est détruire d'une main ce qu'on bâtit de l'autre. Point de condition, ou point de liberté.

On pourra nous opposer l'exemple des Anglois, qui quelquefois prohibent l'importation ou l'exportation. Mais observez que les Anglois ont fixé d'avance le prix du bled qui détermine les prohibitions. Voilà donc une loi fixe, & qui, par conséquent, ne dérangent point les spéculateurs, comme la loi arbitraire.

cents mille quintaux de bled ; ce qui feroit cinq cents mille par an, dont la Grande-Bretagne ne consommoit que trente-deux mille. Le reste a dû être principalement transporté en Espagne, en Portugal, & dans les ports de la Méditerranée.

Ce même lord observe que l'Europe ne se trouvant pas constamment dans la nécessité de recourir aux bleds d'Amérique, les Etats-Unis ne peuvent pas mettre les bleds & les farines au rang de ces productions qui fondent un commerce essentiel & durable (1).

Nous n'avons pas assez de lumières de détail sur le commerce des grains des Etats-Unis, pour ne pas devoir nous renfermer dans des généralités sur ce commerce. Mais quels que soient les besoins des grains en Europe, il suffit que cette denrée y soit d'une part exposée à beaucoup de variations, & que de l'autre elle puisse être conservée aisément & sans beaucoup de fraix, pour que les Américains libres soient fondés à la mettre au rang de leurs moyens d'échange. Delà résulte une

---

(1) Nous n'avons aucune expression simple en France pour traduire *staple commodities ;* mots par lesquels les Anglois désignent ces sortes de productions du sol ou de l'industrie, tellement naturalisées, qu'elles font partie essentielle de la richesse nationale, & qu'on en favorise le commerce par de grands établissemens, tels que des bâtimens publics, des dépôts, & des places ou marchés destinés à ces productions. On appelle ceux-ci *staple*, d'où s'est formé naturellement *staple commodities*, *marchandises d'étape.* Nous n'avons point, comme les Anglois, l'heureuse liberté de faire des mots. Leur langue s'enrichit, leur élocution devient rapide, & nous, nous perdons toujours dans des circonlocutions traînantes, pour désigner une chose dont le mot nous manque ; inconvénient beaucoup plus nuisible à l'instruction & à la clarté, qu'on ne pense. Cette remarque n'est pas ici hors de place. C'est à ceux qui font les choses, qui vivent avec elles, dont la vocation est d'en traiter sans cesse, c'est à eux de créer les mots qui les expriment nettement & promptement.

ſeconde vérité; c'eſt que ces beſoins de grains s'étendant à toute l'Europe, la France doit s'empreſſer d'en être le magaſin, puiſque l'Angleterre l'étoit ci-devant. Il ſeroit donc avantageux de conſtruire dans les ports francs ouverts aux Etats-Unis, des dépôts commodes pour recevoir & conſerver les bleds américains. Par ce moyen, ces bleds ſeroient toujours prêts à être tranportés par-tout où le prix les appelleroit. Ces mêmes ports francs étant des dépôts où ſe raſſembleroient les objets néceſſaires aux Etats-Unis, le commerce des bleds avec l'Amérique acquerroit par-là une continuité avantageuſe aux deux nations : avantageuſe à l'Amérique, parce que la certitude d'un lieu de dépôt ſûr & peu coûteux, détermineroit des expéditions de grains plus fréquentes : avantageuſe à la France, parce qu'outre la préſence continuelle d'une denrée importante, préſence qui la garantit de toute manœuvre d'un monopole intérieur, ces dépôts fourniroient un aliment preſque continuel au cabotage, depuis le nord de la France juſqu'au fond de la Méditerrannée.

C'eſt l'avantage des ports francs de favoriſer le cabotage, la meilleure école des mariniers; les entrepôts qu'ils facilitent, procurant une grande économie de temps aux grands commerçans, leur font préférer ces ports à tous les autres.

La culture & les défrichemens doivent néceſſairement donner, dans les Etats-Unis, un ſuperflu en bled très-conſidérable. Ce ſuperflu augmentera même, long-temps avant que le rapport de la population avec le produit des terres ait changé; & puiſqu'il convient aux Américains libres d'être agriculteurs, la France n'a-t-elle pas un moyen ſûr d'attirer chez elle leur principal commerce, en leur offrant de vaſtes magaſins pour leurs grains & leurs farines (1), où la commodité du dépôt ſe réuniſſe à la ſûreté de la conſervation ?

D'ailleurs, puiſque la France ne recueille pas tout le bled qu'elle conſomme (2), qu'elle eſt obligée d'en tirer du Nord, de la Sicile & des côtes d'Afrique, celui des Etats-Unis doit lui convenir encore mieux, & par deux raiſons : 1°. Il doit être à meilleur marché, comme étant le produit d'un peuple agriculteur, neuf, & non grévé d'impoſitions ; & en ſecond lieu, ce même peuple a des beſoins plus étendus & plus variés des productions de la France, que les pays méridionaux de l'Europe. L'Américain libre peut, en échange de ſes bleds, recevoir des vins, des huiles fines & des fruits de la France. Le Napolitain, le Sicilien & l'Africain ne peuvent pas ſe payer de la même manière.

Enfin, il eſt une autre conſidération favorable à l'importation des bleds d'Amérique ; ils peuvent arriver facilement à Honfleur (3) ; là ils pour-

---

(1) Le commerce des farines eſt moins ſûr que celui des grains ; les farines s'échauffent ; & d'ailleurs on préfère en général les grains, pour conſerver dans le pays de la conſommation, le produit de la main-d'œuvre qui les convertit en farine. Les Américains ignorent peut-être qu'en France la perte des farines gâtées eſt d'autant plus grande, qu'alors elles payent un plus gros droit : ſaines, elles ne doivent qu'un ſol par quintal d'entrée, & circulent en franchiſe ; gâtées, & deſtinées alors pour les amidons, elles payent 30 ſols par quintal.

(2) C'eſt un fait certain, quoiqu'il contrarie l'opinion vulgaire. Un autre fait, qui n'eſt pas moins vrai, & qui prouve la néceſſité d'admettre des bleds à bas prix, tels que ceux de l'Amérique, c'eſt que les trois quarts des habitans de la Beauce, de cette province qui produit de ſi beau bled, ne mangent que du pain noir, & n'en mangent pas encore ſuivant leur appétit. — Que doit-ce être des autres provinces qui ne recueillent pas de bled ?

(3) Si nous citons Honfleur, c'eſt que ce port, par diverſes

roient être emmagasinés, & subir tous les procédés nécessaires à leur conservation; procédés devenus très-simples & très-peu coûteux (1). Ces établissemens entretiendroient une masse considérable de bled à portée de la capitale; avantage plus grand qu'on ne pense. Les hommes suivent les subsistances, & les villes si immensément peuplées, attirant les subsistances d'un grand circuit, il ne reste bientôt plus dans les campagnes que le laboureur; car le consommateur, que son sort y fixe, ne tarde pas à trouver trop chère la denrée pour laquelle la capitale lui fait concurrence, & il se hâte, ou d'y accourir, s'imaginant que les moyens plus nombreux de subsistances y rendent la cherté moins pesante & moins sensible, ou de s'éloigner de ce circuit, pour éviter l'effet de cette concurrence.

En favorisant les magasins de bleds étrangers,

---

circonstances locales qu'il est inutile de détailler ici, destiné par la nature à devenir un jour, si du moins ses indications sont suivies, à devenir l'entrepôt d'un grand commerce, & sur-tout de celui des Etats-Unis avec la France. Le projet d'en faire un port franc est aujourd'hui sur le tapis, & il est du plus grand intérêt pour la France qu'il réussisse.

(1) Ils ne consistent plus que dans des magasins placés au grand air, ouverts aux vents secs, & construit de manière qu'on puisse remuer le bled facilement. Cette opération, faite de quinzaine en quinzaine, dans un temps convenable, n'a besoin que d'être renouvellée un certain nombre de fois, pour qu'on puisse ensuite laisser le bled en tas, sans avoir à craindre qu'il s'échauffe. Il existe à ce sujet des expériences faites avec soin. On peut, sur la conservation des bleds, citer la méthode pratiquée à Genève, où le gouvernement a établi un de ses plus grands revenus sur la vente du bled au peuple, & où l'intérêt l'a par conséquent conduit à perfectionner l'art de le conserver. Au reste, dans des dépôts uniquement destinés au bled des commerçans, le même bled ne séjourne jamais assez long-temps pour qu'il soit difficile d'en prévenir le dépérissement. Il y a quelques raisons de croire que l'air salin de la mer est favorable à sa conservation.

& ſur-tout des bleds américains, on forceroit en quelque ſorte la conſommation des bleds nationaux dans les campagnes, & par-là peut-être on arrêteroit l'émigration de ces habitans, que l'engouffrement des denrées dans les villes y attire perpétuellement, & qui rendent les terres déſertes.

Il eſt encore d'autres motifs qui peuvent engager la France à accueillir les bleds américains. Elle en a beſoin pour les vaſtes magaſins de terre & de mer, que les diſettes aſſez communes la forcent de maintenir.

Qui l'empêcheroit encore de ſe payer, avec cette denrée, des ſecours qu'elle a prêtés aux Américains, & dont leur ſituation retarde le rembourſement? Mais il faudroit que la main de ces entrepreneurs avides, dont la capitale fourmille, ne vînt pas ſouiller cette opération patriotique & généreuſe, qui ſeroit utile aux deux nations.

Qui pourroit enfin empêcher le gouvernement de former des magaſins de bleds américains, dans les iſles à ſucre françoiſes, que des ouragans, des incendies, & d'autres accidens imprévus expoſent ſi ſouvent à la famine, parce que leur approviſionnement, très-borné, ſe fait par le monopole, qui porte peu, pour vendre cher?

Ce n'eſt pas ici le lieu de développer nos idées à ce ſujet; nous ne traitons pas encore des rapports des Etats-Unis & des iſles à ſucre françoiſes. Peut-être examinerons-nous un jour cette matière importante & délicate; mais en attendant, le fait ſuivant nous a conduits à croire, que des magaſins de bleds américains dans ces colonies ſeroient non-ſeulement utiles, mais même néceſſaires. Ce fait eſt raconté dans une gazette approuvée par le gouvernement, à laquelle on doit, au moins cette fois-ci, accorder une pleine foi ; car on sait avec quelle circonspection on permet la publicité des calamités publiques qui dérivent d'un monopole protégé.

Nous nous bornerons à copier l'article de cette gazette. » Extrait du Journal général de France, » du samedi 24 février 1787.

De Saint-Domingue. Une lettre du Cul-de-Sac, du 11 décembre dernier, annonce une épidémie générale sur les blancs, dans la plaine, au Port-au-Prince ; les enterremens s'y font par douzaine. Il seroit bien malheureux qu'elle fût occasionnée par la mauvaise qualité des farines qu'on y porte d'Europe. Ce qu'il y a de très-certain, c'est que depuis la paix, les habitans n'ont cessé de se plaindre de leur cherté, rareté & mauvaise qualité. Les lettres du 8 octobre mandoient qu'ils payoient le pain 15 sols la livre, & souvent à la veille d'en manquer ; si bien qu'un particulier d'ici envoya des ordres à un négociant de Bordeaux, pour faire passer des farines à son fondé de procuration ; & sa surprise est vraiment désespérante d'apprendre aujourd'hui qu'elles se sont trouvées aussi mauvaises que les autres. (*Extrait des affiches de Bretagne.*)

SECTION IV.

MATS, VERGUES, ET AUTRES BOIS POUR LA MARINE.

LA France, comme les autres Etats européens qui ont une marine militaire & marchande à entretenir, tire ces bois de la Livonie & de la Russie.

Ce magaſin général commence à s'épuiſer ; la qualité des mâts n'y eſt plus ſi bonne. Ce commerce a d'ailleurs le déſavantage, pour la France, d'exiger des remiſes conſidérables en argent, ſans compter les déſagrémens d'une navigation dangereuſe, ſouvent interrompue par les glaces, & la gêne d'une concurrence de pluſieurs nations, que leur proximité & une foule d'autres circonſtances naturaliſent, pour ainſi dire, dans les ports & les mers du Nord ; avantages que ne peuvent avoir les François.

Ces conſidérations doivent déterminer la France à tourner ſes regards vers les Etats-Unis, pour les bois néceſſaires à ſa marine, & ſur-tout pour les mâtures. Si elle peut y faire ſes approviſionnemens en ce genre, il eſt hors de doute qu'elle y trouvera des avantages plus réels que ne peut lui en offrir le nord de l'Europe, ſoit pour la manière de payer les bois, ſoit pour la navigation, qui eſt bien moins dangereuſe, bien moins incertaine que celle de la Baltique.

Pourquoi d'ailleurs les mâts & les bois de conſtruction produits par le ſol des Etats-Unis, ne conviendroient-ils pas à la France ? On n'oppoſe à cet article qu'une objection, & c'eſt un préjugé qui la donne.

On prétend en France que leur qualité eſt très-inférieure à celle des bois de la Baltique ; on va même juſqu'à ſoutenir qu'ils ſont impropres pour la conſtruction des vaiſſeaux. Nous avons lieu de croire ce jugement, non-ſeulement précipité, mais encore dicté par l'ignorance, ou par la partialité de quelques perſonnes intéreſſées à ne voir arriver dans les chantiers françois, d'autres bois que ceux du nord de l'Europe.

Il n'eſt pas dans les loix de la nature, que d'immenſes contrées, dont les aſpects ſont auſſi variés qu'ils peuvent l'être en Europe, & dont le ſol offre les mêmes diverſités, ne produiſent que des bois d'une qualité généralement inférieure. Il doit en être de l'Amérique comme de l'Europe. Les qualités des bois varient, dans notre continent, ſuivant le climat, la nature du ſol & les autres circonſtances. S'il eſt même des bois qui doivent naturellement être d'une qualité inférieure, & le devenir de plus en plus, ce ſont ceux d'Europe, parce que les forêts qui produiſoient la meilleure, ſont épuiſées, ou s'épuiſent journellement. D'ailleurs, il eſt des règles pour couper les bois, & pour les gouverner, avant qu'ils ſoient mis en œuvre; ſi elles ſont négligées, la qualité du bois s'altère plus ou moins. Or, n'eſt-il pas poſſible que, par défaut d'expérience, ou par d'autres circonſtances (1) momentanées, les Américains n'ayent pas encore pu pratiquer ces règles, & que la qualité de leurs bois en ait ſouffert?

Des informations mieux dirigées, un examen

(1) Par exemple, la coupe des bois a ſa ſaiſon; & pour en faire une immenſe, pour ne pas laiſſer échapper le moment favorable, il faut donc tout abattre à la fois, & réunir un grand nombre de bras. Or, les Américains n'ont pas ces bras ſi nombreux. Il faut encore laiſſer ces bois à l'air ou dans l'eau longtemps avant de s'en ſervir; & les Américains, preſſés par le beſoin, ne pouvoient pas toujours faire ce ſacrifice de temps. Il ne faut donc pas rejetter les défauts des bois venus d'Amérique ſur leur nature, mais ſur les circonſtances défavorables. Ce raiſonnement renverſe tous les faits que la partialité de l'intérêt perſonnel a juſqu'à préſent avancés contre les bois de l'Amérique libre.

plus attentif détruiront sans doute dans peu ce préjugé, contraire à la qualité des bois américains; préjugé d'autant plus fâcheux, qu'il priveroit le commerce entre la France & les Etats-Unis, d'un objet très-important pour les deux nations.

Si la France veut sérieusement s'éclairer sur ce point, qu'elle consulte les ennemis même de l'Amérique; qu'elle consulte le lord Sheffield, si sobre d'éloges, quand il faut en accorder aux Américains libres. Il dit expressément (1), « que les négociateurs du traité de paix qui ont cédé le territoire de Penobscot, à l'est de la baie de Casco, appartenant à la Grande-Bretagne, méritent la plus sévère censure; que cette contrée produit, sans contredit, les meilleurs bois. La côte, ajoute-t-il, est couverte de bois propres pour la navigation & autres usages, & en quantité suffisante pour remplir les besoins de la Grande-Bretagne pendant des siècles. Le pin blanc, connu en Angleterre sous le nom de pin de Weymouth ou de la Nouvelle-Angleterre, abonde dans ce territoire. Il est incontestablement le meilleur pour les mâtures, & il y croît à une prodigieuse hauteur ».

Ce fait nous est confirmé par des hommes éclairés, qui ont voyagé & long-temps résidé dans les Etats-Unis. Ils assurent qu'ils produisent tous les bois dont nous avons besoin pour nos mâtures, & que le pin blanc des rivières de Connecticut, Penobscot, Kennebek, est au moins égal en qualité à ceux du nord de l'Europe. Les constructeurs de Philadelphie l'estiment tellement, qu'ils com-

(1) Sixième édition, pag. 89.

mencent à s'en servir pour le bordage des vaisseaux au-dessus de la flottaison.

Le chêne verd, dont la Géorgie offre de si belles forêts, réunit les qualités les plus précieuses. On peut en tirer de la baie de Sainte-Marie, d'une écarrissure plus considérable que celui qui vient du Levant & de l'isle de Corse. Il est compacte; les vers ne l'attaquent jamais, & la durée en est sans égale. Le pied cube pèse 95 livres, c'est-à-dire, 20 liv. de plus que le chêne blanc dont on se sert ordinairement. Telle est sa solidité, qu'on peut diminuer de près de moitié l'épaisseur des membres pour lesquels on l'emploie (1).

Le lord Sheffield, après avoir dit qu'on ne trouvoit point de bois propres aux mâtures, au sud du 41me. degré, déclare cependant que le pin jaune des Etats du sud fournit de grands mâts pour la marine marchande (2). Le blanc & le jaune sont d'une qualité supérieure à celle des autres pins; le grain en est fin; celui du jaune est plus serré. Tous ces pins s'emploient pour la construction des maisons & des vaisseaux, & pour tous les autres usages auxquels le pin s'applique, soit en piè-

---

(1) Le chêne verd de la Caroline est le plus dur des bois connus. Les vaisseaux qui en sont construits ont une très-longue durée. Voyez d'ailleurs ce que le colonel Champion dit sur les bois d'Amérique, dans les différentes parties de son ouvrage, où il réfute l'opinion du lord Sheffield, sur les mâts d'Amérique.

(2) Page 9, sixième édition, on lit la note suivante : « Les mâts d'Amérique sont inférieurs à ceux de Riga; mais ceux-ci sont très-coûteux par le chemin qu'ils ont à faire, & les droits considérables qu'ils acquittent à Riga. En temps de guerre, les grands mâts coûtent, rendu en Angleterre, deux, trois, jusqu'à quatre cents livres sterling. Les plus grands mâts dont on se serve dans la marine, ont trente-six pouces de diamètre, & viennent d'Amérique. On préfère maintenant les grands mâts, faits de plusieurs pièces ».

ces équarries, soit en planches ou plateaux.

Enfin, lorsqu'on voit la Grande-Bretagne mettre du prix aux bois américains; lorsqu'on voit, qu'avant la guerre, elle avoit fait arpenter un canton de six cents mille acres dans la province de Saggadahock, où se trouvent les plus beaux pins blancs; qu'elle y tenoit un agent pour faire abattre ces pins sur la neige, & les faire embarquer sur de longs vaisseaux construits exprès (1), on a peine à concevoir que la France soit indifférente sur les bois de toute espèce qu'elle peut tirer des Etats-Unis, en échange de ses productions.

SECTION V.

FOURRURES ET PELLETERIES.

Le lord Sheffield, que nous citons toujours avec confiance, lorqu'il décrit les avantages des Etats-Unis, ne leur abandonne pas celui d'être entièrement les maitres du commerce des fourrures; mais il les regarde comme des concurrens dangereux pour le Canada; c'est avec raison.

La proximité des grands établissemens que les Américains libres forment aujourd'hui à *Pittsbourg*

(1) Voyez les *Lettres du Cultivateur américain*, tom. II, pag. 26. Cet estimable écrivain a pris lui-même la peine d'apporter en France une grande quantité d'échantillons des différentes sortes de bois qu'on trouve dans les Etats-Unis, & qui font propres par leurs divers usages au commerce. On est étonné de la variété de ces bois. Le lord Sheffield porte à près de 2000 tonnes la quantité de bois américains exportés annuellement pour l'Angleterre, en calculant sur l'exportation des années 1768, 1769 & 1770. En 1773, l'entrepreneur anglois payoit, dans la Nouvelle-Angleterre, 76 liv. sterling, pour un grand mât de 33 pouces, & ainsi en diminuant jusqu'à 11 liv. pour un mât de vingt-quatre pouces. En 1769, ces prix avoient baissé de vingt pour cent.

& dans plusieurs autres endroits de leurs possessions ultramontaines, doit insensiblement leur donner de grands avantages dans ce commerce, & leur faire partager avec le Canada les profits, presque exclusifs, dont cette province a joui depuis 1763.

En effet, les régions situées entre les eaux du lac *Ontario* & celle du *Mississipi*, traversées par cette foule de rivières qui tombent dans le sud & nord-ouest de *l'Erié*, du *Michigan* & du *Supérieur*, jusqu'au *Ouisconsing* (1), & même jusqu'au *lac des bois*; les grands travaux auxquels les Virginiens sont occupés dans ce moment, pour perfectionner la navigation du *Potawmack* jusqu'au pied des Allé-Cheny; la probabilité d'une autre communication avec les eaux ultramontaines, par le moyen des branches occidentales de la *Susquehannah* (2); sans omettre la facilité avec laquelle les habitans de l'état de New-Yorck alloient à *Niagara*, avant la guerre, en remontant de leur capitale la rivière d'Hudson jusqu'à Albany, de-là celle des Mohawks, traversant le petit lac d'Onéida, & au moyen de quelques portages faciles, descendant la rivière d'*Oswégo*, dans l'embouchure de laquelle l'*Ontario* forme un excellent havre; toutes ces raisons, & plusieurs autres qui tiennent non-seulement à la géographie, mais au climat, à la proximité, &c. doivent mettre au pouvoir des Américains, dans peu d'années, une grande partie du commerce des fourrures.

Ces avantages seront encore bien plus certains

(1) Grand fleuve qui tombe dans le Mississipi, à sept cents lieues de la mer.

(2) La Juniata, le Jiogo & le Cajuga.

lorſque les Anglois auront évacué les forts de Niagara (1), le grand établiſſement du détroit (2), & celui de Michillimakinack (3). Quoique, par le traité de paix, ils doivent jouir en commun, avec les Américains, des portages de la navigation des lacs, cependant ils n'en pourront pas davantage faire concurrence à ces derniers; car il faut obſerver que partie du nord & nord-eſt du continent, compris dans les limites angloiſes, juſqu'au territoire de la baie d'Hudſon, eſt infiniment plus montueuſe, plus froide, plus ſtérile, & n'eſt traverſée que par des rivières pleines de chûtes & de *rapides*, & que, par conſéquent, ce commerce ne ſe fera plus avec autant de facilité, & ne ſera pas auſſi abondant.

Il leur reſtera encore excluſivement la communication de Mont-Réal avec les *pays d'en-haut*, par la grande rivière des Outawas, qui tombe dans le fleuve Saint-Laurent, au lac des deux montagnes, à 3 lieues de cette ville; mais ſa rapidité, ou plutôt ſes fureurs & ſes chûtes éternelles, rendront toujours cette voie, ſinon impraticable, du moins diſpendieuſe & précaire (4).

Les fourrures exportées du nord de l'Amérique dans la Grande-Bretagne, ont monté annuellement, pendant les années 1768, 1769 & 1770,

---

(1) Port important, qui commande le portage de treize lieues, qui ſépare les lacs Erié & Ontario.

(2) Ville fondée par les François, ſur le détroit Sainte-Claire, qui porte les eaux des lacs Michigan & Huron dans l'Erié.

(3) Fort & établiſſement à la Pointe, dans l'iſle de ce nom, qui commande le portage & le paſſage des chûtes de Sainte-Marie, par où les eaux du lac ſupérieur tombent dans celle du Huron.

(4) Ces détails nous ont été fournis par M. de Crevecœur, qui a parcouru cette immenſe contrée.

à près d'un million de livres tournois, évalué au prix du port de l'exportation. Celle des peaux de daim a été de huit cents mille livres, non compris les cuirs que les Américains recevoient en échange à la Jamaïque & dans les établissemens espagnols.

Les ventes de fourrures du Canada, qui se font à Londres à chaque printemps, produisirent, en 1782, quatre millions sept cents mille livres tournois; un peu plus en 1783, & en 1784, elles ont passé cinq millions. Toutes ces fourrures sont payées par les manufactures angloises, & le quart en est préparé en Angleterre, où il double de valeur. Or, ce riche commerce, qui se fait par Quebec, tombera certainement, dès que les forts & les contrées qu'ils commandent, auront été restitués aux Américains. Peut-être est-ce plus cette considération que la commisération inspirée par le sort des loyalistes américains, qui arrête la restitution, dont les Anglois n'envisagent le moment qu'avec douleur.

Aussi, pour parer au coup que doit porter cette restitution au commerce des pelleteries en Angleterre, le lord Sheffield, après avoir exposé l'état des choses, conseille-t-il à sa nation de n'exiger aucun droit sur les fourrures destinées à la consommation étrangère, afin d'encourager les Américains à faire passer les leurs en Angleterre par Quebec. Il l'invite, sur-tout, à tourner son attention sur la baie d'Hudson, & à traiter avec la compagnie qui possède le commerce exclusif de cette baie, pour le rendre à la liberté, ainsi qu'on a traité avec la grande compagnie d'Afrique.

Ces judicieux conseils indiquent à la France ce

qu'elle doit faire, de son côté, pour attirer dans ses ports les fourrures & pelleteries des Américains libres.

Croiroit-on que l'esprit de monopole a déjà jetté ses regards avides sur ce commerce, pour l'envahir? Des banquiers de Paris ont déjà proposé une compagnie, *par actions*, dont une partie appartiendroit aux Américains, & l'autre aux François. Ils fondent la nécessité de cette compagnie, sur ce qu'il est impossible, à de simples particuliers, de faire des avances considérables, pour les achats préliminaires qu'exige ce genre de commerce.

Eternel mensonge des monopoleurs! mensonge avec lequel ils ont englouti & même anéanti les branches du commerce le plus avantageux qu'offroit la France! mensonge qu'il importe de démasquer ici; car s'il séduisoit le gouvernement, s'il étoit cru, adopté, il arrêteroit les liaisons avec les Etats-Unis; il décourageroit l'industrie & l'activité françoise, & peut-être même parviendroit-il à étouffer ce commerce qui ne fait que de naître.

En effet, les productions américaines, que les François peuvent recevoir des Américains libres, en échange des productions françoises, sont la plupart d'une valeur peu considérable, relativement à leur volume. Cependant, il se rendra en Amérique, par les paquebots qui viennent d'être établis, des marchands françois avec de petits assortimens, tirés de diverses manufactures du royaume. Il est même à souhaiter, comme nous l'avons déjà remarqué, que le commerce avec les Etats-Unis commence de cette manière, que beaucoup d'individus soient encouragés à aller en Amérique, sonder le terrein, acquérir des lumières, en portant avec eux des articles qui peuvent s'y consommer, & qui leur sont particulièrement connus.

Il est donc important qu'ils puissent trouver la plus grande variété possible d'objets à prendre en retour. Or, les plus commodes pour eux sont ceux qui renferment le plus de valeur sous un moindre volume. Il ne faut donc pas que le monopole leur enlève les fourrures; c'est de toutes les marchandises américaines la plus précieuse, pour cette utile manière de commencer le commerce entre la France & les Etats-Unis.

Les projetteurs de ce monopole ajoutent, que la compagnie angloise établira des dépôts à New-Yorck & à Baltimore, si on ne la prévient pas.

Mais, de quelle compagnie parlent-ils? est-ce de celle d'Hudson? Elle n'a de privilège que pour la baie d'Hudson, où elle fait languir les affaires, bien loin de les animer. Le lord Sheffield propose même, comme nous l'avons déjà observé, que le gouvernement lui rachète son privilège, pour rétablir la concurrence. Peut-on croire, d'ailleurs, que les commerçans anglois redoutassent beaucoup la concurrence de cette compagnie, & celle des compagnies étrangères, quelles qu'elles fussent?

Les rentrées, insiste-t-on, des fonds avancés, seront lentes. Mais ce charitable monopole, qui s'occupe si patriotiquement de l'intérêt des commerçans, ne sait donc pas que ces lenteurs n'ont jamais arrêté l'activité croissante d'aucun commerce, quand il peut les supporter; & que, lorsqu'il ne le peut pas, les compagnies elles-mêmes, incapables de soutenir toujours un fardeau qui ne fait que s'accroître, se ruinent enfin, après avoir longtemps tenu dans les fers l'industrie particulière. C'est un fait que prouve l'histoire de toutes les compagnies. Là où la prospérité les a suivies, la liberté l'eût portée à un plus haut degré, & souvent elle eût soutenu ces genres de commerce qui sont tombés dans le néant, parce qu'ils étoient dirigés par l'influence pernicieuse du monopole. D'ailleurs, il ne s'agit ici, ni d'un commerce lointain, ni d'un commerce nouveau pour la France. On doit se rappeller l'état florissant où il étoit avant la perte du Canada; car les flétrissantes mains du monopole ne s'en étoient pas emparées.

Envoyez des marchandises essentiellement convenables; que vos envois soient dirigés par cette prudence éclairée (1), fruit de l'expérience; rapportez d'autres marchandises convenables à votre pays ou à la consommation étrangère, & les avances ne seront pas si longues. Puis, combien le poids de ces longues avances s'allège, en se subdivisant entre tous ceux qui prennent part au commerce libre!

(1) On a fait en France des envois qui caractérisent, d'une manière frappante, le besoin qu'on y a d'instruction dans plus d'un genre. Quelques négocians, regardant les Américains libres comme une peuplade à demi sauvage, & comptant sur leur admiration pour les modes, leur ont envoyé des chapeaux bordés, des fracs rouges fort élégans, des vestes de soie bariolées, & une foule d'autres frivolités. Ils ne savoient pas que les Américains ont les mœurs des Anglois, des Allemands, qu'ils sont graves & instruits; que Philadelphie & Boston sont, pour ainsi dire, des fauxbourgs de Londres. Ces bévues en commerce proviennent de la manière légère avec laquelle les François voyagent & observent. Ils n'ont point cette défiance d'eux-mêmes, cette modestie intéressante, qui prévient & facilite les communications & l'acquisition des connoissances utiles & sûres. La haute opinion qu'ils ont de leurs forces nationales, leur inspire une suffisance personnelle, insupportable & mal fondée; car enfin y a-t-il quelque rapport entre les bras qu'on peut armer, & les lumières de l'esprit? Qu'on nous pardonne cette observation févère; elle est importante pour les voyageurs François: elle préviendra des entreprises ruineuses, parce qu'elles sont fondées sur l'ignorance & la présomption.

Est-il d'ailleurs présumable que les Américains libres assujétissent, chez eux, au monopole, le commerce des fourrures? N'ont-ils déployé toutes les lumières qui les distinguent, que pour adopter les vues étroites de nos agioteurs, nos malheureux systêmes de compagnies privilégiées, systêmes si nuisibles à l'esprit public, à la liberté, à la morale, à la vraie prospérité publique? Ignorent-ils que si le défaut de moyens enchaînoit les efforts particuliers des commerçans françois, d'autres commerçans peuvent les remplacer? Et combien est grande, à cet égard, la puissance des Anglois & des Hollandois! Combien celle des Espagnols même pourroit le devenir, s'ils vouloient adopter les bons principes, ceux qui résultent de la possession des mines (1)!

Non, sans doute, les Américains libres ne se laisseront pas enchaîner par les liens d'un triste & stérile monopole, pour se conformer aux vues intéressées des banquiers de Paris. Qu'ils se défient des projets des monopoleurs : tant d'exemples récens nous apprennent que, sous un voile brillant, la plupart de ces projets ne cachent qu'une spéculation d'agiotage; & la compagnie projettée des pelleteries, pourroit bien n'être qu'une de ces spéculations. Car, depuis que l'agiotage donne aux actions une valeur qu'elles n'ont pas, qu'importe que le plan d'une compagnie soit bien ou mal calculé, pourvu qu'il soit adopté par le gouvernement; pourvu que, présenté sous des dehors pompeux, il séduise un public ignorant & léger, &

(1) Voyez le tableau de l'état actuel de la banque de Saint-Charles, pag. 69 & suivantes.

que ſes actions s'élèvent à un taux conſidérable?

Il faut cependant rendre juſtice aux auteurs de ce projet. Ils veulent s'aſſurer de grands bénéfices indépendans des reſſources du jeu, & voici de quelle manière.

La compagnie entretiendroit des paquebots pour l'Amérique, & les feroit partir régulièrement tous les mois. On penſe bien que ces paquebots voitureroient de préférence à toute autre, les marchandiſes de la compagnie, & que ſes agens n'y ſeroient pas les plus mal placés.

Le gouvernement payeroit à la compagnie, pour cet entretien, ce qu'il paie pour les paquebots cenſés partir de deux mois en deux mois, c'eſt-à-dire, ſix cents mille livres. — Mais pour dédommager l'induſtrieuſe compagnie des avances & des pertes conſidérables qu'elle prévoit, elle demande que le gouvernement lui cède l'intérêt de la dette des Etats-Unis envers la France : intérêt, ajoutent les auteurs du projet, mal payé, & qui n'eſt qu'une bagatelle pour la France (1).

Qui faut-il plaindre le plus, ou les gouvernemens auxquels on oſe préſenter de pareils projets, ou ceux qui les préſentent? Eſpérons cependant que les lumières répandues diſſiperont les preſtiges des agioteurs, ſi le gouvernement y croit même encore.

Revenons aux fournitures & aux pelleteries. Ce que nous avons dit montre aſſez l'importance de cet article pour le commerce françois, & combien

---

(1) C'eſt avec ces bagatelles, ſi généreuſement prodiguées, qu'un état voit tout-à-la-fois s'accroître ſa dette, & diminuer les moyens de la payer, quoiqu'en diſent beaucoup de profonds politiques.

il doit s'accroître par la ſuite. On doit donc s'attendre, de la part du gouvernement, à toutes les faveurs qui pourront l'encourager. On doit eſpérer qu'il ſupprimera pour toujours des droits qui, par leur grandeur, favoriſeroient la contrebande, ou nuiroient à la vente de ces pelleteries aux commerçans étrangers. Elles peuvent recevoir en France, de la main-d'œuvre qui les prépare, une plus grande valeur; il ne faut donc pas les rendre inacceſſibles par les droits, aux nations moins bien ſituées que la France, pour les recevoir d'Amérique.

Enfin, ce commerce de pelleteries américaines doit être d'autant plus favoriſé en France, que, de tous les articles fournis par les Américains aux Indiens, en échange des pelleteries, il n'en eſt aucun qui ne puiſſe ſe trouver en France, & par conſéquent, c'eſt un nouveau ſujet d'activité pour ſon induſtrie.

SECTION VI.

Riz, indigo et graine de lin.

On ne peut parler du riz de l'Amérique, ſans ſe rappeller les inconvéniens funeſtes qu'entraîne ſa culture. Obligés d'être la moitié de l'année dans l'eau, les malheureux eſclaves qui le cultivent, ſont expoſés à la cécité, à des maladies ſcrofuleuſes, à une mort prématurée. C'eſt cette conſidération qui empêche, dit-on, les Etats qui le produiſent, d'abolir l'eſclavage. Les hommes libres ne ſe dévoueroient pas facilement à cette culture meurtrière (1).

---

(1) La culture du riz ſe fait, en Piémont & dans l'Italie,

Quand ce dernier fait feroit vrai, quand il feroit vrai que, dans le régime de la liberté, on ne trouveroit pas de moyens pour concilier cette culture avec la fanté des ouvriers, on ne peut pas en tirer un motif fuffifant, pour condamner à une mort certaine & à des maladies cruelles, une partie de nos femblables, nés libres, égaux comme nous (1), & avec un droit égal à la vie. Y eût-il même une néceffité abfolue dans la culture de cette denrée, cette néceffité ne nous donneroit aucun droit fur la vie des nègres, ou bien il feroit le produit d'un état de guerre, & jamais l'afferviffement ne fut un droit.

Quoi qu'il en foit, il eft bien à fouhaiter qu'on ne fouille pas ainfi la production du riz, & qu'en

---

par des gens fans feu ni lieu, connu fous le nom de Banditti, fruit des mauvaifes conftitutions politiques de cette partie de l'Europe. Lorfque ces Banditti ont fini leur ouvrage, des Sbirres les conduifent aux frontières, afin de prévenir les défordres auxquels on craint que leur inaction & leur mifère ne les portent.

(1) Ils font d'une couleur différente que celle des Européens; mais la qualité d'homme dépend-elle de la couleur? Les nègres ne font-ils pas organifés comme nous? N'ont-ils pas, comme nous, tout ce qui fert à la production, à la génération des idées, à leur développement? Si la couleur noire devoit avoir quelque effet moral, influer fur leur fort, déterminer notre conduite à leur égard, ce devroit être pour les laiffer chez eux, & non pour les en arracher par force, & non pour les punir de cette couleur par les traitemens les plus barbares, & non pour les traîner fur un fol étranger, pour les y condamner pendant toute leur vie au fort pénible & vil des animaux. Viennent-ils donc volontairement s'offrir à l'efclavage? Demandent-ils à fortir de ces zones brûlantes, où la nature femble les avoir circonfcrits par la couleur noire, comme nous dans les zones froides ou tempérées par la couleur blanche? Leurs befoins peu nombreux les tiennent dans l'ignorance; nous y ajoutons tout ce qui peut la changer en imbécillité, & nous argumentons de cette dégradation, dont nous fommes coupables, pour nous tranquillifer fur les juftes reproches que nous adreffe la nature! Pouvons-nous donc vanter nos lumières, tant qu'elles reftent complices de ces horreurs? Voyez à ce fujet, l'Examen critique des Voyages de M. Chatellux.

conséquence on trouve, ou des moyens de prévenir les maladies qu'elle cause, ou de la remplacer par une culture moins pernicieuse.

Il est une espèce de riz sec, nullement dangereux à cultiver. D'ailleurs, l'exemple des Chinois & des Indiens, parmi lesquels la culture ne fait pas les mêmes ravages, doit nous faire espérer qu'en les imitant un jour, on rendra à la santé, à la vie, des hommes que nous n'eûmes jamais le droit d'en dépouiller.

Après avoir considéré cette production en hommes, il faut maintenant l'examiner en commerçans.

Le gouvernement françois n'a pas encore pris un parti déterminé pour l'introduction des riz américains. Sans doute, lorsqu'il aura réfléchi sur la nature de cette denrée, il s'empressera de l'admettre, & d'en favoriser l'importation, autant que peuvent le faire les autres nations. C'est une subsistance salutaire, simple, propre à suppléer les denrées principales. Ces motifs doivent être assez puissans, pour balancer les insinuations que dicte l'intérêt particulier, contre l'admission de ces riz. Ne nous lassons point de le répéter, on doit encourager la multiplication des subsistances; c'est rendre au peuple la vie moins pénible, c'est féconder la population, & par conséqnent la richesse naturelle.

Observons d'ailleurs, que le riz arrivant en France, par mer, doit augmenter les subsistances dans les ports où il est débarqué : il contribue donc, avec d'autres causes, à y attirer le peuple de l'intérieur. Or, on préviendroit ces émigrations, en laissant circuler librement, & cette denrée de première nécessité, & les autres qui ont la même qualité.

Enfin,

Enfin, si la France veut avoir un grand commerce, un commerce solide avec les Etats-Unis, elle doit se garder des exclusions qui nuiroient essentiellement à ce but; elle doit admettre toutes les productions de ces Etats. Sans cette faveur, ce commerce sera toujours restreint, toujours sujet à des interruptions fréquentes, & l'incertitude & les gênes le porteront entièrement dans les pays, où l'accueil & les facilités seront plus générales. Il en est, à cet égard, entre les nations comme entre les commerçans : celui qui offre le plus d'avantages, obtient toujours la préférence.

» Ci-devant, dit le lord Sheffield, les riz américains, quoique consommés par l'Espagne, le Portugal & le Nord de l'Europe, étoient premièrement débarqués en Angleterre, & y payoient un droit de 7 sols 2 den. sterling du cent pesant. Ce droit a été supprimé très-à-propos, par un ordre du conseil, & l'Amérique continue à nous envoyer ses riz. Les Américains ne pouvant savoir dans quel port de Hollande ou d'Allemagne il leur conviendra le mieux de les envoyer, & notre correspondance avec les diverses parties de l'Europe nous mettant à portée d'être toujours, & à tout instant, mieux informés de l'état des marchés, ils nous confieront leur riz, parce que nous pouvons mieux juger où l'exportation sera la plus avantageuse ".

Voilà, en peu de mots, la théorie qui doit aussi diriger la France dans son commerce avec les Etats-Unis. Dès-lors, qu'importe qu'elle consomme ou non telle ou telle production américaine? Les recevoir toutes, les payer toutes, si elle le peut, avec ses produits, sinon avec les produits étran-

-gers, & les faire passer dans tous les lieux de la consommation, n'est pas un petit avantage. C'est, si l'on veut, le métier d'un facteur; mais ce métier amène des conséquences (1) très-heureuses & très-étendues pour le peuple qui l'exerce; sur-tout lorsqu'il peut faire entrer ses propres productions dans le payement de celles dont il n'est que le facteur.

Les Américains ont exporté annuellement pendant les années 1768, 1769 & 1770, pour la Grande-Bretagne & le sud de l'Europe, cent quinze mille mesures de riz, appellées *barrels*, valant six millions & demi de livres tournois (2). C'est le plus considérable des objets d'exportation, après le tabac, le froment & les farines. Il mérite donc que le commerce françois s'en occupe, & l'attire

---

(1) Il faut établir des transits francs par terre, aussi bien pour les objets prohibés, que pour ceux dont la consommation intérieure est chargée de droits. Cette utile opération demande quelque courage, pour être faite dans toute l'étendue qu'elle doit avoir. Car on ne manquera pas de répéter l'objection éternelle, que les transits, quelque bien réglés qu'ils soient, favorisent la contrebande, & que celle-ci nuit à quelque établissement national, ou diminue la recette des droits. Mais si le transit d'une certaine marchandise affoiblit la recette du droit sur la consommation intérieure de cette même marchandise, ce ne sera jamais que d'une portion peu considérable; car la contrebande que le transit favorise a aussi des difficultés qui la restreignent; tandis que donnant un beaucoup plus grand mouvement au pays, par lequel il s'exécute, le transit met en valeur une partie des choses, qui, sans cela, resteroient dans un état de mort ou d'inertie. Ainsi, en supposant que la recette diminuât dans une certaine caisse, elle augmente bien au-delà dans d'autres.

Malheureusement une diminution de recette occasionnée par une cause sensible, frappe l'administrateur qui ne généralise pas, & les avantages éloignés qui, résultans de cette cause, doivent la laisser subsister, lui échappent, ou ne le touchent pas, parce que ces avantages ne seront sensibles, que dans un temps où peut-être il ne sera plus en place.

(2) L'exportation de Charles-Town, depuis décembre 1784 à décembre 1785, a monté à 67,713 mesures.

dans les ports de France, pour de-là le distribuer dans les autres marchés de l'Europe.

INDIGO.

ON peut dire la même chose de l'indigo des Carolines & de la Géorgie. Il fait partie des produits importants des Etats-Unis, il se consomme en Europe. Il faut donc lui ouvrir les ports françois, & de-là des communications faciles. Les Anglois en ont reçu annuellement, pendant les années 1768, 1769 & 1770, pour la valeur de trois millions de liv. tournois (1). Il s'est principalement consommé en Angleterre, en Irlande & dans le nord de l'Europe, à raison de son bas prix. Il n'a que peu ou point réussi ailleurs. L'indigo de Saint-Domingue, quoique plus cher, obtient toujours la préférence.

L'indigo de la Caroline & de la Géorgie est très-inférieur à tous les autres. Il est dur, terreux, terne, & peu colorant, & il exige à l'emploi une trituration longue & pénible. On a d'abord été séduit par le bas prix; mais cette économie n'est qu'imaginaire, puisqu'il faut suppléer, par la quantité, au défaut de sa qualité; & c'est ce qui en a éloigné.

Comme la culture de l'indigo est par-tout fort encouragée, que par-tout où il croît, sa quantité augmente tous les jours, il est probable que l'indigo des Carolines & de la Géorgie deviendra toujours plus difficile à consommer, à moins qu'il ne se perfectionne considérablement. Il a bien ac-

(1) L'exportation de cette teinture, faite en 1785 à Charles-Town, se monte à 500,920 liv. pesant.

quis une meilleure qualité depuis les premiers qui arrivèrent en Angleterre; mais nous n'avons pas appris que généralement il puisse être comparé avec la plus basse qualité des indigos de Saint-Domingue (1). On le mêle avec ceux-ci, & c'est peut-être cette infidélité qui a soutenu sa consommation. Mais ces sortes d'abus n'ont qu'un temps, & ne méritent pas de fixer l'attention des gouvernemens: l'intérêt personnel suffit seul pour les détruire tôt ou tard.

Il est des genres de teintures auxquels les indigos à bas prix sont propres; & c'est pourquoi certains atteliers employent celui des Carolines & de la Géorgie. Dans ce cas, il a l'avantage d'exiger une moindre avance du teinturier.

Il faut donc admettre l'indigo des Américains libres, tant qu'il se consommera. Car ils continueront d'en faire jusqu'à ce qu'on n'en veuille qu'à un prix qui ne permette plus de le fabriquer; & puisqu'on ne peut empêcher cette fabrication, chercher à intervenir comme agent dans le commerce général de cette teinture, est le parti le plus avantageux.

Si l'on en croit le lord Sheffield, les plantations d'indigo sur les bords du Missisipi prospèrent beaucoup, & prospéreront toujours davantage. Notre ouvrage fera peut-être naître sur cet article important de commerce, comme sur beaucoup d'autres, plus de véritables lumières que nous n'en pouvons donner.

(1) Les voyageurs disent que la Caroline produit de l'indigo presqu'aussi beau que celui des isles françoises; mais il est rare, parce qu'il n'y a guères que des planteurs riches & industrieux, qui, soignant sa culture, en recueillent de cette qualité. Il reste dans le pays.

GRAINE DE LIN.

L'Amérique ſeptentrionale a expédié, en Angleterre & en Irlande, pendant les années 1768, 1769 & 1770, pour deux millions & demi de livres tournois de graine de lin, c'eſt-à-dire, pour ſept cents mille livres par an. Elle a été conſommée dans la Grande-Bretagne. L'avantage de la payer avec des toiles d'Irlande, a fait préférer cette graine à celles de Flandres & de la Baltique, qui d'ailleurs ſont plus chères.

C'eſt aux commerçans François, qui s'intéreſſeront au commerce avec les Etats-Unis, à voir quel parti ils pourront tirer de ces obſervations du lord Sheffield. Si la culture du lin s'étend en France, on doit y deſirer les ſemences étrangères, par deux raiſons : la première, que la qualité de la production y gagne ; la ſeconde, que dans les pays peuplés, induſtrieux, on tire un plus grand parti de la plante de lin, en la filant, qu'en la laiſſant mûrir pour en recueillir la graine. Les graines de lin paroiſſent ne venir en abondance que des pays où il n'y a pas aſſez de bras pour filer, & même pour donner la première préparation au lin qu'ils produiſent; il convient alors d'en cultiver pour le commerce de la graine. Tant que cet état des choſes ſubſiſte, il doit auſſi convenir aux pays peuplés de tirer leur graine de lin de l'étranger.

La Flandre ſembleroit démentir cette obſervation; mais on y a défendu la ſortie du lin non filé, pour favoriſer la main-d'œuvre. Dès-lors ce pays étant très-convenable à la culture du lin, peut bien ne laiſſer à beaucoup de cultivateurs de cette plante que la reſſource du commerce de la graine. Il est probable que si le lin pouvoit sortir au moins préparé pour être filé, on ne songeroit pas en Flandres à la recueillir.

SECTION VII.

PROVISIONS NAVALES, SAVOIR : *POIX, GOUDRON, THÉRÉBENTINE.*

Le lord Sheffield a fait un long article sur les provisions navales (1). L'Angleterre en recevoit considérablement des parties de l'Amérique actuellement comprises dans les Etats-Unis, & principalement de la Caroline du sud. La quantité de ces articles montoit annuellement, en 1768, 1769 & 1770, à vingt mille sept cents *barrels* de poix, quatre-vingt-deux mille quatre cents de goudron, & vingt-huit mille cent de thérébentine; le tout valant, dans le port de l'exportation, un million deux cents vingt-huit mille livres tournois.

Ces provisions avoient un grand prix pour les Anglois, soit pour leur commerce, soit pour leur propre consommation. Deux manufactures considérables, établies à Hull, en étoient alimentées. Le goudron y étoit converti en poix; on en exportoit des quantités considérables dans les pays méridionaux, où il étoit accueilli en concurrence avec celui du nord de l'Europe. La thérébentine, convertie dans ces manufactures en huile ou esprit, fournit un objet de commerce considérable : l'Angleterre en consomme beaucoup pour la préparation des couleurs, les vernis, &c.

La révolution de l'Amérique n'a pas fait per-

(1) Voyez page 78, sixième édition des Observations sur le commerce des Etats américains.

dre de vue ces provisions aux Anglois. Le besoin qu'ils en ont, ne leur permet pas de se fier uniquement aux exportations qu'on en fait de la Russie & de la Suède, où ils ont les Hollandois pour concurrens. D'ailleurs la navigation d'Amérique, moins dangereuse que celle de la Baltique, n'est pas, comme celle-ci, limitée à un certain temps de l'année. Elle est par conséquent & plus fréquente & moins coûteuse; en sorte que ces provisions viendront long-temps de l'Amérique à plus bas prix que du nord. Le goudron américain est aussi bon que celui de l'Europe : plus épais, il est plus propre pour la poix : il est préféré pour les moutons même à plus haut prix. La thérébentine d'Amérique n'est inférieure qu'à celle de France.

L'Angleterre admet les provisions navales des Etats-Unis sur le même pied que celles de ses colonies; & comme les mêmes provisions qui viennent d'ailleurs, payent en Angleterre un droit d'entrée de douze schellings par *last* de (douze *barrels*,) ce droit établit un avantage en faveur des Etats-Unis. Cependant les Anglois ne négligent pas leur commerce sur ces objets, avec le nord de l'Europe, afin d'en être toujours abondamment pourvus. Un de leurs marchands a même enseigné à la Russie le moyen de fournir d'aussi bonne thérébentine qu'aucune autre nation. Cette production y deviendra bientôt très-abondante par les nombreuses & immenses forêts de sapins qui sont à portée d'Archangel, où se déposent leurs dépouilles.

Cet état de choses montre à la France le cas qu'elle doit faire des provisions navales, que peuvent fournir les Américains libres. Le commerce de Charles-Town en exporte des quantités toujours plus considérables (1). Le sol maigre & sabloneux, voisin de la mer, & qui s'étend dans les terres, depuis cinquante à cent mille de profondeur, dans la Caroline du nord, & dans le sud de la Virginie, produit beaucoup de sapins, d'où l'on extrait le goudron & la thérébentine. On a peu de peine à extraire ces résines, & les faciles exploitations encouragent. Les ports européens où elles pourront être vendues le plus promptement, seront préférés.

La France produit, consomme & exporte de ces provisions navales. Elle en importe aussi, & le gouvernement a mis en conséquence des droits sur ceux qui sont importés. Puisque l'Angleterre a affranchi de tous droits les poix, goudron & thérébentine venant de l'Amérique, la France doit en faire autant, à plus forte raison. Il est inutile d'en répéter ici les motifs. Georges Ier. disoit à son parlement, qu'en employant les colonies à préparer les provisions navales, elles seroient détournées d'établir des manufactures pareilles à celles de la Grande Bretagne. Il faut aller plus loin, il faut que l'extrême facilité des échanges éloigne des Américains le desir de manufacturer. Or, quel

(1) En 1782, on a exporté de Charles-Town, 2041 barrels de poix, goudron & thérébentine. En 1783, on en a exporté 14,697 barrels. Nous ignorons l'exportation de 1784; mais celle de 1785 s'élève à 17,000 barrels. Le même accroissement s'observe sur les autres articles. Le plus considérable, sans comparaison, est le riz, ensuite l'indigo. Les autres articles sont du tabac, des peaux de daims, des bois, du froment, du beurre, de la cire & des cuirs. Cette exportation s'élève à près de quatre cents mille livres sterling; c'est-à-dire, à six millions de livres tournois, & l'on parle en France avec mépris du commerce des Etats-Unis.

plus sûr moyen d'y parvenir, qu'en leur facilitant le débit de leurs matières premières.

SECTION VIII.

Bois pour la charpente, menuiserie, tonnellerie, comme douves, têtes de barils, madriers, planches, essentes, &c.

La France est engagée, par son propre intérêt, à favoriser l'importation de ces articles, dont les Etats-Unis peuvent fournir de si grandes quantités.

Les bois manquent en France, ils y manqueront toujours plus; la population les détruit. Cependant il faut des bois pour les maisons, les moulins, &c. Il faut des boucauts pour les sucres, des barils & futailles pour les vins, les eaux-de-vie, &c. Le commerce du nord fournit principalement ces objets aux ports françois; mais ils deviennent chers, leur bonne qualité diminue, & les Américains ont l'avantage pour le transport (1).

La valeur de ces articles, exportés d'Amérique

---

(1) Il faut donner à nos lecteurs une idée du prix de quelques-uns des articles dont nous parlons ici. Ils nous sont fournis par un Américain bien versé dans cette partie.

Les bordages de chêne blanc, scié à la main, de deux pouces & demi d'épaisseur, se vendoient, en 1785, 50 piastres ou 262 liv. 10 sols le millier de pieds.

Les planches ordinaires de beau pin blanc, d'un pouce d'épaisseur, de 14 à 15 pieds de long, & d'un pied à 14 pouces de largeur, se vendoient, à la même époque, 7 piastres ou 37 liv. tournois le millier de pieds; celles d'une épaisseur double, le double du prix, &c.

Bordages depuis 2 pouces jusqu'à 5 pouces d'épaisseur, depuis 15 jusqu'à 60 pieds de longueur, 21 pounds de New-Yorck le millier de pieds, ou 273 liv. tournois. La même personne nous disoit : J'ai vu des courbes à 10 schellings, argent de New-Yorck, le tonneau; mais on les abattoit soi-même.

pour la Grande-Bretagne seulement, s'élevoit à plus de deux millions de liv. tournois dans l'année 1770, suivant un état dressé dans la douane de Boston. Les exportations générales pour les isles angloises, françoises, l'Amérique espagnole & les diverses parties de l'Europe, sont immenses, & deviennent de jour en jour plus considérables. Si ces bois n'étoient pas de bonne qualité, les accroissemens de ce commerce ne seroient pas aussi rapides. On a, à cet égard, des préjugés en France qu'il est important de détruire. On n'estime pas les douves américaines. Cependant elles servent, depuis un siècle, à faire les futailles pour le rum, l'arrack; & si elles préservent ces liqueurs, elles préserveront sans doute nos eaux-de-vie.

SECTION IX.

Vaisseaux construits en Amérique, pour être vendus ou pris à fret.

Nous avons observé, dans l'article des fourrures & des pelleteries, que le volume des objets qui pouvoient être échangés par le commerce entre la France & les Etats-Unis, étoit, à valeur égale, beaucoup plus considérable du côté de celui des Américains, que de celui de la France. Il en résulte que dans ces échanges, un grand nombre des navires américains doivent être exposés à retourner en Amérique sur leur lest. Certainement cet état de choses nuiroit au commerce entre les deux nations, s'il ne pouvoit pas s'établir quelque compensation qui remédiât à l'inégalité dont nous parlons.

Cette compensation peut se faire d'une manière

très-avantageuse pour les uns & les autres. Les Américains libres construisent des vaisseaux pour les vendre. S'il convient à une nation d'acheter d'une autre les articles que celle-ci fabrique & doit fabriquer avec beaucoup moins de dépenses & plus de moyens, il s'ensuit que les François doivent acheter les vaisseaux américains, & dans la réalité ce commerce commence déjà à s'établir.

Le lord Sheffield, après avoir avoué que la construction des vaisseaux, pour être vendus ou pris à fret, étoit un objet de commerce très-considérable pour les Américains (1), ajoute qu'ils n'en fourniront pas à la France; que par politique, elle ne le permettra pas. Le gouvernement françois en a jugé différemment; il a exempté de tous droits, non-seulement les bois américains, mais aussi tous les vaisseaux bâtis dans les Etats-Unis, & vendus aux François.

On seroit surpris de cette assertion du lord Sheffield, s'il n'interdisoit pas ce commerce à sa propre nation. « Son existence repose, dit-il, sur sa marine; celle-ci dépend autant de ses constructeurs de vaisseaux, que de ses matelots; ainsi de toutes les manufactures, celle des vaisseaux est la plus importante à conserver dans la Grande-Bretagne ». Les avances, selon lui, sont de peu de conséquence, & ces vaisseaux n'étant pas destinés à

---

(1) Le lord Sheffield donne une table des vaisseaux construits dans les différentes provinces américaines, dans les années 1769, 1770 & 1771. Leur nombre s'élève à 1402, de la contenance de 81,000 tonneaux. Ces navires sont, la plupart, des Sloops & des Schooner. Cette quantité a dû s'accroître considérablement depuis la dernière guerre. Les Américains, devenus indépendans, ayant une marine marchande à former pour eux-mêmes, & des facilités inépuisables pour la construction, doivent la porter très-loin.

être vendus à l'étranger, on doit d'autant moins considérer ce qu'ils coûtent, que la dépense s'en fait dans le pays même.

Le lord Sheffield présume encore que les constructions seront encouragées dans la Nouvelle-Ecosse, le Canada, l'isle de Saint-Jean, &c. Enfin, il déclare que l'encouragement de la construction des vaisseaux dans les Etats-Unis, est ruineuse pour la Grande-Bretagne; qu'elle l'est même pour ceux qui les acheteront, parce que, nonobstant le bon marché, ces vaisseaux sont peu durables par la nature des matériaux. Cette observation concerne surtout les vaisseaux bâtis pour être vendus, qu'il dit être très-inférieurs à ceux qu'on bâtit de commande.

On ne peut nier qu'il ne soit important, pour une nation qui attache de l'importance à sa marine, d'avoir chez elle des constructeurs de navires. L'entretien des vaisseaux & les réparations dont ils ont sans cesse besoin, seroient mal dirigés, si la classe d'ouvriers, à qui cette industrie appartient, ne renfermoit pas des hommes capables de construire un vaisseau, & habitués à cette construction. Il y a plus : dès qu'on est chargé d'une marine, on a un grand intérêt à jouir de tout ce qui la perfectionne, & on en jouit d'autant plus sûrement, qu'on a dans son propre pays des établissemens qui, à cet égard, entretiennent l'émulation par la pratique constante de l'art.

Mais il ne s'ensuit pas que, pour conserver cet avantage, une nation ne doive avoir de vaisseaux, que ceux qui sont construits chez elle. Il faut au moins distinguer ici la marine militaire de la marine marchande. La première suffit seule pour entretenir assez de constructeurs habiles, & pour suppléer à tout ce qu'exigent la construction & l'entretien des vaisseaux. Mais la marine marchande, dont les besoins sont considérables, peut se pourvoir de navires en pays étranger, si ceux-ci, à qualité égale, lui coûtent beaucoup moins.

Dira-t-on qu'une nation devient d'autant plus puissante sur mer, que la construction des vaisseaux est fort encouragée chez elle; que sous ce point de vue, on doit craindre de faciliter aux Américains libres la formation d'une marine, qui les rendroit redoutables; que du moins il ne faut pas hâter ce développement.

Si cette considération étoit vraie, elle feroit en quelque sorte la loi à la France d'encourager les Etats-Unis à former leur marine; car quelque formidable que puisse être la sienne, elle a trop d'obstacles naturels à surmonter, pour que sa marine ne soit pas constamment le produit d'efforts très-pénibles, & que, par conséquent, ce ne soit un établissement très-difficile à soutenir, très-coûteux, sujet à de longues intermittences. Et puisqu'il faut toujours parler de rivalité menaçante, de rivalité armée, la France a le plus grand intérêt, pour balancer sûrement les forces de ses rivaux, de s'aider des forces navales d'un peuple ami, d'un peuple auquel la nature prodigue les moyens d'en avoir de considérables.

Mais d'ailleurs elle seroit mal fondée, cette politique qui refuseroit d'acheter des vaisseaux américains, dans la crainte de les voir devenir redoutables sur mer. Un moyen sûr de retarder l'établissement d'une marine militaire dans une nation, qui d'ailleurs possède les matériaux, les commodités, le talent & l'activité que ces grands établissemens demandent, c'est de l'occuper perpétuellement de la construction des vaisseaux pour vendre, c'est de l'habituer à ce commerce. Si cette nation, & telle est la position des Etats-Unis, n'a rien à craindre dans son intérieur d'aucune autre puissance, certainement elle dédaignera tous ces travaux militaires, dont l'utilité, le profit ne se font pas sentir aussi immédiatement, que les gains fréquens d'un commerce paisible. Engagez donc les Américains libres à bâtir des vaisseaux pour les vendre. Ne les provoquez pas à en bâtir pour se défendre & pour attaquer, & ils laisseront dormir les grands moyens que la nature leur donne, pour avoir une marine militaire & respectable. Ils les négligeront, lors même qu'une plus grande population, & qu'une plus grande richesse leur faciliteroit l'emploi de leurs moyens naturels.

Loin de perdre à ce nouvel arrangement de choses, la France y gagneroit. Ce sentiment paroîtra sans doute extraordinaire, parce qu'en abandonnant la main-d'œuvre aux constructeurs & aux Américains, on en dépouille la France. Mais combien aisément elle peut compenser cette perte apparente ! En effet, dès qu'on n'a rien sans travail, on est dès-lors forcé de considérer le travail comme la vraie richesse. Il faut donc l'employer avec une intelligente économie, sur-tout dans le systême des rivalités nationales. Or, les mains qui ne feront pas vos vaisseaux, feront les draps avec lesquels vous les payerez. La dépense pour fabriquer ces draps se fera chez vous, comme se seroit faite celle pour construire les vaisseaux, & par-là vous aurez ceux-ci à meilleur marché. Votre travail &

votre dépenſe vous auront donc produit davantage, & mis dans un rapport plus avantageux avec vos rivaux.

Enfin, le lord Sheffield, dont nous réfutons ici la politique étroite, veut qu'on encourage les conſtructions au Canada, dans la Nouvelle-Ecoſſe, &c. Mais les circonſtances phyſiques favoriſent-elles autant ces contrées que les Etats-Unis? L'Angleterre peut-elle tirer des avantages réels de cet encouragement? C'eſt une queſtion ſur laquelle pluſieurs écrivains ont combattu le lord Sheffield, & que nous ne pouvons décider.

Mais quand cette reſſource exiſteroit pour l'Angleterre, elle n'exiſte point pour la France. Les vaiſſeaux, bâtis en Amérique, lui coûteront toujours moins que les ſiens propres, ou que ceux conſtruits ailleurs. Elle doit donc favoriſer l'introduction des premiers.

C'eſt ainſi que penſoit un miniſtre célèbre, que la France regrette avec raiſon. Il avoit le projet de faire conſtruire en Suède une partie des vaiſſeaux de la marine françoiſe : il y trouvoit une grande économie. Elle ſera plus grande & plus réelle avec les Etats-Unis.

Les Anglois eux-mêmes ne réſiſteront pas à la force des choſes; ils reviendront tôt ou tard aux vaiſſeaux américains; car ceux-ci ne coûtent que le tiers (1) du prix des vaiſſeaux anglois. Or, le bon marché eſt la première loi du commerce.

La mauvaiſe qualité qu'on prête aux vaiſſeaux

---

(1) Dans la Nouvelle-Angleterre, les conſtructeurs des vaiſſeaux font leur marché à raiſon de 3 liv. ſterling par tonneau, y compris l'ouvrage du menuiſier. Sur la Tamiſe, le prix eſt de 9 liv. ſterling pour l'ouvrage ſeul du charpentier.

américains, est une fable, & voici ce qui l'a fait naître. Dans la guerre de l'indépendance, les Américains bâtissoient des vaisseaux à la hâte, pour les armer en course. Ils étoient forcés d'y employer des bois verds, non préparés; ils manquoient d'autres objets nécessaires à ces vaisseaux, ou on les fabriquoit à la hâte. Ces vaisseaux étoient nécessairement imparfaits; mais cette imperfection n'étoit qu'accidentelle. La course est une loterie où l'on ne tient point compte de la bonté & de la durabilité du vaisseau. Il suffit qu'il marche bien, voilà sa qualité essentielle.

La paix a rétabli les constructions telles qu'elles doivent être, & l'on connoît des vaisseaux américains bâtis avant la guerre, & depuis trente ans, qui, pour la bonne construction & la durée, ne le cèdent à aucun vaisseau anglois.

L'art de construire les navires a même fait dans l'Amérique libre des progrès plus rapides que partout ailleurs, & ces progrès s'expliquent aisément. Il ne faut pas oublier, lorsqu'on juge les Américains libres, qu'ils ne sortent pas d'un état de barbarie. Ce sont des hommes échappés de la civilisation européenne, occupés, pour ainsi dire, à créer leurs pays, à créer leurs ressources. Nul entrave ne contraint leurs mouvemens. En Europe, on regarde tout comme parfait; on en use, sans songer à perfectionner. Ces deux différences essentielles en mettent une prodigieuse dans l'intensité de l'industrie.

Boston a produit un homme étonnant dans l'art de la construction. Appliqué fortement & pendant long-temps à la recherche des moyens de réunir la vitesse de la marche des vaisseaux à leur solidité,

M.

M. Peck a eu le plus grand succès. C'est de ces mains que sont sortis *le Bélisaire*, *le Hasard*, *le Rattle-Snake*, qui se sont si brillamment distingués par leur marche, pendant la dernière guerre. Les bâtimens construits par cet architecte habile, ont des qualités que n'ont pas les autres. Ils portent un quart de plus, & marchent infiniment plus vîte. Ces faits sont attestés par un grand nombre d'expériences, consignées dans des procès-verbaux authentiques.

Les Anglois eux-mêmes reconnoissent la supériorité des constructions américaines. » On fait à » Philadelphie, dit le colonel Champion (1), les » plus beaux bâtimens. L'art de la construction a » atteint dans cette ville le plus haut degré de la » perfection. On construit aussi de grands vaisseaux à New-Yorck, dans la Chesapeak & dans » la Caroline du Sud. Ces derniers, faits avec le » chêne verd, sont *d'une solidité, d'une durabi-* » *lité sans égale* ».

Le proverbe américain dit, *que pour avoir un vaisseau parfait, il faut réunir les fonds de Boston & les côtes de Philadelphie.*

Les François, s'il faut en croire les connoisseurs, sont très-inférieurs aux Américains, dans les détails de la construction, & à tous les égards. Cette supériorité de l'Amérique ne doit point nous étonner, & elle ne fera qu'augmenter. L'Américain libre, qui habite les côtes, vit de la mer, met sa gloire dans la marine. Comme il a des concurrens, son génie ne doit jamais se reposer, & ce

(1) Voy. *Considerations on the present tate of Great Britain*, &c. pag. 74.

génie n'est jamais arrêté dans son essor par des chaînes. En France, le peuple est, & doit être agricole; la marine n'est qu'une partie subordonnée, & par la nature des choses, elle ne doit jouir que d'une considération très-précaire. Car l'honneur qui remue toutes les têtes françoises, ne se distribue qu'à Paris & à la cour, & là on est, & on doit être bien loin de sentir l'importance d'attacher quelque mérite au perfectionnement de la construction des vaisseaux. Elle doit donc languir ou céder à celle des Américains, que l'intérêt & l'amour-propre aiguillonnent sans cesse. Il résulte de-là que les François doivent, en conservant tout ce qui peut maintenir chez eux une classe habile de constructeurs, acheter les vaisseaux des Américains, puisque toutes les convenances se réunissent à celle de faciliter beaucoup les importations & exportations des deux parts, dont les volumes sont si différens d'une nation à l'autre, comme nous l'avons observé.

Cette circonstance a même l'avantage de procurer le vaisseau américain au commerçant françois, à meilleur prix que s'il le commandoit, ou s'il le faisoit acheter en Amérique, parce que l'Américain sera toujours intéressé à vendre son vaisseau, plutôt que de le ramener sur son lest.

Telle est enfin la convenance des vaisseaux américains pour la marine françoise, & sur-tout pour la marine marchande; telle est même cette convenance pour toutes les puissances européennes qui ont des côtes maritimes, que nous pensons qu'une rade sûre & commode en Europe seroit bientôt assortie de vaisseaux américains à vendre, pour peu qu'on accordât au port où seroit cette rade, tout ce qui peut encourager un pareil dépôt. Ce marché de vaisseaux est à établir. Les Anglois le dédaignent ; la France n'y fera-t-elle aucune attention ?

SECTION X.

Considérations générales sur le tableau précédent des importations des Etats-Unis en France.

La liste que nous venons de parcourir des articles que les Américains libres peuvent fournir à l'Europe, en échange de ses marchandises, est peu nombreuse ; mais ces articles sont assez considérables en eux-mêmes, assez importans, pour mériter l'attention des commerçans françois. Ils sont suffisans pour détruire les préjugés de ceux qui, sur le faux prétexte de l'impuissance des Américains libres à fournir des objets d'échange, dédaignent le commerce entre la France & les Etats-Unis. Ces articles ne sont pas les seuls que la France puisse recevoir d'eux. Indépendamment des potasses (1), cet objet si précieux pour les fabriques, & dont la rareté devient toujours plus sensible, le fer, la cire végétale, les laines, le lin, le chanvre, &c. peuvent en augmenter le nombre.

Nous devons espérer que notre ouvrage, une fois connu dans les Etats-Unis, excitera les Amé-

(1) Les Anglois en ont reçu pour près de quatre cents mille livres tournois par an, dans les années 1768, 1769 & 1770. Comme les potasses sont le produit des bois que brûlent les Américains libres, que la longueur des hivers les force à en consommer beaucoup, & que leur abondance les dispense de les épargner, il semble que la quantité des potasses doit s'être accrue avec la population. Celle-ci est devenue plus considérable depuis 1770 ; mais dans quelques parties des Etats-Unis, les bois à brûler deviennent rares, & on doit y consommer une partie des potasses des autres contrées.

ricains libres à coopérer à notre but, c'est-à-dire, à répandre l'instruction sur tout ce qui concerne leur pays. Ils feront connoître à la France, d'une manière plus étendue & plus complète, tous les alimens de ce commerce réciproque, en faveur duquel nous écrivons. Ils rassembleront dans un ouvrage correspondant au nôtre, tout ce que nous n'avons pu qu'imparfaitement exposer. Ils rectifieront nos erreurs; ils nous éclaireront sur les points que nous ignorons absolument; ils nous instruiront des détails physiques, moraux, politiques, qui déterminent les rapports sur lesquels leur commerce étranger doit être fondé. Nous les invitons à se livrer à ce travail intéressant; nous les invitons à lui donner pour base des principes plus philosophiques, plus raisonnables, plus philantropiques, que ceux qui, jusqu'à présent, ont dirigé la jalouse industrie de chaque société. Car chacune, entraînée par une aveugle ambition, a voulu tout embrasser, tout faire chez soi, tout fournir aux autres; chacune a pris pour principe de ne rien recevoir des autres, si ce n'est de l'or; chacune s'est accoutumée à regarder comme bénéfice, toutes les productions manufacturées ou non manufacturées qu'elle envoyoit à l'étranger, & comme perte, toutes celles qu'elle en recevoit. Tel est le principe faux, d'après lequel toutes les nations européennes ont dirigé leur commerce extérieur.

Eh! quelle seroit la conséquence d'un pareil système, s'il continuoit à prévaloir? L'isolement de tous les peuples, l'anéantissement absolu de tout commerce extérieur, puisqu'il tend à lui ôter ses alimens. Car cet or que vous voulez obtenir pour le paiement de vos envois, on résiste à vous le donner; par-tout on envisage, comme vous, cette nécessité de le donner; comme vous, on l'estime un désavantage; comme vous, on cherche à s'y soustraire. Or, si d'un côté nul ne veut de retour en nature, si de l'autre, nul ne veut se désaisir de son or, que deviennent les échanges, que devient le commerce?

La nature, qui a voulu faire des hommes autant de frères, & des nations autant de familles; la nature qui, pour les unir tous par un même lien, leur a donné la pente à des besoins, qui les jettent dans la dépendance les uns des autres; cette sage nature a, par la distribution de ses dons, prévenu, condamné ce systême exclusif. Elle a dit à l'habitant de Nantucket : Le rocher que tu habites, est ingrat & orageux : renonce donc à vouloir en tirer ces vins, ces fruits si délicieux que produisent des climats plus paisibles & plus tempérés. Vois la mer qui t'environne; voilà ta propriété, ton trésor. Ce trésor je l'ai fait inépuisable; & si tu sais l'exploiter, si tu t'y bornes, tous les biens, toutes les jouissances de l'autre continent sont à toi : un seul coup de harpon adroitement lancé, fera couler dans tes caves mille fois plus de ces vins recherchés, que si, par une culture pénible, tu t'obstinois à me contrarier.

La nature tient le même langage aux autres habitans de la terre. Elle dit au François de porter tous ses efforts sur le sol fécond dont elle l'a gratifié, de cesser de courir sur des mers étrangères, pour obtenir, avec des fraix immenses & beaucoup de risques, ces poissons, ces huiles, que cet habitant de Nantucket se procure avec plus de facilité, plus de succès, plus d'économie.

Pourquoi faut-il qu'un langage si simple, si sage, si propre à faire naître une harmonie universelle; pourquoi faut-il que toutes les nations ne l'entendent pas? Mais comment le leur faire entendre? comment le leur faire adopter? comment engager les nations, qui pourroient avoir un commerce direct entr'elles, à signer un traité de commerce qui laisseroit fournir à chacune ce qu'elle peut faire, mieux & à meilleur marché que les autres, qui fonderoit ainsi les échanges sur les loix immuables de la nature?

Quand les nations seront assez avancées pour sentir l'avantage d'un pareil traité, dès ce moment, il cessera d'être nécessaire, & tous les autres traités le seront encore moins. Alors on verra que tous se résolvent dans ce seul mot, *liberté*. On verra que la liberté seule peut mettre tout à sa place; qu'elle seule, sans aucune négociation, sans artifice, sans parchemin, peut faire naître par-tout une industrie avantageuse; on verra qu'en écoutant ses arrêts impartiaux, chacun se trouvera, même en payant, même en payant en or, heureux & riche. On verra que hors d'elle, hors de ses loix, tout n'est que contradiction, choc, confusion, trouble. Enfin, on verra que par-tout & dans tous les temps, elle s'est jouée de ces conventions de commerce, dont les politiques se vantent si ridiculement; de ces conventions où les contractans sont sans cesse sur la défensive à l'égard les uns des autres; sans cesse occupés à se tromper, & où souvent ils multiplient les semences de guerre dans un ouvrage de paix.

Sous le régime de la liberté, plus d'astuce dans la politique des nations sur le commerce; à quoi serviroit-elle? Plus de lutte; elle n'auroit pas d'objet. Plus de jaloufie, plus de rivalité, plus de crainte de trop faire profpérer, d'enrichir trop fes voifins, puifque la richeffe de chaque état feroit avantageufe à tous. En un mot, fous ce régime, chacun défireroit plus de moyens aux autres, afin d'avoir plus à donner & plus à recevoir. Le commerce ne feroit donc que ce qu'il devroit être, l'échange du travail contre le travail, des jouiffances contre des jouiffances, & non contre des privations; enfin, un état de richeffes, fans pauvreté d'aucun côté.

Quel peuple a plus de droits, plus de titres que les Américains libres pour adopter le premier un fyftême auffi philantropique, auffi conforme aux loix de la nature, pour ne rien faire du moins qui le retarde chez eux? Que leur congrès, que cette refpectable affemblée, qui peut devenir la lumière des nations, du fein duquel peut fortir le bonheur univerfel, refte fidèle aux indications de cette nature, qu'il l'interroge fans ceffe, & faffe paffer dans tous les efprits l'habitude de l'interroger.

Si l'Europe refufe d'admettre des produits des Etats-Unis, que le congrès, rejettant la politique mefquine des repréfailles, ouvre, par une réfolution grande & républicaine, fes ports à tous les produits européens? Et quel mal peut-il en réfulter pour les Américains libres? Si les prohibitions européennes rendoient inutiles leurs moyens d'échange, il faudroit bien que la marchandife européenne retournât en Europe, ou que tombant à vil prix dans les Etats-Unis, elle devînt un profit pour eux, même en la payant avec de l'or.

On peut faire sans doute la loi à une nation paresseuse, dégradée, mais non pas à une nation active & industrieuse. Celle-ci parvient toujours à punir de quelque manière les procédés tyranniques des autres nations. La seule force des choses suffit pour la venger.

C'est un malheur pour les Etats-Unis de n'avoir pu d'abord se livrer à un système aussi noble, d'avoir été forcés, pour payer la dette publique, de recourir à la ressource misérable des vieux gouvernemens, d'imposer les marchandises étrangères. Toute autre imposition qu'une redevance sur le sol, est une source d'erreurs. C'est par une suite de ces erreurs que sont nés en Europe ces prétendus *impôts, protecteurs de l'industrie nationale*, dont l'effet est d'égarer les gouvernemens, jusqu'à leur persuader qu'ils ont dans leurs mains une force créatrice, égale à celle de la Divinité même. Et ces entreprises, où l'on veut forcer la nature, que sont-elles ? De misérables serres chaudes, où tout se presse pour finir plutôt, où l'industrie s'épuise vainement pour soutenir une existence contre nature, où souvent un tout vigoureux est sacrifié à une partie cacochyme.

Que les Américains redoutent ces erreurs en impôts & en entreprises; que pour s'en garantir ils considèrent l'état de l'Europe. On ne s'y entend plus sur la matière des impôts; les idées simples se perdent, deviennent impossibles à réaliser par la métaphysique qu'il faut employer pour combattre l'ignorance, les préjugés, les habitudes. Toutes les idées de justice, de propriété y sont confondues. On ne peut pas *faire avancer* une vérité, sans avoir à chaque pas de fausses notions à combattre. L'homme instruit se lasse, se dégoûte, reste même souvent interdit, en entendant les objections engendrées par l'habitude de l'erreur. Il sent, avec anxiété, que les loix du bonheur ne peuvent plus s'écrire que sur des tables où il n'y ait rien à effacer. Et telle est, au moins, nous aimons à le croire, la situation morale des Etats-Unis. Ils sont vierges encore, ils ne connoissent point ces institutions qui finissent par engendrer un cahos, où l'amour du bien public perd toutes ses forces.

Ce sujet est trop fécond pour s'y livrer ici. L'Amérique libre renferme des penseurs. La correspondance que nous ouvrons avec eux par cet ouvrage, nous fera sans doute connoître jusqu'à quel point on peut y compter sur la marche des bons principes (1). Que leurs informations tendent sur-tout à préserver les commerçans françois d'erreurs capitales dans leurs envois. Le mauvais succès, s'il les accompagnoit, feroit décourageant, & les François sont aisés à se décourager. Cependant cette

---

(1) Deux vrais amis des Américains libres ont eu l'idée de fonder une société Gallo-américaine, dont l'objet principale est de rassembler & de répandre des lumières sur tout ce qui peut servir au commerce des deux nations, & à le rendre réciproquement utile & animé. Quelques personnes se sont jointes à eux, pour réaliser cette idée patriotique, d'autant plus intéressante, qu'elle exclut toute rivalité de jalousie. *Le bien que les rapports de commerce peuvent faire aux deux Mondes;* voilà leur but & leur devise. Si l'on peut, dans Paris, former une pareille société, à plus forte raison doit-elle s'établir dans les principaux ports de mer de France; car c'est là que le besoin & l'habitude de penser au commerce conduisent aux plus grandes lumières. Paris ne peut être qu'un centre où elles se rassembleront, pour delà mieux se répandre, & pour offrir au gouvernement, dans toutes les transactions commercielles, qui, dans l'ordre actuel, exigent encore son intervention, des renseignemens recueillis par l'esprit public, & rédigés par l'impartialité.

légéreté, ce défaut de constance, ces fautes, diminueront à mesure que leur gouvernement s'instruira ; à mesure qu'il se fera des idées plus justes des droits de l'homme ; à mesure qu'il attachera davantage les individus, par l'esprit public, à la chose publique. Ils penseront alors *que chacun d'eux est quelque chose*, & cette idée, ce sentiment de son importance, fait seul le citoyen, & par conséquent, la prospérité & la grandeur des états.

La France touche au moment de voir réaliser ce beau rêve, elle touche à la création des administrations provinciales. Il va donc finir le règne de la frivolité, de cette frivolité mortelle, où le judicieux & sensible Sterne (1) étoit loin de reconnoître ces plaisirs, cette gaieté tant vantés.

Sous l'influence salutaire de ces administrations, les établissemens de commerce seront regardés comme des patrimoines, non-seulement utiles, mais honorables à transmettre à ses enfans. Alors s'introduira l'esprit d'économie, d'ordre, de fidélité, de modération. Il est nécessaire au commerce ; ce n'est que par lui qu'il prospère, qu'il acquiert de la consistance & de la considération.

Montesquieu observe que les entreprises des négocians sont toujours nécessairement mêlées avec les affaires publiques ; mais que dans les monarchies, les affaires publiques sont la plupart du temps suspectes aux marchands. Or, la prospérité, la gloire nationale dans les monarchies dépendent aussi bien du commerce que dans les autres constitutions.

---

(1) Sterne disoit qu'il ne concevoit pas ce qu'on entendoit par la gaieté françoise, qu'il n'avoit point vu de nation plus triste : c'est que la vraie gaieté est dans un bonheur constant, & non pas dans un accès de folie, d'étourdissement, d'ivresse.

Les monarchies ont donc intérêt à donner aux commerçans cette espoir de prospérité qu'ils ont dans les républiques, & qui les porte avec ardeur vers toutes les entreprises.

Les administrations provinciales sont le plus sûr moyen de produire cet heureux effet. Si maintenant elles étoient établies, les têtes françoises comprendroient mieux sans doute, comment il est absurde d'imaginer que les Etats-Unis n'acquitteront pas leur dette publique; comment des républicains ne peuvent invoquer la ressource déshonorante de la banqueroute & de l'escroquerie; comment leur esprit public, leur morale, leur intérêt s'acordent à leur faire acquitter cette dette contractée pour la cause la plus légitime & la plus honorable qui ait jamais existé; cette dette qui d'ailleurs n'est qu'un atôme mis dans la balance avec leurs ressources immenses. Dès-lors les négocians françois s'inquiéteroient moins sur la manière dont leurs marchandises leur seront payées en Amérique. Car au défaut, si peu probable, des productions américaines, au défaut de métaux précieux, ils ont encore, pour dernière ressource, les papiers du congrès & des Etats : papiers avantageux à acquérir pour le prix auquel on les obtient, par l'intérêt qu'ils rendent, par la certitude qu'ils seront payés, & par la transmission que le commerce peut en faire, en conséquence, aux capitalistes hollandois, à qui les papiers du monde entier deviennent nécessaires, dès qu'ils méritent confiance.

Nous venons de parler des métaux précieux. Les Américains libres sont voisins des régions qui les produisent. Ces régions sont le séjour de l'indolence & de la paresse, qui ne dispensent pas des besoins. Là on ne peut donner que quelques dépouilles d'animaux & des métaux, contre les subsistances qu'on n'a pas le courage de faire naître; contre les nécessités qu'on trouve plus commode de payer avec de l'or, qu'avec son propre travail. Les Américains libres deviendront des facteurs placés avantageusement entre les manufactures européennes, & les habitans des régions condamnées, par la nature, à la production stérile des métaux. Toute la puissance espagnole ne l'empêchera pas, elle ne doit pas même l'entreprendre. Nouvelle considération qui, promettant aux François ce solde en or, si follement ambitionné, doit les encourager à préparer leurs relations commerciales avec les Etats-Unis.

Le lord Sheffield, toujours enthousiaste de son systême favori, le monopole national, n'annonce que ruine aux autres nations qui entreprendront de commercer avec les Etats-Unis. Il atténue, d'un côté, les objets qu'on peut recevoir d'eux en échange, pour exagérer les besoins qu'ils ont du crédit; & de l'autre, il déclare les commerçans anglois seuls capables de faire aux Américains libres le crédit dont ces derniers ne peuvent se passer. La faculté solide & constante de pourvoir aux besoins de l'Amérique, de recevoir ses produits, d'attendre ses convenances, appartient, dit ce lord, à nos marchands, exclusivement à ceux des autres nations. Si nous pouvons, continue-t-il, nous préserver d'une précipitation funeste, nous apprendrons, à notre grande satisfaction, que notre industrie rencontrera peu de compétiteurs dans les marchés d'Amérique.

Son patriotisme l'égare ici sans doute; il n'a réfléchi ni sur les moyens des Etats-Unis pour se passer toujours mieux de crédit, ni sur ceux de la France pour se mettre en état d'en faire.

Les administrations provinciales feront naître en France les caisses d'escompte. Toute ville commerçante ou manufacturière jouira de cet avantage dès qu'elle pourra en avoir une, sans craindre les contrariétés du monopole. Ces caisses s'appliqueront immédiatement à faciliter le commerce, à aider les manufactures, à répandre, en un mot, un crédit sûr, peu coûteux, dirigé par de bons principes. Car les administrations provinciales y feront régner l'esprit public; elles éloigneront surtout cette influence de la capitale, où l'expérience vient de prouver bien victorieusement, qu'autant ces établissemens sont utiles, lorsqu'ils favorisent une industrie vraiment productive, autant ils sont pernicieux, lorsqu'ils ne servent qu'à favoriser le jeu stérile de la cupidité (1).

Encore une observation, elle est relative aux paquebots. Nous avons déjà observé qu'ils favoriseroient les premiers pas de la prudence, qui cherche à s'éclairer sur la situation & les productions des Etats-Unis. Ils ont été depuis mis sur un pied régulier, par un arrêt rendu en décembre 1786. Ils doivent être expédiés du Havre huit fois l'année pour les Etats-Unis. Les passagers ont la permission d'embarquer avec eux quelques marchandises.

Mais le haut prix auquel on a porté le fret,

(1) Combien il faut se défier des comparaisons! C'est la banque de Londres qui a créé la caisse d'escomptes de Paris, & Paris & Londres se ressemblent encore moins que les constitutions françoise & britannique.

femble réferver ce moyen de tranfport aux marchandifes de grande valeur & de peu de volume. Il eût été plus politique d'accorder à chaque paffager, & pour en ufer à fon gré, un certain nombre de pieds cubes d'encombrement, & d'en fixer le fret au prix ordinaire. Cette méthode confacroit alors les paquebots à des effais de tout genre ; elle facilitoit les premiers pas de ce commerce prudent, qui, de l'un mène à l'autre, du petit au médiocre, du médiocre au grand. Elle préfervoit de ces faveurs meurtrières accordées à des entreprifes particulières, protégées par les directeurs, qui peuvent faire des paquebots la voiture du monopole, & non celle du commerce.

Le motif fur lequel on a déterminé ce prix exceffif du fret pour les marchandifes, n'eft fpécieux qu'aux yeux des négocians peu penfeurs. Car loin de nuire à la principale navigation, les paquebots doivent fervir à lui préparer des alimens.

On s'apperçoit encore, avec peine, que l'efprit du commerce n'a pas toujours préfidé à la compofition de ce règlement. Cette arrêt aftreint, par exemple, les marchands à demander des permiffions pour y èmbarquer des marchandifes. Pourquoi ne pas fpécifier d'avance celles qu'on en veut exclure ? L'obligation d'obtenir des permiffions eft une gêne toujours décourageante. Puis l'incertitude fait naître des craintes dans l'efprit des marchands, & des chicanes de la part des prépofés à l'exécution de la loi : prépofés dont l'efprit eft toujours contraire à l'efprit public.

Ici fe manifefte encore cet empire que Paris ufurpe fur tout, même fur ce qui ne peut être de son reſſort. C'eſt à Paris qu'eſt le chef-lieu de la police des paquebots; tandis que le directeur devroit habiter le port d'où ils partent. Il eſt en effet une multitude de cas où ſa préſence eſt néceſſaire. Sa principale fonction eſt de veiller ſur le bien-être des paſſagers : il importe qu'ils ne ſoient expoſés à aucune eſpèce de tracaſſerie, qu'au contraire une attention protectrice ſoit occupée ſans ceſſe d'écarter d'eux embarras & obſtacles. Il importe que les paſſagers s'apperçoivent que le gouvernement veut laiſſer une entière liberté aux entrepriſes de commerce avec les Etats-Unis, & favoriſer ceux qui en font l'objet de leur induſtrie. Et comment l'idée de faire produire aux paquebots l'effet ſi douteux, ſi ſouvent manqué de primes, effet qui ſeroit ſi certain ici; comment cette idée n'eſt-elle pas tombée dans la tête de ſes rédacteurs ?

Enfin, il faudroit conſidérer les paquebots comme des diligences, mais les organiſer d'après des principes plus généreux, plus patriotiques, que ces lourdes voitures de terre, où l'on a ſacrifié à la cupidité des entrepreneurs la commodité des voyageurs, que le monopole force à s'en ſervir.

CONCLUSION ET RÉFLEXIONS

SUR LA SITUATION DES ÉTATS-UNIS.

En traitant des principaux articles que les François & les Américains libres peuvent échanger entr'eux, par un commerce laiſſé à la plus entière liberté, nous avons ſuffiſamment indiqué les moyens que la France doit employer pour le faire fleurir.

Nous nous propofions d'examiner les relations qui doivent exifter entre nos colonies à fucre & les Etats-Unis. Dans la querelle qui a divifé la métropole & fes colonies, on n'a pas fuffifamment envifagé ces relations. Il refte toujours à confulter à ce fujet la nature des chofes, & ces circonftances indeftructibles qu'on ne combat jamais que très-imparfaitement, & aux dépens d'un régime plus avantageux.

Nous avions auffi deffein de terminer cet ouvrage par le tableau de la fituation actuelle des Etats-Unis; mais les circonftances actuelles nous forcent à différer l'examen approfondi de ces deux objets importans, & à le détacher de l'ouvrage que nous préfentons. Le commerce extérieur de la France n'étant point étranger aux intérêts que l'on y difcute actuellement avec folemnité, il nous paroît preffant de mettre notre ouvrage fous les yeux des perfonnes chargées par le gouvernement de cette difcuffion. Quoiqu'en apparence uniquement confacré à éclairer nos relations avec les Etats-Unis, il eft fondé fur une théorie qui embraffe le fyftême général du commerce, & le commerce fe préfente, avec toute fon importance, dans la grande réforme que follicitent les intérêts urgens de la France.

Nous terminerons ce volume par quelques éclairciffemens fur les prétendus troubles qui agitent les Etats-Unis. Ils font néceffaires pour détruire les impreffions défavorables que doivent faire les récits infidèles de ces gazetiers, qui, par des préjugés ferviles, ou par un bas intérêt, affectent de répandre des doutes fur les heureufes fuites de leur révolution. S'il faut les en croire, les Américains libres

libres ſont plongés dans des embarras inextricables, forcés à faire banqueroute, livrés à la plus violente anarchie, expoſés aux tomahack des implacables Indiens, &c. Comment ſe réſoudre de commercer avec un peuple dont la ſituation eſt auſſi déplorable ? Ne doit-on pas plutôt craindre ſa ruine, qu'eſpérer ſa fortune dans les relations qu'on veut contracter avec lui ?

Il eſt donc important de réfuter tous ces menſonges. Il l'eſt d'autant plus, que l'ignorance jette facilement dans l'erreur les perſonnes qui connoiſſent peu les conſtitutions républicaines. Il l'eſt d'autant plus, qu'égarés par les préjugés de leur éducation, un grand nombre de François regardent cette forme de gouvernement comme un état perpétuellement orageux, où la vie & les propriétés courent ſans ceſſe les plus grands dangers.

Ces préjugés diſpoſent à croire les fables les plus puériles, les plus abſurdes. On ne fait pas même une attention toutefois bien ſimple. Les Etats-Unis auroient-ils un congrès, des magiſtrats, s'il étoit vrai que le peuple fût en guerre avec eux ? Car, comment le congrès & les magiſtrats pourroient-ils ſe défendre contre eux ? Ils n'ont pour eux que le reſpect de chaque individu pour la loi ; elle eſt leur unique force. C'eſt l'obligation où les met la conſtitution d'obéir eux-mêmes à la loi, comme le dernier des citoyens, qui fait leur unique ſauve-garde, qui maintient en tout & par-tout l'autorité que le peuple leur a confiée. Ils ne peuvent employer la force phyſique qu'autant que le peuple veut bien la leur prêter, puiſqu'ils n'ont ni armée, ni ſoldats ſtipendiés.

La diverſité d'opinion exiſte par-tout où il y

à des hommes. Elle n'appartient pas plus à une conſtitution qu'à une autre; mais il eſt de l'eſſence du gouvernement républicain, de laiſſer à chacun la libre expreſſion de la penſée en toute matière.

Dans les Etats-Unis, la légiſlation achève de ſe former, à meſure que les rapports ſe vérifient, s'étendent, ſe multiplient. Eſt-il étonnant qu'il y ait des débats à l'occaſion des diverſes loix qui ſont propoſées, diſcutées, adoptées? Tous ces débats deviennent publics, animent les converſations, y répandent un grand intérêt. Mais eſt-ce là de l'anarchie?

Le mot *anarchie* eſt un de ceux dont on a le plus abuſé, dont on fait les plus fauſſes applications. Il eſt donc néceſſaire de l'expliquer.

Où l'anarchie regne, il n'y a ni chef, ni gouvernement, ni loi, ni ſûreté; chacun devient ſon propre défenſeur; le contrat ſocial eſt rompu, il n'y a plus de confiance, plus de tranſactions, parce qu'il ne peut plus y avoir de contrats. L'autorité changeant à tout inſtant ſes règles, ſes principes, ſon but, elle devient cruelle ou mépriſable, elle déchire ou eſt déchirée. Un tel état de choſe dure peu; ou s'il dure, il a bientôt partagé la ſociété en une multitude de hordes toujours armées, ennemies les unes des autres, qui ne ſubſiſtent qu'autant qu'elles ſe redoutent & ſe balancent.

Voit-on rien de ſemblable dans les Etats-Unis? Y diſpute-t-on même ſur les principes de la conſtitution, ſur les loix fondamentales, ſur le but qu'elle s'eſt propoſé? Tout à cet égard, n'eſt-il pas convenu & réglé depuis long-temps? C'eſt uniquement ſur quelques règles d'adminiſtration que les débats ſe portent; c'eſt ſur la meilleure manière de faire prospérer la chose publique, d'en répartir les charges, que les esprits sont encore dans une salutaire agitation, & cette agitation n'empêche pas plus le cours régulier des affaires & des transactions, qu'en Angleterre les débats du parlement n'empêchent le prince de nommer aux emplois, de conférer des grades, qu'ils n'arrêtent le cours de justice & les affaires de toutes les classes de particuliers.

Le mot *anarchie* convient aux Etats qui, comme l'Egypte, ont vingt-quatre souverains, & point de gouvernement, ni de loi; il convient à ces constitutions dégénérées de l'Europe, où l'administration est divisée en plusieurs départemens, indépendans les uns des autres, se croisant sans cesse dans leurs vues & dans leurs prétentions, s'entre-choquant dans leurs opérations, ayant tous le pouvoir de faire des loix particulières, ou d'arrêter l'effet de celles qui existent. Là regne une anarchie réelle, parce qu'on ne sait où est le gouvernement, parce qu'on ne connoît, ni où réside le pouvoir législatif, ni ses bornes. Cette incertitude entraîne le désordre, rend les propriétés incertaines, compromet la sûreté individuelle.

Encore une fois, aucun de ces maux n'existe dans les Etats-Unis. Que ceux qui en doutent daignent nous suivre dans le précis de leur situation, de leurs dernières opérations.

Nous ne nous arrêterons point sur l'excellence de leur organisation (1). Ceux qui la mettent en

---

(1) Il faut lire encore sur ce sujet l'ouvrage récemment publié par le savant M. J. Adams, ambassadeur des Etats-Unis à Londres, & qui a pour titre : *A defence of the constitution of the united states. London*, 1787. L'auteur y prouve la sa-

problême, n'ont qu'à lire les judicieuses observations d'un des premiers philosophes politiques de l'Europe, du docteur Price. « Les Etats-Unis, » dit-il, ont l'honneur distingué d'être les premiers, sous le ciel, qui aient établi des formes » de gouvernement favorables *à la liberté universelle.* S'ils se sont ainsi distingués à leur berceau, que ne feront-ils pas dans un état de choses plus avancé, lorque le temps & l'expérience, le concours des hommes sages & vertueux, disséminés par toute la terre, auront introduit » dans ces nouveaux gouvernemens, les réformes, » les améliorations qui les rapprocheront encore » davantage de la liberté, & leur fourniront les » moyens d'étendre le bonheur & la dignité de » l'espèce humaine? Ne voit-on pas ici l'aurore » de jours brillans, une nouvelle création s'élevant sur la terre. C'est aux Etats-Unis qu'on » pourra appliquer un jour, avec plus de raison, » ce qu'on disoit des Juifs : *Qu'en eux toutes les » familles, sur la terre, ont été bénies.* »

Ces réformes, ces améliorations sont lentes à la vérité; mais cette lenteur est nécessaire, parce que la discussion publique doit les précéder. Cette lenteur s'accroît encore par la situation particulière de chaque individu qui, s'occupant à réparer les ravages de la guerre, & les brèches que sa fortune en a souffertes, a moins de temps à donner à l'examen des affaires publiques. Mais, malgré cette lenteur, l'ordre, & non l'anarchie, règne dans tous les Etats-Unis; dans tous, les dé-

---

gesse des constitutions américaines, en les comparant avec les républiques anciennes & modernes, &c.

frichemens augmentent, les villes, & ce qui vaut mieux, les plantations isolées se multiplient, & remplacent ces antiques forêts qui couvroient le sol de l'Amérique. Par-tout existe la sûreté la plus grande pour les individus; & sans cette sûreté, comment une foule de familles s'exposeroient-elles à former des établissemens nécessairement très-distans les uns des autres ?

L'Amérique n'est point encore rongée de la vermine qui dévore l'Europe, de l'inextirpable mendicité. Les voleurs ne rendent pas ses forêts dangereuses. Les chemins publics n'y sont pas teints du sang versé par des assassins. Eh ! comment y auroit-il des assassins, des voleurs ? Il n'y a point de mendians, point d'indigens, point d'hommes forcés, pour fournir à leur subsistance, de ravir celle des autres (1). Là, tous les hommes trouvent de la terre pour les nourrir : elle n'est pas grévée d'impôts, elle peut rendre à chacun, avec usure, la récompense de son travail. Or, jamais l'homme, qui peut subsister aisément, honorablement, ne consent à se souiller de crimes inutiles, qui le livrent au tourment des remords, au déshonneur & à la vengeance de la société.

Trois circonstances ont pu induire les Européens en erreur sur les troubles prétendus des Etats-Unis. Ils ont dit : « ces Etats sortent d'une guerre

(1) On lit, à la vérité, dans les gazettes américaines, des avertissemens sur des vols & des escroqueries. Mais observez que ces vols, peu nombreux, se font dans les villes, & sur-tout dans les ports; & ils sont principalement commis par des Européens dépravés, lesquels y portent, faute de goût pour le travail, toutes les turpitudes & les manœuvres de la paresse & de l'indigence européenne. L'indigence n'est connue que dans la Virginie : elle tient à des considérations exposées dans l'article du TABAC.

affreuse, dont les ravages ont été terribles. A la paix, la misère dut être grande; de-là des vols. Ces Etats ont d'ailleurs licencié toutes leurs troupes; & que sont devenues ces troupes? S'il est des soldats qui sont retournés à la terre ou à leurs travaux des villes, il en est beaucoup qui, accoutumés à la fainéantise, à l'effusion du sang, ont dû dédaigner les arts paisibles, & faire un métier du massacre de leurs concitoyens. Enfin, il n'y a point d'hommes armés par la société, pour réprimer les désordres de ces brigands, point de maréchaussée, point de police; les hommes, d'ailleurs, y sont trop rares, & leurs loix réprouvent ces moyens ».

Les philosophes ont plus d'une fois reproché aux hommes de faire la Divinité à leur image, & conséquemment d'en faire une image infidèle. On peut appliquer ici ce mot : les Européens font les Américains libres à leur image, & voilà pourquoi ils se trompent. Ils transportent en Amérique *leur trop plein des villes*, leur misère, leurs vices politiques & moraux, & les crimes qui en dérivent; & n'y voyant pas les mêmes précautions que leurs gouvernemens prennent pour s'en garantir, ils s'imaginent que le désordre regne par-tout, & que le sang coule impunément.

Les ravages de cette guerre de sept ans ont été terribles : oui, sans doute. Mais aussi-tôt que le fer a pu se convertir en soc de charrue, la terre a produit, & la misère a disparu. Les soldats américains étoient citoyens & propriétaires avant d'être soldats; ils sont restés citoyens sous l'uniforme, & sont retournés à leurs propriétés, en le quittant. Ils se battoient, non pour de l'argent, non par métier, mais pour leur liberté, leurs femmes, leurs enfans, leurs propriétés, & de pareils soldats ne ressemblèrent jamais à ces bandits du vieux continent, qu'on stipendie pour tuer leurs semblables, & qui tuent, dans les grands chemins, pour leur propre compte, quand la paix force leurs maîtres de les licencier. On a vu en Amérique, ce que les annales du monde n'offrent dans aucun Etat, excepté à Rome; un général, adoré de ses soldats, quitter son pouvoir, lorsqu'il n'étoit plus nécessaire, & se retirer au sein d'une vie paisible & obscure. On a vu une armée nombreuse, qui n'étoit point payée, consentir généreusement à se séparer sans paiement; ses soldats se retirer, chacun dans son canton, sans commettre aucun désordre : là, chacun reprendre tranquillement ou sa charrue ou son premier métier, ces métiers que nous traitons de vils en Europe (1). Voilà ce que fait la liberté; voilà ce que l'on ne conçoit pas dans la plupart des Etats européens; l'esprit militaire y regne, & ses préjugés y dominent. La guerre y est le chemin de la gloire, de l'ambition, de la fortune; & pour conserver à cette profession sa prépondérance, son

---

(1) Voici un trait tiré des papiers américains, entre mille semblables.

Deux frères, capitaines, qui s'étoient distingués pendant la guerre, reprirent, à la paix, leur état de chapelier. Ils firent insérer dans les gazettes l'avis suivant.

« Les frères *Bicker* donnent avis au public, qu'ils viennent de reprendre leur ancienne profession de chapelier, qu'ils avoient abandonnée pour défendre la liberté de leur pays. Ils espèrent que leurs concitoyens voudront bien, en récompense de leur courage & de leurs services, les favoriser dans leur commerce, & les préférer aux autres ». Quel capitaine européen voudroit mettre son nom à la tête d'un pareil avis?

lustre, on établit en principe, qu'une *armée permanente* est nécessaire pour entretenir l'ordre dans la société; qu'elle doit toujours menacer les citoyens, quoique paisibles, pour maintenir leur soumission à l'autorité. On ne connoît pas ce fardeau inutile & malheureux, cet esprit funeste, dans les Etats-Unis. L'esprit public, bien plus favorable au bon ordre, y prend sa place, & la paix & la sûreté y regnent sans maréchaussée, sans espions, sans cette police qui avilit les mœurs & le caractère des citoyens. L'esprit public tient lieu de tous ces moyens, tandis que ces moyens ne tiendront jamais lieu de l'esprit public, & que jamais ils ne produiront comme lui le bonheur de la société.

En vain les hommes remplis de vieux préjugés, crieront-ils ici à la déclamation; nous leurs offrons des faits (1). Ah! ce seroit plutôt aux Américains libres à dédaigner l'Europe, à nous y faire observer la boucherie continuelle qu'on y fait des voleurs & des assassins; à comparer le nombre énorme de cachots, de prisons, d'hôpitaux, d'établissemens de toutes les espèces, institués pour guérir ou pallier les ulcères incurables de nos vieilles institutions; à comparer ce tableau dégoûtant, à l'infiniment petit nombre de meurtres, de vols qui se font dans les Etats-Unis; aux hôpitaux vrai-

(1) Il faut lire les gazettes américaines, non pas celles que les gazetiers anglois altèrent, mais celles qui s'impriment en Amérique. Elles seules peuvent donner une idée juste de la situation des Etats-Unis: elles nous ont fourni ce que nous avançons. Observez qu'on y enregistre tout ce qui se passe, qu'on n'y cache aucun fait, pour peu qu'il ait trait à la chose publique; que les vols & les meurtres y sont soigneusement inscrits, tandis que nos gazettes gardent le plus profond silence sur les vols & les assassinats qui se commettent dans chaque état. On traite les Européens comme des malades, aux yeux desquels on dérobe tout ce qui pourroit leur donner une idée de leur mal.

ment *domestiques* & humains de ces Etats; au tableau du bonheur de chaque famille américaine, de ses mœurs simples, & à nous prouver, par leur exemple, qu'une liberté sage régénère l'homme social, & rend inutiles ces machines ruineuses, dont on l'écrase, pour l'empêcher de nuire.

La guerre contre les Sauvages ou les Indiens offre plus de réalité, que cette anarchie absurde reprochée aux Américains libres. Mais cette guerre ne doit inspirer aucune frayeur. On en connoît la cause. Elle est le fruit du ressentiment des Anglois & de la politique étroite de quelques subalternes, qui cherchent à susciter des embarras aux Américains libres, & en particulier à traverser le commerce des fourrures, qui doit tomber entre leurs mains.

Cette commotion des Indiens sera passagère. Il est impossible que leur illusion ne cesse bientôt; impossible, que bientôt ils n'apperçoivent qu'ils sont des instrumens passifs dans la main de quelques intriguans anglois. Ils verront que pour se dévouer aux vues de ceux-ci, ils contrarient leurs intérêts propres; que leur intérêt est d'être en paix avec des voisins qui les bordent presque par-tout, qui par-tout annoncent les développemens les plus rapides, dont la population, toujours croissante, les détruiroit bientôt, s'ils ne se déterminoient à la tranquillité; avec des voisins enfin qui leur offrent franchement & loyalement la paix, & qui prennent sérieusement toutes les mesures possibles, pour que jamais il n'y ait la moindre provocation d'hostilités de la part des Etats-Unis (1).

Les ennemis de ces Etats ont encore beaucoup

(1) Voyez le réglement fait par le congrès, vers la fin de 1786. Mais en même-temps que le congrès présente aux Indiens le ra-

grossi les troubles qui, dans ces derniers temps, se sont manifestés dans celui de Massasuchett. La cause de ces troubles est la même que celle de la guerre contre les Indiens : c'est encore le fruit du ressentiment de quelques Anglois, & sur-tout des loyalistes de la Nouvelle-Ecosse, qui, bordant cet Etat, y répandent, au moyen de leurs partisans secrets, des semences de division. Ce n'est donc pas de l'esprit républicain que sont nés ces troubles, mais uniquement des manœuvres employées par des hommes dévorés du regret de s'être opposés à une révolution honorable à la cause de l'humanité, & que le succès a couronnée. Voilà les causes qu'il faut en accuser, & non la liberté. Aussi voyez avec quelle rapidité le prestige s'est dissipé. Il a suffi de démasquer ces manœuvres de la haine & de l'esprit des loyalistes, pour que le peuple ait accouru au secours de ses magistrats, de son gouvernement. Les séditieux eux-mêmes, égarés d'abord par les conseils de ces ennemis secrets, ont reconnu leurs torts, ont posé les armes à la voix vraiment paternelle de l'autorité (1). Pas une goutte de sang n'eût été versée, sans la témérité réfléchie d'un chef de ces hommes égarés (2). Et combien peu de sang on a versé! &

---

meau d'olivier, il se montre prêt à la guerre. Quelques tribus de sauvages ont déjà fait la paix.

(1) On doit de grands éloges à la fermeté qu'ont déployée tous les juges dans cette occasion ; à l'énergie & à la vigilance du gouverneur Baudouin ; au patriotisme des célèbres Adams & Peyne. L'adresse composée par ces derniers, est un chef-d'œuvre de logique & d'éloquence.

(2) Ce chef étoit un officier réformé, nommé Shays, qui, le 24 janvier dernier, voulut s'emparer des barraques de l'armée du gouvernement. Le général Shepard l'avertit qu'il seroit obligé de faire tirer sur lui, s'il persistoit. Shays persista ; on tira d'abord par-dessus les têtes, & ensuite quelques boulets furent jettés sur

avant de le verser, quelles précautions n'a-t-on pas prises, pour qu'il n'y eût point de victimes! car le vrai citoyen ne se résoud qu'à la dernière extrêmité à répandre le sang de son frère égaré; car dans les républiques, on épuise tous les moyens que fournit la raison, avant d'employer la force; car enfin dans ces républiques, on ne connoît point de sang vil & méprisable.

Encore une fois, il ne faut pas juger un peuple libre, par le peuple des immenses capitales des Etats despotiques, rampant quand il se croit foible, féroce quand il se sent le plus fort, susceptible de passions, & jamais de raisonnement. Elles n'existent point en Amérique, ces capitales, excroissances monstrueuses, qui n'étant qu'un produit de dégradation, souillent & dégradent tout ce qu'elles renferment. Encore, si l'on comparoit ces énormes capitales entr'elles, en commençant par Constantinople, & finissant par Londres, trouveroit-on les désordres moins fréquens, les commotions moins dangereuses, à proportion que le peuple y est plus compté pour quelque chose?

Les troubles, dans les républiques bien organisées, ne peuvent jamais être ni considérables, ni de longue durée, parce qu'elles renferment un principe régénérateur, qui bientôt fait réformer l'abus, s'il en existe, qui réunit bientôt tous les citoyens contre le danger commun, si l'insurrection n'a qu'un prétexte; & tel a été le double effet produit par les troubles de l'Etat de Massasuchett.

---

les insurgens. Trois perdirent la vie, quelques-uns furent blessés. Il eût été facile au général de détruire cette troupe. C'étoit le dernier rejetton des commotions de cet Etat. Précautionné contre le mal que ces citoyens égarés pouvoient faire, il a sagement attendu qu'ils se dissipassent d'eux-mêmes, & tout est terminé au moment où nous écrivons.

Cet orage passager aura même eu plusieurs avantages; celui de faire réformer plusieurs abus par l'assemblée générale; & celui d'apprendre aux Américains libres à se tenir en garde contre les insinuations d'ennemis secrets, & sur-tout contre les insurrections; moyen violent, qui ne peut jamais convenir à un peuple législateur, tant qu'il peut toujours désavouer, destituer ses représentans, s'ils trompent ses intentions.

On a trouvé le même prétexte de calomnier les Américains libres, dans l'espèce de division que l'émission du papier-monnoie a occasionnée à Rhode-Island. Les esprits superficiels, les gazetiers ignorans ont argumenté de ces légères commotions, pour décrier & les constitutions américaines & le papier-monnoie (1), pour peindre les Américains comme des escrocs, leur pays comme une terre inculte & maudite.

On vous dit, avec le ton de la confiance : — Voyez ce que font les Américains libres : des troubles, par-tout des troubles. Il faudroit, pour les appaiser, que le Ciel leur envoyât des tyrans. Les hommes sont les mêmes par-tout. Il faut des chaînes à l'homme. Les philosophes prônent les Américains. — Demandez un écu à ces fiers républicains, & voyez s'ils le donneront.

Ces discours trahissent ceux qui les tiennent. Accoutumés à ne rien voir d'heureux que sous

---

(1) Le papier-monnoie, comme nous l'avons déjà observé, n'est point funeste en lui-même. Il ne devient tel que lorsque la contrainte l'accompagne, lorsqu'on veut, sans la confiance, le mettre, par la force, au niveau du numéraire, le lui substituer; & voilà sans doute le tort de l'Etat de Rhode-Island; voilà pourquoi ce papier a été rejetté. Voyez les Etats où cette contrainte n'existe point; le papier-monnoie y circule : c'est que la confiance y existe, & l'autorité brise la confiance.

la forme des écus, ils ferment les yeux sur les symptômes de la véritable misère. Eh! qu'ils les ouvrent donc sur l'Espagne. *C'est la terre des écus*, & il s'en faut bien que la population, que le commerce, que l'agriculture y fleurissent, comme dans les Etats-Unis. Nous ne répéterons point ce que nous avons dit sur cette rareté de numéraire. Elle sera chez les Américains libres un signe de prospérité, tant qu'ils seront actifs & industrieux, tant qu'il y aura des défrichemens à faire; car elle annoncera que les défrichemens se font, & que la population augmente.

Il ne seroit pas étonnant qu'il manquât dans quelques Etats de l'Amérique des hommes suffisamment instruits sur la théorie des papiers-monnoie. Cette science est peu cultivée; il est aisé de s'y égarer. Nous avons vu dans Paris même des banquiers méconnoître assez leur propre intérêt, pour demander le papier-monnoie *contraint*. Faut-il s'étonner si, dans l'Amérique, où l'on en sent davantage la nécessité, on s'égare aussi sur la manière d'employer cette grande ressource, & si le peuple, qui sait toujours s'en passer, s'en est effrayé?

Quoi qu'il en soit, tous ces orages sont sans importance, & ne peuvent avoir une longue durée. Il faut tout espérer d'un peuple généralement libre, dont la grandeur n'est point fondée sur l'abaissement d'aucun autre; d'un peuple dont la dette publique a, pour la première fois, une cause vraiment honorable, vraiment légitime, & qui d'ailleurs est loin d'être supérieure à ses moyens; d'un peuple dont la culture, l'industrie & le développement ne sont entravés ni par les besoins du fisc, ni par des préjugés, ni par une mauvaise constitution ; d'un peuple qui déteste & les conquêtes & l'esprit militaire, qui n'a d'autre but que la paix générale & le bonheur des individus ; d'un peuple enfin, qui porte dans tout ce qu'il fait, soit au-dedans, soit au-dehors, soit dans sa vie privée, soit dans sa politique, le caractère énergique de l'esprit public, si rare en Europe.

Observez, en effet, tout ce qui s'est passé dans les Etats-Unis depuis le retour de la paix, & vous retrouverez cet esprit public dans tous leurs actes législatifs, dans toutes leurs réformes, dans toutes leurs améliorations, dans tous leurs développemens.

Vous le retrouverez dans cette cession généreuse & sans exemple dans l'histoire, que divers Etats ont faite au congrès, de leurs territoires trop étendus : cession bien propre à disculper ces républiques des vues d'ambition & d'agrandissement qu'on leur prête ; cession qui affermit leurs bases, en circonscrivant à jamais leurs limites (1).

Vous le retrouverez dans la volonté unanime & déclarée de tous les Etats, de payer la dette publique, & dans leur intention d'acquiescer aux moyens infaillibles qui doivent l'éteindre. Il est du devoir des vrais amis des Américains libres d'insister sur ce concert, pour rassurer les François & les autres Européens qui sont leurs créanciers.

Vous le retrouverez dans ce réglement du congrès (2), qui simplifie les monnoies, qui les ré-

---

(1) La Virginie, dans son acte de cession au congrès, a stipulé que le gouvernement des districts cédés seroit toujours républicain, & qu'on n'admettroit jamais au droit de citoyenneté tout homme possédant un titre héréditaire.

(2) On a suivi pour ce réglement, le plan proposé par le judicieux & savant M. Jefferson. Une des parties les plus frappantes de ce plan, est de réduire tous les calculs sur les monnoies à la raison décimale.

duit à des divisions faciles pour le commerce; qui donne à l'Europe un grand exemple, l'exemple de plusieurs Etats indépendans les uns des autres, occupant une vaste étendue, & n'ayant cependant qu'une même monnoie, comme un même poids, de mêmes mesures, un même langage. Eh! combien de professions viles, combien de fripponneries, combien de désordres prévenus par la seule uniformité de monnoie! L'opération du congrès n'a pas atteint à la vérité le dernier degré de simplicité auquel le système monétaire doit être porté; mais elle peut y conduire; & il est vraisemblable que ce système y sera plutôt adopté qu'en Europe, où, à l'exception de l'Angleterre, la fausse opinion de faire de la monnoie un revenu pour l'Etat, subsiste encore.

Vous le retrouverez cet esprit public, dans l'accord de tous les Etats pour n'avoir qu'une règle commune, relative au commerce extérieur (1), & pour réformer les abus qui peuvent s'être glissés dans le système fédéral.

Vous le retrouverez dans la disposition générale de tous les Etats à bien accueillir les étrangers (2); dans ce traité de paix & d'amitié entr'eux & la Prusse, où, pour la première fois, on abjure les préjugés ridicules qui souillent encore la diplomatique de nos jours; où l'on convient enfin, que

(1) La convocation des députés des différens Etats, qui s'est déjà occupée de cet objet, doit se rassembler à Philadelphie au mois de mai 1787.

(2) « Ouvrons nos ports, disoit le gouverneur Clinton, en 1784, à tous les peuples; donnons à tous protection, encouragement, sécurité; administrons la justice avec une égale impartialité, à l'étranger comme au citoyen ».

Voyez l'excellent discours de ce gouverneur, tenu dans l'assemblée générale de New-Yorck, du 21 janvier 1784.

la guerre ne frappera plus ni sur l'agriculture, ni sur l'industrie, ni sur le commerce.

Vous le retrouverez dans cette anxiété qu'éprouvent tous les Américains vertueux à la vue du luxe qui s'accroît chez eux; dans les moyens qu'ils prennent pour l'arrêter & pour conserver leur première simplicité (1).

Vous le retrouverez dans toutes les loix passées par les divers Etats; dans celle qui rappelle les loyalistes (2); car l'esprit public ne connoît point de vengeance implacable; dans cette autre loi qui supprime les confiscations des biens des coupables; pratique barbare, enfantée dans les temps désastreux des proscriptions romaines, conservée par l'esprit de rapine de la féodalité.

Vous le retrouverez dans ces réglemens sur la religion, qui établissent par-tout une tolérance civile & religieuse; tolérance si nécessaire à l'harmonie, & dont l'ignorance seule ou les préjugés peuvent combattre les avantages évidens.

Vous le retrouverez dans toutes les loix qui sanctionnent l'établissement de maisons d'éducation, de grands chemins, de canaux, & de tout ce qui peut contribuer à la commodité & à l'aggrandissement du commerce intérieur.

Oublierons-nous ici le plus beau trait dont s'honore

---

(1) Voyez la note 1, pag. 139. Les membres les plus respectables de l'Etat de Massachusett, ont formé une société pour arrêter le luxe.

(2) Le colonel Alexandre Hamilton, aide-de-camp du général Washington, publia sur cette matière, en 1784, à New-Yorck, une lettre sous le nom de *Phocion*, remplie de raisonnemens judicieux, pour prouver que, suivant le traité de paix, on doit cesser toute persécution contre les loyalistes. Observez que ce colonel étoit un des plus ardens républicains.

nore l'esprit public dans les Etats-Unis ? L'affranchissement des nègres. Cet affranchissement, qui sera bientôt universel dans toute cette partie du monde (1), est cependant l'ouvrage d'une secte, de ces quakers, si injustement outragés par des esprits superficiels ou corrompus.

Et pour le faire observer en passant, ce fait seul doit prouver l'ascendant prodigieux du zèle constant d'un individu vertueux sur sa nation, sur son siècle, sur le monde entier, lorsque son but est noble & généreux. Bénezet, ce quaker distingué, cet apôtre de l'humanité, parcourt tous les Etats-Unis, prêchant par-tout pour la liberté des nègres. Il convertit d'abord ses frères; ses frères convertissent à leur tour toutes les autres sectes, tous les États. Ceux qui sont en-arrière, rougissent de leur barbarie ; & peut-être le jour n'est pas loin, où tous les Européens, honteux de ce trafic scandaleux, l'abjureront. Voilà ce qu'aura produit l'exemple d'un seul Américain (2) !

Et voilà les hommes, les loix, le gouvernement qu'on calomnie ! Ces hommes, qui sont destinés à régénérer la dignité de l'homme ! Ces loix, qui ne frappent que le crime, qui le punissent partout, & ne se taisent jamais devant le crédit ! Ce gouvernement qui, le premier, offre véritablement l'image d'une famille nombreuse, bien unie & complettement heureuse ; où le pouvoir est juste, parce

(1) Tous les Etats ont publié des loix plus ou moins sévères contre l'esclavage. Celui de Virginie condamne à une amende considérable ceux qui importeront des noirs.

(2) Rapprochez des encouragemens qu'on donne en Europe au commerce des nègres, le peu de prix qu'on y met aux blancs. On paie un nègre 2000 liv., & l'on perd un blanc pour la valeur d'un lièvre qu'il aura tué, d'une perdrix qu'il aura étranglée. Laissons là, si l'on veut, l'incommode humanité ; mais convenons au moins, que c'est très-mal spéculer pour la richesse nationale.

qu'il circule dans les mains de tous, & ne s'arrête dans aucune; où l'obéissance prévient, parce qu'elle est volontaire; où l'administration est simple & facile, parce qu'elle abandonne l'industrie à elle-même; où le magistrat a peu à faire, parce que le citoyen est libre, & que l'homme libre respecte toujours la loi & son semblable! Voilà les prodiges que nous calomnions, nous Européens, enchaînés par nos antiques institutions, par les habitudes que nous ont donné des préjugés dont nous reconnoissons nous-mêmes aujourd'hui la barbarie ou la frivolité! Nous disons bien; mais faisant si mal, pourquoi calomnions-nous des hommes, qui, au bien dire, joignent le bien faire? Ah! s'il ne nous est pas donné de leur ressembler, d'avoir leurs vertus, de jouir de leur bonheur, ne les décrions pas au moins; respectons cette supériorité que nous ne pouvons atteindre.

Eh! s'il étoit encore quelque individu qui conservât des doutes, des préventions contre les Américains & leur commerce, qu'il considère la conduite des Anglois à leur égard. Quel peuple devroit plus promptement abandonner toute relation avec les Etats-Unis, s'ils étoient le séjour de l'anarchie, de la mauvaise foi, si l'on ne pouvoit y courir d'autre chance que celle de perdre les propriétés qu'on y confie aux individus, aux Etats même? Cependant les Anglois, principaux auteurs des fables, des exagérations que nous réfutons, sont loin d'interrompre leur commerce avec les Etats-Unis; ils en ont mesuré toute l'étendue, & leur unique crainte est de n'être pas les seuls fournisseurs de ces peuplades vigoureuses, dont l'activité crée journellement, avec de nouveaux consommateurs, de nouvelles consommations. Nous en avons cité plusieurs preuves dans le cours de cet ouvrage, en examinant les opinions du lord Sheffield : lui-même, par une contradiction frappante, consacre des pages entières à décrier les Américains libres, leurs productions, leurs ressources, tandis qu'il s'applique à observer, d'un autre côté, tout ce qui peut assurer aux Anglois le principal commerce avec les Etats-Unis. Or, s'il ne pouvoit être que désavantageux, n'en prêcheroit-il pas l'abandon? recommanderoit-il au gouvernement de prendre garde à nuire à ce commerce?

Peut-être nous objectera-t-on que le parlement d'Angleterre vient tout récemment de différer de conclure un traité de commerce général avec les Etats-Unis, sous le prétexte que leurs constitutions n'étoient pas encore assez fixes (1).

Le gouvernement anglois a de bonnes raisons de ne pas se presser de conclure ce traité. C'est qu'il a fixé, par un traité provisionnel, les articles les plus importans; c'est qu'il ne pourroit conclure un traité général, sans exécuter tous les articles du traité de paix, & il ne paroît pas encore disposé à cette exécution : c'est que d'ailleurs ce gouvernement sait bien que les traités de commerce ne font pas le commerce; c'est qu'enfin il laisse toujours prendre les devants au négociant anglois; il le laisse sonder le terrein sur lequel doit poser l'édifice; il le laisse observer, interroger le peuple étranger avec lequel il doit s'allier; il laisse l'industrie angloise, libre dans ses mouvemens extérieurs, multiplier ses tentatives par-tout où elle

(1) Quand on voit les nations européennes, & les Anglois eux-mêmes, aller négocier en Turquie, chez les Algériens, au Caire, on ne peut pas imaginer que ce soit de bonne-foi qu'ils décrient & rejettent les relations de commerce avec les Etats-Unis, sous prétexte que leur législation n'est pas encore assez fixe.

4 mai 15

peut espérer du gain. En un mot, le gouvernement anglois attend, pour se décider, les lumières de l'expérience particulière. L'inaction de ce gouvernement ne doit donc rien faire conclure contre un commerce quelconque, lorsque d'ailleurs il est constamment l'objet des spéculations des individus.

Il n'en est pas de même du commerce françois. Accoutumé à ne pas faire un seul pas sans être obligé d'avoir recours à l'intervention du gouvernement, pour écarter de lui les obstacles que lui suscitent des intérêts particuliers, le fisc, & souvent le monopole, il n'ose point essayer le commerce nouveau, tant que le gouvernement ne lui en applanit pas le chemin ; & le gouvernement doit le lui applanir jusqu'au moment où, rendant au commerce une entière liberté, les spéculateurs particuliers pourront faire des essais sans inquiétude.

Il ne faut pas douter que cette différence de position de commerçans françois & anglois, vis-à-vis leurs gouvernemens, n'ait une très-grande influence sur leur prospérité réciproque ; & voilà pourquoi il ne faut cesser de répéter au gouvernement françois, que s'il veut assurer une grande prospérité à son commerce, il doit emprunter les moyens employés par l'Angleterre, & ces moyens sont : *La liberté dans les mouvemens, le droit de réclamer contre les atteintes portées à cette liberté, la certitude de la justice, sans acception de personnes* ; voilà les bases du génie, de l'industrie, de la grandeur d'un Etat, bases sans lesquelles il n'est point de grand commerce, & ces bases peuvent très-bien se concilier avec celles de la constitution françoise.

FIN.

www.ingramcontent.com/pod-product-compliance
Ingram Content Group UK Ltd.
Pitfield, Milton Keynes, MK11 3LW, UK
UKHW021849190726
13855UKWH00001B/224

9 782013 421492